CHATEAUBRIAND

SUBLIMITÉS

DE

CHATEAUBRIAND

PARIS. — TYPOGRAPHIE DE J.-B. GROS
RUE DES NOYERS, 74.

Louis XIV.

SUBLIMITÉS

DE

CHATEAUBRIAND

PARIS
VICTOR LECOU, LIBRAIRE-ÉDITEUR
RUE DU BOULOI, 10

1854
1853

PRÉLUDE

Les pensées qui touchent au ciel et qui s'émaillent sur la terre, voilà les *Sublimités* que Chateaubriand a décrites.

Les émanations de son génie ont tant de fleurs pour l'âme qu'elles réhaussent jusqu'aux accords du culte chrétien ; elles parent le sanctuaire, lorsque la voix de l'Esprit-Saint s'identifie avec celle des lévites pour s'écrier : « *Vous êtes les fils de la lumière et du* « *jour, et non de la nuit et des ténèbres !* » Avant que la paupière de l'homme se soit abaissée devant les rayons de l'éternité, ces paroles prophétiques garderont nos espérances : « *Custodi me* « *domine ut pupillam oculi ; sub umbra alarum tuarum protege* « *me.* »

Les magnificences de la foi sont empreintes dans les inspirations de Chateaubriand comme dans les sentiments les plus profonds de son cœur. Il traduit dans notre langue les émotions que la religion fait éclore, tout en rendant hommage à la pureté de la langue romaine; il va chercher la ferveur sous le chaume, dans une confiance évangélique.

« C'est une chose remarquable, » nous dit-il, « les oraisons en « langue latine, semblent redoubler l'onction religieuse de la « foule. Ne serait-ce point un effet naturel de notre penchant au « secret? Dans le tumulte de ses pensées, et des misères qui assié-« gent sa vie, l'homme en prononçant des mots peu familiers ou « même inconnus croit demander les choses qui lui manquent et « qu'il ignore; le vague de sa prière en fait le charme, et son âme « inquiète, qui sait peu ce qu'elle désire, aime à former des vœux « aussi mystérieux que ses besoins. »

Les *Sublimités* sont tirées d'un ensemble de fragments détachés des œuvres de Chateaubriand ; ce sont autant de paillettes d'or répandues dans les élans de sa verve, c'est le prélude des invocations de l'intelligence, modulé sur tous les tons.

La définition que l'oratorien napolitain *Glielmi* nous a donnée, semble suspendue à la lyre du *Génie du christianisme* ; c'est la guirlande symbolique d'un humble tabernacle voué à la reine des cieux.

Ainsi le culte de la gratitude a dressé dans toutes les âmes, des autels au lys d'Israël. « *Maria Vergine è un' armonica sinfonia* « *composta sù le righe della virtù, fra gli spazi della sua vita. La* « *chiave è la grazia ; le note bianche le allegrezze che provò ; le* « *note negre, i dolori ; il B molle, la sua dolce misericordia ;* « *B quadro, la sua constanza sotto croce ; i passaggi e le fugghe,* « *i suoi viaggi verso Bettelemme e l'Egitto ; li sospiri poi, i suoi* « *accesi desiderii del divino amore.* »

C'est en préludant sur l'harmonie des images les plus gracieuses, que ces extraits ont été rassemblés.

Ce livre est divisé ainsi : 1° *Prologue* ; 2° *Texte* ; 3° *Appendice*.

Le prologue et les *appendices*, sont un produit anonyme ; après le nom de Chateaubriand, aucun autre nom ne peut apparaître.

LIVRE I

CONTEMPLATIONS

SUBLIMITÉS
DE
CHATEAUBRIAND

LIVRE I

CONTEMPLATIONS

I

Entre Dieu et la nature, entre les révélations de l'âme et les prodiges célestes, le génie de l'homme apparaît. Les sciences se combinent avec les lois suprêmes ; Dieu crée et se montre. L'immensité est son domaine, sa présence est dans la lumière, et l'obscurité même n'en est pas privée. Il juge le passé, il scrute le présent, il dirige l'avenir. La vie est son sourire, l'immortalité son temple, l'univers sa cellule.

La poussière du monde s'animalise ; elle s'empreint des grandeurs de la création et les rameaux de l'intelligence s'épanouissent à l'aspect de ses œuvres.

Newton élève ses regards ; il les rabaisse sur le globe et lui ramène une étincelle de la gloire céleste. Buffon déroule le tableau de la nature et fait connaître ses merveilles. Bossuet en contemplant la mort trouve des accents qui semblent la voix d'outre-tombe ; Chateaubriand en sondant l'infini avec son cœur vivifie les *sublimités* de la pensée.

DIEU.

Il est un Dieu. Les herbes de la vallée et les cèdres du Liban le bénissent, l'insecte bruit ses louanges, et l'éléphant le salue au lever du soleil; les oiseaux le chantent dans le feuillage, le vent le murmure dans les forêts, la foudre tonne sa puissance, et l'Océan déclare son immensité; l'homme seul a dit : Il n'y a point de Dieu.

Il n'a donc jamais, celui-là, dans ses infortunes, levé les yeux vers le ciel? Ses regards n'ont donc jamais erré dans ces régions étoilées, où les mondes furent semés comme des sables? Pour moi, j'ai vu, et c'en est assez, j'ai vu le soleil suspendu aux portes du couchant dans des draperies de pourpre et d'or. La lune, à l'horizon opposé, montait comme une lampe d'argent dans l'orient d'azur. Les deux astres mêlaient au zénith leurs teintes de céruse et de carmin. La mer multipliait la scène orientale en girandoles de diamants, et roulait la pompe de l'occident en vagues de roses. Les flots calmés, mollement enchaînés l'un à l'autre, expiraient tour à tour à mes pieds sur la rive, et les premiers silences de la nuit et les derniers murmures du jour luttaient sur les coteaux, au bord des fleuves, dans les bois et dans les vallées.

O toi que je ne connais point! toi, dont j'ignore et le nom et la demeure, invisible Architecte de cet univers, qui m'as donné un instinct pour te sentir, et refusé une raison pour te comprendre, ne serais-tu qu'un être imaginaire, que le songe doré de l'infortune? Mon âme se dissoudra-t-elle avec le reste de ma poussière? Le tombeau est-il un abîme sans issue, ou le portique d'un autre monde? N'est-ce que par une cruelle pitié que la nature a placé dans le cœur de l'homme l'espérance d'une meilleure vie à côté des misères humaines? Pardonne à ma faiblesse, Père des miséricordes! non, je ne doute point de ton existence; et soit que tu m'aies destiné une carrière immortelle, soit que je doive seulement passer et mourir, j'adore tes décrets en silence, et ton insecte confesse ta Divinité.

(Révol. anc. chap. XXXI.)

II

Avant l'action du compas de la science le temps avait ses phases marquées par la main de Dieu; la marche périodique des astres, leur rotation, la renaissance des saisons étaient, dès l'origine du monde, un *calendrier naturel* pour l'homme. Le genie chrétien l'a annoté, il a compté les jours en contemplant les œuvres divines.

CALENDRIER NATUREL.

En astronomie, les Indiens ne connaissent guère que l'étoile polaire; ils l'appellent l'*étoile immobile*; elle leur sert pour se guider pendant la nuit. Les Osages ont observé et nommé quelques constellations. Le jour, les Sauvages n'ont pas besoin de boussole; dans les savanes, la pointe de l'herbe qui penche du côté du sud; dans les forêts, la mousse qui s'attache au tronc des arbres du côté du nord, leur indiquent le septentrion et le midi. Ils savent dessiner sur des écorces des cartes géographiques où les distances sont désignées par les nuits de marche.

Les diverses limites de leur territoire sont des fleuves, des montagnes, un rocher où l'on aura conclu un traité, un tombeau au bord d'une forêt, une grotte du Grand-Esprit dans une vallée.

Les oiseaux, les quadrupèdes, les poissons, servent de baromètre, de thermomètre, de calendrier aux Sauvages: ils disent que le castor leur a appris à bâtir et à se gouverner, le carcajou à chasser avec des chiens, parce qu'il chasse avec des loups, l'épervier d'eau à pêcher avec une huile qui attire le poisson.

Les pigeons, dont les volées sont innombrables, les bécasses américaines, dont le bec est d'ivoire, annoncent l'automne aux Indiens; les perroquets et les piverts leur prédisent la pluie par des sifflements tremblotants.

Quand le maukawis, espèce de caille, fait entendre son chant au mois d'avril depuis le lever jusqu'au coucher du soleil, le Siminole se tient assuré que les froids sont passés ; les femmes sèment les grains d'été : mais quand le maukawis se perche la nuit sur une cabane, l'habitant de cette cabane se prépare à mourir.

Si l'oiseau blanc se joue au haut des airs, il annonce un orage ; s'il vole le soir au-devant du voyageur, en se jetant d'une aile sur l'autre, comme effrayé, il prédit des dangers.

Dans les grands événements de la patrie, les jongleurs affirment que Kitchi-manitou se montre au-dessus des nuages porté par son oiseau favori, le walkon, espèce d'oiseau de paradis aux ailes brunes, et dont la queue est ornée de quatre longues plumes vertes et rouges.

Les moissons, les jeux, les chasses, les danses, les assemblées des sachems, les cérémonies du mariage, de la naissance et de la mort, tout se règle par quelques observations tirées de l'histoire de la nature. On sent combien ces usages doivent répandre de grâce et de poésie dans le langage ordinaire de ces peuples. Les nôtres se réjouissent à la Grenouillère, grimpent au mât de cocagne, moissonnent à la mi-août, plantent des oignons à la Saint-Fiacre, et se marient à la Saint-Nicolas.

(Voy. en Am.)

III

L'omnipotence de la pensée explore tous les terrains, son domaine s'étend sur toutes les sphères, son sceptre est de tous les temps; Chateaubriand ajoute un feuillet aux pensées de Pascal. Le burin de l'historien, le pinceau du voyageur sont mis au repos et la plume du moraliste offre une page à la méditation.

PASCAL.

Il y avait un homme qui, à douze ans, avec des *barres* et des *ronds*, avait créé les mathématiques; qui, à seize, avait fait le plus savant traité des coniques qu'on eût vu depuis l'antiquité; qui, à dix-neuf, réduisit en machine une science qui existe tout entière dans l'entendement; qui, à vingt-trois ans, démontra les phénomènes de la pesanteur de l'air, et détruisit une des grandes erreurs de l'ancienne physique; qui, à cet âge où les autres hommes commencent à peine de naître, ayant achevé de parcourir le cercle des sciences humaines, s'aperçut de leur néant, et tourna ses pensées vers la religion; qui, depuis ce moment jusqu'à sa mort, arrivée dans sa trente-neuvième année, toujours infirme et souffrant, fixa la langue que parlèrent Bossuet et Racine, donna le modèle de la plus parfaite plaisanterie comme du raisonnement le plus fort; enfin, qui, dans les courts intervalles de ses maux, résolut par abstraction un des plus hauts problèmes de géométrie, et jeta sur le papier des pensées qui tiennent autant du dieu que de l'homme : cette effrayant génie se nommait *Blaise Pascal*.

(Génie, chap. II.)

IV

La nature dans ses plus terrifiantes splendeurs n'est pas au-dessus de la verve de l'Homère français ; Chateaubriand saisit au passage l'écume du torrent et d'un coup d'œil il sonde, au bruit de la *Cataracte de Niagara*, la profondeur des gouffres, l'élévation des rochers, la pesanteur de l'air et l'évaporation ; puis, au milieu du tumulte de l'onde, il décrit.

CATARACTE DE NIAGARA.

Nous arrivâmes bientôt au bord de la cataracte qui s'annonçait par d'affreux mugissements. Elle est formée par la rivière Niagara, qui sort du lac Érié, et se jette dans le lac Ontario ; sa hauteur perpendiculaire est de cent quarante-quatre pieds. Depuis le lac Érié jusqu'au saut, le fleuve accourt par une pente rapide, et au moment de la chute, c'est moins un fleuve qu'une mer, dont les torrents se pressent à la bouche béante d'un gouffre. La cataracte se divise en deux branches, et se courbe en fer à cheval. Entre les deux chutes s'avance une île creusée en dessous, qui pend avec tous ses arbres sur le chaos des ondes. La masse du fleuve qui se précipite au midi, s'arrondit en un vaste cylindre, puis se déroule en nappe de neige, et brille au soleil de toutes les couleurs ; celle qui tombe au levant descend dans une ombre effrayante ; on dirait une colonne d'eau du déluge. Mille arcs-en-ciel se courbent et se croisent sur l'abîme. Frappant le roc ébranlé, l'eau rejaillit en tourbillons d'écume, qui s'élèvent au-dessus des forêts, comme les fumées d'un vaste embrasement. De plus, des noyers sauvages, des rochers taillés en forme de fantômes, décorent la scène. Des aigles entraînés par le courant d'air descendent en tournoyant au fond du gouffre, et des carcajous se suspendent par leurs queues flexibles au bout d'une branche abaissée, pour saisir dans l'abîme les cadavres brisés des élans et des ours.

(Nouvelles.)

V

Les pulsations du cœur sont comptées comme les convulsions du sol, et la plume magique de l'explorateur du Nouveau Monde nous conduit au milieu d'une riante savane. Sous les palmiers et les bananiers en fleur, Chateaubriand append des berceaux de deuil. En nous approchant avec lui des *Tombeaux aériens*, nous entendons le chant des mères qui pleurent.

LES TOMBEAUX AÉRIENS.

La jeune mère se leva et chercha des yeux un arbre sur les branches duquel elle pût exposer son enfant. Elle choisit un érable à fleurs rouges, festonné de guirlandes d'apios et qui exhalait les parfums les plus suaves. D'une main elle en abaissa les rameaux inférieurs, de l'autre elle y plaça le corps ; laissant alors échapper la branche, la branche retourna à sa position naturelle, emportant la dépouille de l'innocence cachée dans un feuillage odorant. Oh que cette coutume indienne est touchante. Je vous ai vus dans vos campagnes désolées, pompeux monuments des Crassus et des Césars et je vous préfère encore ces tombeaux aériens du sauvage, ces mausolées de fleurs et de verdure que parfume l'abeille, que balance le zéphyr, et où le rossignol bâtit son nid et fait entendre sa plaintive mélodie. Si c'est la dépouille d'une jeune fille que la main d'un amant a suspendue à l'arbre de la

mort ; si ce sont les restes d'un enfant chéri qu'une mère a placés dans la demeure des petits oiseaux, le charme redouble encore. Je m'approchai de celle qui gémissait au pied de l'érable ; je lui imposai les mains sur la tête, en poussant les trois cris de douleur. Ensuite, sans lui parler, prenant comme elle un rameau, j'écartai les insectes qui bourdonnaient autour du corps de l'enfant. Mais je me donnai de garde d'effrayer une colombe voisine. L'Indienne lui disait : « Colombe, si tu n'es pas l'âme de mon fils qui s'est
« envolée, tu es sans doute une mère qui cherche quelque chose
« pour faire un nid. Prends de ces cheveux que je ne laverai plus
« dans l'eau d'esquine ; prends-en pour coucher tes petits : puisse
« le Grand-Esprit te les conserver ! »

(Nouvelles.)

VI

Chateaubriand visite toutes les plages ; il prend son bâton de pèlerin, il va s'agenouiller au Calvaire ; l'émotion chrétienne marque les stations de sa route.

Il déroule pour l'avenir les phases des révolutions et celles des commotions intellectuelles. Dans l'*aspect de Constantinople* il en inscrit le souvenir.

CONSTANTINOPLE.

Constantinople, et surtout la côte d'Asie, étaient noyées dans le brouillard : les cyprès et les minarets que j'apercevais à travers cette vapeur présentaient l'aspect d'une forêt dépouillée. Comme nous approchions de la pointe du sérail, le vent du nord se leva, et balaya en moins de quelques minutes la brume répandue sur le tableau ; je me trouvai tout à coup au milieu du palais du commandeur des croyants : ce fut le coup de baguette d'un génie. Devant moi le canal de la mer Noire serpentait entre des collines riantes, ainsi qu'un fleuve superbe : j'avais à droite la terre d'Asie et la ville de Scutari ; la terre d'Europe était à ma gauche ; elle formait, en se creusant, une large baie pleine de grands navires à l'ancre, et traversée par d'innombrables petits bateaux. Cette baie, renfermée entre deux coteaux, présentait en regard et en amphithéâtre Constantinople et Galata. L'immensité de ces trois villes étagées, Galata, Constantinople et Scutari ; les cyprès, les minarets, les mâts des vaisseaux qui s'élevaient et se confondaient de toutes parts ; la verdure des arbres, les couleurs des maisons blanches et rouges ; la mer qui étendait sous ces objets sa nappe bleue, et le ciel qui déroulait au-dessus un autre champ d'azur : voilà ce que j'admirais. On n'exagère point quand on dit que Constantinople offre le plus beau point de vue de l'univers [1].

Nous abordâmes à Galata : je remarquai sur-le-champ le mouvement des quais, et la foule des porteurs, des marchands et des mariniers ; ceux-ci annonçaient par la couleur diverse de leurs visages, par la différence de leur langage, de leurs habits, de leurs chapeaux, de leurs bonnets, de leurs turbans, qu'ils étaient venus de toutes les parties de l'Europe et de l'Asie habiter cette frontière des deux mondes. L'absence presque totale des femmes, le manque de voitures à roues, et les meutes de chiens sans maîtres, furent les trois caractères distinctifs qui me frappèrent d'abord dans l'intérieur de cette ville extraordinaire. Comme on ne marche guère qu'en babouches, qu'on n'entend point de bruit de carrosses et de charrettes, qu'il n'y a point de cloches, ni presque point de métiers à marteau, le silence est continuel. Vous voyez autour de vous une foule muette qui semble vouloir passer sans être aperçue, et qui a toujours l'air de vouloir se dérober aux regards du maître. Vous arrivez sans cesse d'un bazar à un cime-

---

[1] Je préfère pourtant la baie de Naples.

tière, comme si les Turcs n'étaient là que pour acheter, vendre et mourir. Les cimetières sans murs, et placés au milieu des rues, sont des bois magnifiques de cyprès : les colombes font leurs nids dans ces cyprès et partagent la paix des morts. On découvre çà et là quelques monuments antiques qui n'ont de rapport ni avec les hommes modernes, ni avec les monuments nouveaux dont ils sont environnés : on dirait qu'ils ont été transportés dans cette ville orientale par l'effet d'un talisman. Aucun signe de joie, aucune apparence de bonheur ne se montre à vos yeux : ce qu'on voit n'est pas un peuple, mais un troupeau qu'un iman conduit et qu'un janissaire égorge. Il n'y a d'autre plaisir que la débauche, d'autre peine que la mort. Les tristes sons d'une mandoline sortent quelquefois du fond d'un café, et vous apercevez d'infâmes enfants qui exécutent des danses honteuses devant des espèces de singes assis en rond sur de petites tables. Au milieu des prisons et des bagnes s'élève un sérail, capitole de la servitude : c'est là qu'un gardien sacré conserve soigneusement les germes de la peste et les lois primitives de la tyrannie. De pâles adorateurs rôdent sans cesse autour du temple, et viennent apporter leurs têtes à l'idole. Rien ne peut les soustraire au sacrifice ; ils sont entraînés par un pouvoir fatal : les yeux du despote attirent les esclaves, comme les regards du serpent fascinent les oiseaux dont il fait sa proie.

(Itin., II° p.)

VII

L'âme a des cordes vibrantes ; lorsqu'elles sont mues par une main qui en comprend l'harmonie, les accords sont magiques. Cette mélodie dont la source ne tient pas à la terre, est plus belle selon les lieux où elle s'inspire : ainsi le génie de Chateaubriand atteint à son apogée quand il prend son essor au *Saint Sépulcre*, « à ce seul tombeau qui n'aura rien à rendre à la fin des siècles. »

LE SAINT-SÉPULCRE.

Où trouver dans l'antiquité rien d'aussi touchant, rien d'aussi merveilleux que les dernières scènes de l'Évangile ? Ce ne sont point ici les aventures bizarres d'une divinité étrangère à l'humanité : c'est l'histoire la plus pathétique, histoire qui non-seulement fait couler des larmes par sa beauté, mais dont les conséquences appliquées à l'univers, ont changé la face de la terre. Je venais de visiter les monuments de la Grèce, et j'étais encore tout rempli de leur grandeur ; mais qu'ils avaient été loin de m'inspirer ce que j'éprouvais à la vue des lieux saints !

L'église du Saint-Sépulcre, composée de plusieurs églises, bâtie sur un terrain inégal, éclairée par une multitude de lampes, est singulièrement mystérieuse ; il y règne une obscurité favorable à la piété et au recueillement de l'âme. Les prêtres chrétiens des différentes sectes habitent les différentes parties de l'édifice. Du haut des arcades, où ils se sont nichés comme des colombes, du fond des chapelles et des souterrains, ils font entendre leurs cantiques à toutes les heures du jour et de la nuit ; l'orgue du religieux latin, les cymbales du prêtre abyssin, la voix du caloyer grec, la prière du solitaire arménien, l'espèce de plainte du moine cophte, frappent tour à tour ou tout à la fois votre oreille ; vous ne savez d'où partent ces concerts ; vous respirez l'odeur de l'encens sans apercevoir la main qui le brûle : seulement vous voyez passer, s'enfoncer derrière des colonnes, se perdre dans l'ombre du temple, le pontife qui va célébrer les plus redoutables mystères aux lieux mêmes où ils se sont accomplis.

Je ne sortis point de l'enceinte sacrée sans m'arrêter aux monuments de Godefroy et de Baudouin : ils font face à la porte de l'église, et sont appuyés contre le mur du chœur. Je saluai les cendres de ces rois chevaliers qui méritèrent de reposer près du grand sépulcre qu'ils avaient délivré. Ces cendres sont des cendres françaises, et les seules qui soient ensevelies à l'ombre du tombeau de Jésus-Christ. Quel titre d'honneur pour ma patrie !

(Itin., ive p.)

VIII

Les tons chauds succèdent au moelleux des teintes, le tableau change, le temps sape, les nations se renouvellent et les débris des cités antiques se dessinent sur le même ciel qui éclaira le pouvoir des conquérants. Les ruines de Palmyre et de l'Égypte déroulent les phases du passé, et ramènent les siècles parmi nous.

RUINES DE PALMYRE ET D'ÉGYPTE.

Les ruines, considérées sous le rapport du paysage, sont plus pittoresques dans un tableau que le monument frais et entier. Dans les temples que les siècles n'ont point percés, les murs masquent une partie du site et des objets extérieurs, et empêchent qu'on ne distingue les colonnades et les cintres de l'édifice ; mais quand ces temples viennent à crouler, il ne reste que des débris isolés, entre lesquels l'œil découvre au haut et au loin les astres, les nues, les montagnes, les fleuves et les forêts. Alors, par un jeu de l'optique, l'horizon recule et les galeries suspendues en l'air se découpent sur les fonds du ciel et de la terre. Ces effets n'ont point été inconnus des anciens ; ils élevaient des cirques sans masses pleines, pour laisser un libre accès aux illusions de la perspective.

Les ruines ont ensuite des harmonies particulières avec leurs déserts, selon le style de leur architecture, les lieux où elles sont placées, et les règnes de la nature au méridien qu'elles occupent.

Dans les pays chauds, peu favorables aux herbes et aux mousses, elles sont privées de ces graminées qui décorent nos châteaux gothiques et nos vieilles tours ; mais aussi de plus grands végétaux se marient aux plus grandes formes de leur architecture. A Palmyre, le dattier fend les *têtes d'hommes et de lions* qui soutiennent les chapiteaux du *temple du Soleil ;* le palmier remplace par sa colonne la colonne tombée ; et le pêcher, que les anciens consacraient à Harpocrate, s'élève dans la demeure du silence. On y voit encore une espèce d'arbre dont le feuillage échevelé et les fruits en cristaux forment, avec les débris pendants, de beaux accords de tristesse. Quelquefois une caravane arrêtée dans ces déserts y multiplie les effets pitoresques : le costume oriental allie bien sa noblesse à la noblesse de ces ruines ; et les chameaux semblent en accroître les dimensions, lorsque, couchés entre des fragments de maçonnerie, ils ne laissent voir que leurs têtes fauves et leurs dos bossus.

Les ruines changent de caractère en Egypte ; souvent elles offrent dans un petit espace diverses sortes d'architecture et de souvenirs. Les colonnes du vieux style égyptien s'élèvent auprès de la colonne corinthienne ; un morceau d'ordre toscan s'unit à une tour arabe, un monument du peuple pasteur à un monument des Romains. Des Sphinx, des Anubis, des statues brisées, des obélisques rompus, sont roulés dans le Nil, enterrés dans le sol, cachés dans dans des rizières, des champs de fèves et des plaines de trèfle. Quelquefois, dans les débordements du fleuve, ces ruines ressemblent sur les eaux à une grande flotte ; quelquefois des nuages, jetés en ondes sur les flancs des pyramides, les partagent en deux moitiés. Le chakal, monté sur un piédestal vide, allonge son museau de loup derrière le buste d'un Pan à tête de bélier ; la gazelle, l'autruche, l'ibis, la gerboise, sautent parmi les décombres, tandis que la poule sultane se tient immobile sur quelque débris, comme un oiseau hiéroglyphique de granit et de porphyre.

La vallée de Tempé, les bois de l'Olympe, les côtes de l'Attique et du Péloponèse étalent les ruines de la Grèce. Là commencent à paraître les mousses, les plantes grimpantes et les fleurs saxatiles. Une guirlande vagabonde de jasmin embrasse une Vénus, comme pour lui rendre sa ceinture ; une barbe de mousse blanche descend du menton d'une Hébé ; le pavot croît sur les feuillets du livre de Mnémosyne : symbole de la renommée passée et de l'oubli présent de ces lieux. Les flots de l'Égée, qui viennent expirer sous de croulants portiques, Philomèle qui se plaint, Alcyon qui gémit, Cadmus qui roule ses anneaux autour d'un autel, le cygne qui fait son nid dans le sein de quelque Léda, mille accidents, produits comme par les Grâces, enchantent ces poétiques débris : on dirait qu'un souffle divin anime encore la poussière des temples d'Apollon et des Muses ; et le paysage entier, baigné par la mer, ressemble à un tableau d'Apelles, consacré à Neptune et suspendu à ses rivages.

(Génie, liv. 5, chap. IV.)

IX

L'écrivain partout produit; son regard s'attache à des ruines, il y appose un cachet de vie. Chateaubriand, dans ses impressions à Rome, a peint dans le récit d'Eudore *les Catacombes*. Avec lui on médite, on prie; il nous fait comprendre la grandeur du génie dans les élans du cœur.

LES CATACOMBES.

Un jour j'étais allé visiter la fontaine Égérie. La nuit me surprit : pour regagner la voie Appienne, je me dirigeai sur le tombeau de Cécilia Métella, chef-d'œuvre de grandeur et d'élégance. En traversant des champs abandonnés, j'aperçus plusieurs personnes qui se glissaient dans l'ombre, et qui toutes, s'arrêtant au même endroit, disparaissaient subitement. Poussé par la curiosité, je m'avance, et j'entre hardiment dans la caverne où s'étaient plongés les mystérieux fantômes : je vis s'allonger devant moi des galeries souterraines, qu'à peine éclairaient, de loin à loin, quelques lampes suspendues. Les murs des corridors funèbres étaient bordés d'un triple rang de cercueils placés les uns au-dessus des autres. La lumière lugubre des lampes, rampant sur les parois des voûtes, et se mouvant avec lenteur le long des sépulcres, répandait une mobilité effrayante sur ces objets éternellement immobiles. En vain, prêtant une oreille attentive, je cherche à saisir quelques sons pour me diriger à travers un abîme de silence, je n'entends que le battement de mon cœur dans le repos absolu de ces lieux. Je voulus retourner en arrière, mais il n'était plus temps : je pris une fausse route, et au lieu de sortir du dédale, je m'y enfonçai. De nouvelles avenues, qui s'ouvrent et se croisent de toutes parts, augmentent à chaque instant mes perplexités.

Plus je m'efforce de trouver un chemin, plus je m'égare ; tantôt je m'avance avec lenteur, tantôt je passe avec vitesse : alors, par un effet des échos, qui répétaient le bruit de mes pas, je crois entendre marcher précipitamment derrière moi.

« Il y avait déjà longtemps que j'errais ainsi ; mes forces commençaient à s'épuiser : je m'assis à un carrefour solitaire de la cité des morts. Je regardais avec inquiétude la lumière des lampes presque consumées qui menaçaient de s'éteindre. Tout à coup une harmonie semblable au chœur lointain des esprits célestes sort du fond de ces demeures sépulcrales : ces divins accents expiraient et renaissaient tour à tour ; ils semblaient s'adoucir encore en s'égarant dans les routes tortueuses du souterrain. Je me lève, et je m'avance vers les lieux d'où s'échappent ces magiques concerts : je découvre une salle illuminée. Sur un tombeau paré de fleurs, Marcellin célébrait le mystère des chrétiens : des jeunes filles, couvertes de voiles blancs, chantaient au pied de l'autel ; une nombreuse assemblée assistait au sacrifice. Je reconnais les catacombes.

(Martyrs, liv. 5.)

X

La pensée cherche un écho de vie. Toutes ses inspirations se personnifient ; la sympathie du guerrier suit le son belliqueux du clairon ; le coup de canon du départ fait tressaillir le marin sous la voile.

Il est un son qui parle du ciel et vibre au cœur ; Chateaubriand a senti toute la magnificence des cloches ; il a écouté cette grande voix, il en a traduit les accents.

LES CLOCHES.

Puisque nous nous préparons à entrer dans le temple, parlons premièrement de la cloche qui nous y appelle.

C'était d'abord, ce nous semble, une chose assez merveilleuse d'avoir trouvé le moyen, par un seul coup de marteau, de faire naître, à la même minute, un même sentiment dans mille cœurs divers, et d'avoir forcé les vents et les nuages à se charger des pensées des hommes. Ensuite, considérée comme harmonie, la cloche a indubitablement une beauté de la première sorte : celle que les artistes appellent *le grand*. Le bruit de la foudre est sublime, et ce n'est que par sa grandeur ; il en est ainsi des vents, des mers, des volcans, des cataractes, de la voix de tout un peuple.

Avec quel plaisir Pythagore, qui prêtait l'oreille au marteau du forgeron, n'eût-il point écouté le bruit de nos cloches la veille d'une solennité de l'Église ! L'âme peut être attendrie par les accords d'une lyre, mais elle ne sera pas saisie d'enthousiasme, comme lorsque la foudre des combats la réveille, ou qu'une pesante sonnerie proclame dans la région des nuées les triomphes du Dieu des batailles.

Et pourtant ce n'était pas là le caractère le plus remarquable du son des cloches; ce son avait une foule de relations secrètes avec nous. Combien de fois, dans le calme des nuits, les tintements d'une agonie, semblables aux lentes pulsations d'un cœur expirant, n'ont-ils point surpris l'oreille d'une âme coupable. Combien de fois ne sont-ils point parvenus jusqu'à l'athée, qui, dans sa veille impie, osait peut-être écrire qu'il n'y a point de Dieu ! La plume échappe de sa main; il écoute avec effroi le glas de la mort, qui semble lui dire : *Est-ce qu'il n'y a point de Dieu ?* Oh ! que de pareils bruits n'effrayèrent-ils le sommeil de nos tyrans ! Étrange religion, qui, au seul coup d'un airain magique, peut changer en tourments les plaisirs, ébranler l'athée, et faire tomber le poignard des mains de l'assassin !

Des sentiments plus doux s'attachaient aussi au bruit des cloches. Lorsque, avec le chant de l'alouette, vers le temps de la coupe des blés, on entendait, au lever de l'aurore, les petites sonneries de nos hameaux, on eût dit que l'ange des moissons, pour réveiller les laboureurs, soupirait, sur quelque instrument des Hébreux, l'histoire de Séphora ou de Noémi. Il nous semble que si nous étions poëte, nous ne dédaignerions point cette cloche *agitée par les fantômes* dans la vieille chapelle de la forêt, ni celle qu'une religieuse frayeur balançait dans nos campagnes pour écarter le tonnerre, ni celle qu'on sonnait la nuit, dans certains ports de mer, pour diriger le pilote à travers les écueils. Les carillons des cloches, au milieu de nos fêtes, semblaient augmenter l'allégresse publique; dans des calamités, au contraire, ces mêmes bruits devenaient terribles. Les cheveux dressent encore sur la tête au souvenir de ces jours de meurtre et de feu, retentissant des clameurs du tocsin. Qui de nous a perdu la mémoire de ces hurlements, de ces cris aigus, entrecoupés de silences, durant lesquels on distinguait de rares coups de fusil, quelque voix lamentable et solitaire, et surtout le bourdonnement de la cloche d'alarme, ou le son de l'horloge qui frappait tranquillement l'heure écoulée ?

Mais, dans une société bien ordonnée, le bruit du tocsin,

rappelant une idée de secours, frappait l'âme de pitié et de terreur, et faisait couler ainsi les deux sources des sensations tragiques.

Tels sont à peu près les sentiments que faisaient naître les sonneries de nos temples; sentiments d'autant plus beaux qu'il s'y mêlait un souvenir du ciel. Si les cloches eussent été attachées à tout autre monument qu'à des églises, elles auraient perdu leur sympathie morale avec nos cœurs. C'était Dieu même qui commandait à l'ange des victoires de lancer les *volées* qui publiaient nos triomphes, ou à l'ange de la mort de sonner le départ de l'âme qui venait de remonter à lui. Ainsi, par mille voix secrètes, une société chrétienne correspondait avec la Divinité, et ses institutions allaient se perdre mystérieusement à la source de tout mystère.

Laissons donc les cloches rassembler les fidèles; car la voix de l'homme n'est pas assez pure pour convoquer au pied des autels le repentir, l'innocence et le malheur. Chez les sauvages de l'Amérique, lorsque des suppliants se présentent à la porte d'une cabane, c'est l'enfant du lieu qui introduit ces infortunés au foyer de son père : si les cloches nous étaient interdites, il faudrait choisir un enfant pour nous appeler à la maison du Seigneur.

(Génie, liv. 4, chap. I.)

XI

Les solennités de l'Eglise ont une splendeur qui inspire la poésie comme la ferveur ; *la Fête-Dieu*, avec ses hymnes, ses fleurs, son éclatante allégresse, est une des stations les plus suaves du trajet de l'année chrétienne.

Des voix sonores ont célébré cette offrande à l'Éternel ; celle de Chateaubriand s'est fait entendre... Ecoutons :

LA FÊTE-DIEU.

Il n'en est pas des fêtes chrétiennes comme des cérémonies du paganisme ; on n'y traîne pas en triomphe un bœuf-dieu, un bouc sacré ; on n'est pas obligé, sous peine d'être mis en prison, d'adorer un chat ou un crocodile, ou de se rouler ivre dans les rues, en commettant toutes sortes d'abominations pour Vénus, Flore ou Bacchus : dans nos solennités, tout est essentiellement moral. Si l'Église en a seulement banni les danses, c'est qu'elle sait combien de passions se cachent sous ce plaisir en apparence innocent. Le Dieu des chrétiens ne demande que les élans du cœur et les mouvements égaux d'une âme qui règle le paisible concert des vertus. Et quelle est, par exemple, la solennité païenne qu'on peut opposer à la fête où nous célébrons le nom du Seigneur ?

Aussitôt que l'aurore a annoncé la fête du Roi du monde, les maisons se couvrent de tapisseries de laine et de soie, les rues se jonchent de fleurs, et les cloches appellent au temple la troupe des fidèles. Le signal est donné : tout s'ébranle, et la pompe commence à défiler.

On voit paraître d'abord les corps qui composent la société des peuples. Leurs épaules sont chargées de l'image des protecteurs de leurs tribus, et quelquefois des reliques de ces hommes qui, nés dans une classe inférieure, ont mérité d'être invoqué des rois par leurs vertus : sublime leçon que la religion chrétienne a seule donnée à la terre.

Après ces groupes populaires, on voit s'élever l'étendard de Jésus-Christ, qui n'est plus un signe de douleur, mais une marque de joie. A pas lents s'avance sur deux files une longue suite de ces époux de la solitude, de ces enfants du torrent et du rocher, dont l'antique vêtement retrace à la mémoire d'autres mœurs et d'autres siècles. Le clergé séculier vient après ces solitaires : quelquefois des prélats, revêtus de la pourpre romaine, prolongent encore la chaîne religieuse. Enfin le pontife de la fête apparaît seul dans le lointain. Ses mains soutiennent la radieuse Eucharistie, qui se montre sous un dais à l'extrémité de la pompe, comme on voit quelquefois le soleil briller sous un nuage d'or, au bout d'une avenue illuminée de ces feux.

Cependant des groupes d'adolescents marchent entre les rangs de la procession : les uns présentent les corbeilles de fleurs, les autres les vases des parfums. Au signal répété par le maître des pompes, les choristes se retournent vers l'image du soleil éternel, et font voler des roses effeuillées sur son passage. Des lévites, en tuniques blanches, balancent l'encensoir devant le Très-Haut. Alors des chants s'élèvent le long des lignes saintes : le bruit des cloches et le roulement des canons annoncent que le Tout-Puissant a franchi le seuil de son temple. Par intervalles, les voix et les instruments se taisent, et un silence aussi majestueux que celui des *grandes mers* [1] dans un jour de calme, règne parmi cette multitude recueillie : on n'entend plus que ses pas mesurés sur les pavés retentissants.

Mais où va-t-il, ce Dieu redoutable dont les puissances de la terre proclament ainsi la majesté ? Il va se reposer sous des tentes de lin, sous des arches de feuillages, qui lui présentent, comme au jour de l'ancienne alliance, des temples innocents et des re-

---

[1] Bibl. Sacra.

traites champêtres. Les humbles de cœur, les pauvres, les enfants le précèdent ; les juges, les guerriers, les potentats le suivent. Il marche entre la simplicité et la grandeur, comme en ce mois qu'il a choisi pour sa fête, il se montre aux hommes entre la saison des fleurs et celle des foudres.

Les fenêtres et les murs de la cité sont bordés d'habitants dont le cœur s'épanouit à cette fête du Dieu de la patrie : le nouveau-né tend les bras au Jésus de la montagne, et le vieillard, penché vers la tombe, se sent tout à coup délivré de ses craintes ; il ne sait quelle assurance de vie le remplit de joie à la vue du Dieu vivant.

Les solennités du christianisme sont coordonnées d'une manière admirable aux scènes de la nature. La fête du Créateur arrive au moment où la terre et le ciel déclarent sa puissance, où les bois et les champs fourmillent de générations nouvelles : tout est uni par les plus doux liens ; il n'y a pas une seule plante veuve dans les campagnes.

La chute des feuilles, au contraire, amène la fête des Morts pour l'homme, qui tombe comme la feuille des bois.

Au printemps, l'Église déploie dans nos hameaux une autre pompe. La Fête-Dieu convient aux splendeurs des cours, les Rogations aux naïvetés du village. L'homme rustique sent avec joie son âme s'ouvrir aux influences de la religion, et sa glèbe aux rosées du ciel : heureux celui qui portera des moissons utiles, et dont le cœur humble s'inclinera sous ses propres vertus, comme le chaume sous le grain dont il est chargé !

(Génie, liv. 1, chap. VII.)

XII

L'avidité de connaître des contrées nouvelles entraîne l'homme loin de sa patrie; il franchit les frontières et sillonne l'Océan pour aller inscrire son nom sur une plage lointaine.

Dans l'ordre inférieur de la nature animée, il y a aussi des voyageurs, mais c'est l'instinct de la conservation qui les conduit dans des climats nouveaux. Dans l'onde, les poissons émigrent en bandes serrées et reviennent périodiquement ; dans l'air, s'alignent des phalanges ailées, elles vont chercher le printemps qui les quitte ; elles se font chaque année deux patries. Chateaubriand les a vues dans les deux hémisphères ; en déplorant les peines des proscrits il a chanté les exilés volontaires.

MIGRATION DES OISEAUX.

On connaît ces vers charmants de Racine le fils sur les migrations des oiseaux :

> Ceux qui, de nos hivers redoutant le courroux,
> Vont se réfugier dans les climats plus doux,
> Ne laisseront jamais la saison rigoureuse
> Surprendre parmi nous leur troupe paresseuse.
> Dans un sage conseil par les chefs assemblé,
> Du départ général le grand jour est réglé ;
> Il arrive ; tout part : le plus jeune peut-être
> Demande, en regardant les lieux qui l'ont vu naître,
> Quand viendra ce printemps par qui tant d'exilés
> Dans les champs paternels se verront rappelés.

Nous avons vu quelques infortunés à qui ce dernier trait faisait venir les larmes aux yeux. Il n'en est pas des exils que la nature prescrit, comme des exils commandés par des hommes. L'oiseau n'est banni un moment que pour son bonheur ; il part avec ses voisins, avec son père et sa mère, avec ses sœurs et ses frères ; il ne laisse rien après lui : il emporte tout son cœur. La solitude lui a préparé le vivre et le couvert ; les bois ne sont point armés contre lui ; il retourne enfin mourir aux bords qui l'ont vu naître : il y retrouve le fleuve, l'arbre, le nid, le soleil paternel. Mais le mortel chassé de ses foyers y rentre-t-il jamais? Hélas ! l'homme ne peut dire en naissant quel coin de l'univers gardera ses cendres, ni de quel côté le souffle de l'adversité les portera. Encore si on le laissait mourir tranquille ! Mais, aussitôt qu'il est malheureux, tout le persécute ; l'injustice particulière dont il est l'objet devient une injustice générale. Il ne trouve pas, ainsi que l'oisiveté, l'hospitalité sur la route ; il frappe, et l'on n'ouvre pas ; il n'a, pour appuyer ses os fatigués, que la colonne du chemin public, ou la borne de quelque héritage. Souvent même on lui dispute ce lieu de repos, qui, placé entre deux champs, semblait n'appartenir à personne : on le force à continuer sa route vers de nouveaux déserts : le ban qui l'a mis hors de son pays, semble l'avoir mis hors du monde. Il meurt, et il n'a personne pour l'ensevelir. Son corps gît délaissé sur un grabat, d'où le juge est obligé de le faire enlever, non comme le corps d'un homme, mais comme une immondice dangereuse aux vivants. Ah ! plus heureux lorsqu'il expire dans quelque fossé au bord d'une grande route, et que la charité du Samaritain jette en passant un peu de terre étrangère sur ce cadavre ! N'espérons donc que dans le ciel, et nous ne craindrons plus l'exil : il y a dans la religion toute une patrie.

Tandis qu'une partie de la création publie chaque jour aux mêmes lieux les louanges du Créateur, une autre partie voyage pour raconter ses merveilles. Des courriers traversent les airs, se glissent dans les eaux, franchissent les monts et les vallées. Ceux-ci arrivent sur les ailes du printemps, et bientôt, disparaissant avec les zéphirs, suivent de climats en climats leur mobile patrie ; ceux-là s'arrêtent à l'habitation de l'homme : voyageurs lointains, ils réclament l'antique hospitalité. Chacun suit son inclination dans le choix d'un hôte : le rouge-gorge s'adresse aux cabanes, l'hirondelle frappe aux palais : cette fille de roi semble encore aimer les grandeurs tristes, comme sa destinée ; elle passe l'été aux ruines de Versailles, et l'hiver à celles de Thèbes.

A peine a-t-elle disparu, qu'on voit s'avancer sur les vents du nord une colonie qui vient remplacer les voyageurs du midi, afin qu'il ne reste aucun vide dans nos campagnes. Par un temps grisâtre d'automne, lorsque la bise souffle sur les champs, que les bois perdent leurs dernières feuilles, une troupe de canards sauvages, tous rangés à la file, traversent en silence un ciel mélancolique. S'ils aperçoivent quelque manoir gothique environné d'étangs et de forêts, c'est là qu'ils se préparent à descendre : ils attendent la nuit, et font des évolutions au-dessus des bois. Aussitôt que la vapeur du soir enveloppe la vallée, le cou tendu et l'aile sifflante, ils s'abattent tout à coup sur les eaux, qui retentissent. Un cri général, suivi d'un profond silence, s'élève dans les marais. Guidés par une petite lumière, qui peut-être brille à l'étroite fenêtre d'une tour, les voyageurs s'approchent à la faveur des roseaux et des ombres. Là, battant des ailes et poussant des cris par intervalles, au milieu du murmure des vents et des pluies, ils saluent l'habitation de l'homme.

Un des plus jolis habitants de ces retraites, mais dont les pèlerinages sont moins lointains, c'est la poule d'eau. Elle se montre au bord des joncs, s'enfonce dans leur labyrinthe, reparaît et disparaît encore en poussant un petit cri sauvage : elle se promène dans les fossés du château ; elle aime à se percher sur les armoiries sculptées dans les murs. Quand elle s'y tient immobile, on la prendrait, avec son plumage noir et le cachet blanc de sa tête, pour un oiseau en blason tombé de l'écu d'un ancien chevalier. Aux approches du printemps, elle se retire à des sources écartées. Une racine de saule minée par les eaux lui offre un asile ; elle s'y dérobe à tous les yeux. Le convolvulus, les mousses, les capillaires d'eau, suspendent devant son nid des draperies de verdure ; le cresson et la lentille lui fournissent une nourriture délicate ; l'eau murmure doucement à son oreille ; de beaux insectes occupent ses regards ; et les naïades du ruisseau, pour mieux cacher cette jeune mère, plantent autour d'elle leurs quenouilles de roseaux, chargées d'une laine empourprée.

Parmi ces passagers de l'aquilon, il s'en trouve qui s'habituent à nos mœurs, et refusent de retourner dans leur patrie : les uns, comme les compagnons d'Ulysse, sont captivés par la douceur de quelques fruits; les autres, comme les déserteurs du vaisseau de Cook, sont séduits par des enchanteresses qui les retiennent dans leurs îles. Mais la plupart nous quittent après un séjour de quelques mois : ils s'attachent aux vents et aux tempêtes qui ternissent l'éclat des flots, et leur livrent la proie qui leur échapperait dans des eaux transparentes; ils n'aiment que les retraites ignorées, et font le tour de la terre par un cercle de solitudes.

Ce n'est pas toujours en troupes que ces oiseaux visitent nos demeures. Quelquefois deux beaux étrangers, aussi blancs que la neige, arrivent avec les frimas : ils descendent au milieu des bruyères, dans un lieu découvert, et dont on ne peut approcher sans être aperçu; après quelques heures de repos, ils remontent sur les nuages. Vous courez à l'endroit d'où ils sont partis, et vous n'y trouvez que quelques plumes, seules marques de leur passage, que le vent a déjà dispersées : heureux le favori des muses qui, comme le cygne, a quitté la terre sans y laisser d'autres débris et d'autres souvenirs que quelques plumes de ses ailes!

Des convenances pour les scènes de la nature, ou des rapports d'utilité pour l'homme, déterminent les différentes migrations des animaux. Les oiseaux qui paraissent dans les mois des tempêtes ont des voix tristes et des mœurs sauvages comme la saison qui les amène; ils ne viennent point pour se faire entendre, mais pour écouter : il y a dans le sourd mugissement des bois quelque chose qui charme les oreilles. Les arbres qui balancent tristement leurs cimes dépouillées ne portent que de noires légions qui se sont associées pour passer l'hiver : elles ont leurs sentinelles et leurs gardes avancées; souvent une corneille centenaire, antique sybille du désert, se tient seule perchée sur un chêne avec lequel elle a vieilli : là, tandis que ses sœurs font silence, immobile et comme pleine de pensées, elle abandonne aux vents des monosyllabes prophétiques.

Il est remarquable que les sarcelles, les canards, les oies, les bécasses, les pluviers, les vanneaux, qui servent à notre nourriture, arrivent quand la terre est dépouillée : tandis que les oiseaux étrangers qui nous viennent dans la saison des fruits n'ont avec nous que des relations de plaisirs : ce sont des musiciens envoyés pour charmer nos banquets. Il en faut excepter quelques-uns, tels que la caille et le ramier, dont toutefois la chasse n'a lieu qu'après la récolte, et qui s'engraissent dans nos blés pour servir à notre table. Ainsi, les oiseaux du nord sont la manne des aquilons, comme les rossignols sont les dons des zéphyrs : de quelque point de l'horizon que le vent souffle, il nous apporte un présent de la Providence.

(Génie, liv. 4, chap. vii.)

XIII

L'ordre de la création est une chaîne ; chacun de ses anneaux est l'agent d'une affinité mystérieuse ; elle se trouve dans le souffle des vents, dans le courant des ondes, comme sur l'aile d'un papillon.

Chateaubriand a saisi un de ces chaînons, et après avoir suivi le vol des oiseaux, il nous montre *les arbres, les plantes et les abeilles ;* le calice des fleurs appelle l'insecte qui reporte à l'homme le tribut de son arome.

LES ARBRES, LES PLANTES ET LES ABEILLES.

Les arbres, les arbrisseaux, les plantes, les fleurs, transportés dans nos bois, dans nos champs, dans nos jardins, annoncent la variété et la richesse du règne végétal en Amérique. Qui ne connaît aujourd'hui le laurier couronné de rose appelé *Magnolia*, le marronnier qui porte une véritable hyacinthe, le catalpa qui reproduit la fleur de l'oranger, le tulipier qui prend le nom de sa fleur, l'érable à sucre, le hêtre pourpre, le sassafras, et parmi les arbres verts et résineux, le pin du lord Weymouth, le cèdre de la Virginie, le baumier de Gilead, et ce cyprès de la Louisiane, aux racines noueuses, au tronc énorme, dont la feuille ressemble à une dentelle de mousse ? Les lilas, les azaléas, les pompadouras ont enrichi nos printemps ; les aristoloches, les ustérias, les bignonias, les décumarias, les célustris, ont mêlé leurs fleurs, leurs fruits et leurs parfums à la verdure de nos lierres.

Les plantes à fleurs sont sans nombre : l'éphémère de Virginie, l'hélonias, le lis du Canada, le lis appelé *superbe*, la tigridie panachée, l'achillée rose, le dahlia, l'hellénie d'automne, les phlox de toutes les espèces se confondent aujourd'hui avec nos fleurs natives.

Enfin, nous avons exterminé presque partout la population sauvage; et l'Amérique nous a donné la pomme de terre, qui prévient à jamais la disette parmi les peuples destructeurs des Américains.

Tous ces végétaux nourrissent de brillants insectes. Ceux-ci ont reçu dans leurs tribus notre mouche à miel, qui est venue à la découverte de ces savanes et de ces forêts embaumées dont on racontait tant de merveilles. On a remarqué que les colons sont souvent précédés dans les bois du Kentucky et du Tennessée par des abeilles : avant-garde des laboureurs, elles sont le symbole de l'industrie et de la civilisation, qu'elles annoncent. Étrangères à l'Amérique, arrivées à la suite des voiles de Colomb, ces conquérantes pacifiques n'ont ravi à un nouveau monde de fleurs que des trésors dont les indigènes ignoraient l'usage; elle ne se sont servies de ces trésors que pour enrichir le sol dont elles les avaient tirés. Qu'il faudrait se féliciter, si toutes les invasions et toutes les conquêtes ressemblaient à celles de ces filles du ciel!

Les abeilles ont pourtant eu à repousser des myriades de moustiques et de maringouins, qui attaquaient leurs essaims dans le tronc des arbres; leur génie a triomphé de ces envieux, méchants et laids ennemis. Les abeilles ont été reconnues reines du désert, et leur monarchie administrative s'est établie dans les bois auprès de la république de Washington.

(Voy. en Am.)

XIV

La gloire et le temps ont des ailes; elles prennent essor au milieu du bruit des armes, et les hauts faits sont illustrés par les âges; Chateaubriand, après avoir suivi les légions sur le champ de la lutte, a contemplé la vaillance au repos; *le Réveil d'un camp* est l'aube qui annonce le rayon du jour.

RÉVEIL D'UN CAMP.

Épuisé par les travaux de la journée, je n'avais durant la nuit que quelques heures pour délasser mes membres fatigués. Souvent il m'arrivait, pendant ce court repos, d'oublier ma nouvelle fortune; et lorsqu'aux premières blancheurs de l'aube les trompettes du camp venaient à sonner l'air de Diane, j'étais étonné d'ouvrir les yeux au milieu des bois. Il y avait pourtant un charme à ce réveil du guerrier échappé aux périls de la nuit. Je n'ai jamais entendu sans une certaine joie belliqueuse la fanfare du clairon, répétée par l'écho des rochers, et les premier hennissements des chevaux qui saluaient l'aurore. J'aimais à voir le camp plongé dans le sommeil, les tentes encore fermées d'où sortaient quelques soldats à moitié vêtus, le centurion qui se promenait devant les faisceaux d'armes en balançant son cep de vigne, la sentinelle immobile qui, pour résister au sommeil, tenait un doigt levé dans l'attitude du silence; le cavalier qui traversait le fleuve coloré des feux du matin, le victimaire qui puisait l'eau du sacrifice, et souvent un berger appuyé sur sa houlette, qui regardait boire son troupeau.

(Martyrs, liv. 4.)

XV

Le silence des siècles parle plus vivement à l'imagination dans le silence du soir; tout ce qui a retenti, tout ce que la tombe a absorbé, se rattache au bruit éteint de la journée; le souvenir évoque les morts et converse avec eux.

C'est à la lueur du firmament que Chateaubriand a compté les ombres des monuments antiques; *une promenade dans Rome au clair de lune*, ramène sur la scène du monde moderne toute la grandeur du passé.

PROMENADE DANS ROME AU CLAIR DE LUNE.

Du haut de la Trinité du Mont, les clochers et les édifices lointains paraissent comme les ébauches effacées d'un peintre ou comme des côtes inégales vues de la mer, du bord d'un vaisseau à l'ancre.

Ombre de l'Obélisque : combien d'hommes ont regardé cette ombre en Égypte et à Rome?

Trinité du Mont déserte : un chien aboyant dans cette retraite des Français. Une petite lumière dans la chambre élevée de la villa Médicis.

Le Cours : calme et blancheur des bâtiments, profondeur des ombres transversales. Place Colonne : Colonne Antonine à moitié éclairée.

Panthéon : la beauté au clair de la lune. Colisée : sa grandeur et son silence à cette même clarté.

Saint-Pierre : effet de la lune sur son dôme, sur le Vatican, sur l'obélisque, sur les deux fontaines, sur la colonnade circulaire.

Une jeune femme me demande l'aumône; sa tête est enveloppée dans son jupon relevé; la *poverina* ressemble à une madone : elle a bien choisi le temps et le lieu. Si j'étais Raphaël, je ferais un tableau. Le Romain demande parce qu'il meurt de faim; il n'importune pas si on le refuse; comme ses ancêtres, il ne fait rien pour vivre : il faut que son sénat ou son prince le nourrisse.

Rome sommeille au milieu de ces ruines. Cet astre de la nuit, ce globe que l'on suppose un monde fini et dépeuplé, promène ses pâles solitudes au-dessus des solitudes de Rome; il éclaire des rues sans habitants, des enclos, des places, des jardins où il ne passe personne, des monastères où l'on n'entend plus la voix des cénobites, des cloîtres qui sont aussi déserts que les portiques du Colisée.

Que se passait-il, il y a dix-huit siècles, à pareille heure et aux mêmes lieux? Non-seulement l'ancienne Italie n'est plus, mais l'Italie du moyen âge a disparu. Toutefois la trace de ces deux Italie est encore bien marquée à Rome : si la Rome moderne montre son Saint-Pierre et tous ses chefs-d'œuvre, la Rome ancienne lui oppose son Panthéon et tous ses débris; si l'une fait descendre du Capitole ses consuls et ses empereurs, l'autre amène du Vatican la longue suite de ses pontifes. Le Tibre sépare les deux gloires : assises dans la même poussière, Rome païenne s'enfonce de plus en plus dans ses tombeaux, et Rome chrétienne redescend peu à peu dans les catacombes d'où elle est sortie.

J'ai dans la tête le sujet d'une vingtaine de lettres sur l'Italie, qui peut-être se feraient lire, si je parvenais à rendre mes idées telles que je les conçois : mais les jours s'en vont, et le repos me manque. Je me sens comme un voyageur qui, forcé de partir demain, a envoyé devant lui ses bagages. Les bagages de l'homme sont ses illusions et ses années; il en remet, à chaque minute, une partie à celui que l'Écriture appelle un *courrier rapide* : le Temps [1].

(24 décembre 1803.) (Voy. en Italie.)

---

[1] De cette vingtaine de lettres que j'avais dans la tête, je n'en ai écrit qu'une seule, la Lettre sur Rome à M. de Fontanes. Les divers fragments qu'on vient de lire et qu'on va lire doivent former le texte des autres lettres; mais j'ai achevé de décrire Rome et Naples dans le quatrième et dans le cinquième livre des *Martyrs*. Il ne manque donc à tout ce que je voulais dire sur l'Italie que la partie historique et politique.

XVI

Les nations comme le globe ont leur chaos ; les royaumes se fondent, les haines scintillent, les couronnes s'unissent, les armées s'alignent, les siècles ont des trophées. Puis les phases changent : les revers d'une épée amènent la chute des empires, les ruines s'amoncellent, et d'un chaos nouveau sortent des sociétés nouvelles. Les annales recommencent pour marcher vers un autre néant.

LES NATIONS MODERNES.

Que de traits caractéristiques n'offrent point les nations nouvelles! Ici, ce sont les Germains; peuples où la corruption des grands n'a jamais influé sur les petits, où l'indifférence des premiers pour la patrie n'empêche point les seconds de l'aimer; peuples où l'esprit de révolte et de fidélité, d'esclavage et d'indépendance, ne s'est jamais démenti depuis les jours de Tacite.

Là, ce sont ces Bataves qui ont de l'esprit par bon sens, du génie par industrie, des vertus par froideur, et des passions par raison.

L'Italie aux cent princes et aux magnifiques souvenirs, contraste avec la Suisse obscure et républicaine.

L'Espagne, séparée des autres nations, présente encore à l'historien un caractère plus original : l'espèce de stagnation de mœurs dans laquelle elle repose lui sera peut-être utile un jour; et, lorsque les pleuples européens seront usés par la corruption; elle seule pourra reparaître avec éclat sur la scène du monde, parce que le fond des mœurs subsiste chez elle.

Mélange du sang allemand et du sang français, le peuple anglais décèle de toutes parts sa double origine. Son gouvernement formé de royauté et d'aristocratie, sa religion moins pompeuse que la catholique, et plus brillante que la luthérienne, son militaire à la fois lourd et actif, sa littérature et ses arts, chez lui enfin le langage, les traits même, et jusqu'aux formes du corps, tout participe des deux sources dont il découle. Il réunit à la simplicité, au calme, au bon sens, à la lenteur germanique, l'éclat, l'emportement et la vivacité de l'esprit français.

Les Anglais ont l'esprit public, et nous l'honneur national ; nos belles qualités sont plutôt des dons de la faveur divine que des fruits d'une éducation politique : comme les demi-dieux, nous tenons moins de la terre que du ciel.

Fils aînés de l'antiquité, les Français, Romains par le génie, sont Grecs par le caractère. Inquiets et volages dans le bonheur, constants et invincibles dans l'adversité ; formés pour les arts, civilisés jusqu'à l'excès, durant le calme de l'État ; grossiers et sauvages dans les troubles politiques, flottants comme des vaisseaux sans lest au gré des passions ; à présent dans les cieux, l'instant d'après dans les abîmes ; enthousiastes et du bien et du mal, faisant le premier sans en exiger de reconnaissance, et le second sans en sentir de remords ; ne se souvenant ni de leurs crimes ni de leurs vertus ; amants pusillanimes de la vie pendant la paix, prodigues de leurs jours dans les batailles ; vains, railleurs, ambitieux, à la fois routiniers et novateurs, méprisant tout ce qui n'est pas eux ; individuellement les plus aimables des hommes, en corps les plus désagréables de tous ; charmants dans leur propre pays, insupportables chez l'étranger ; tour à tour plus doux, plus innocents que l'agneau, et plus impitoyables, plus féroces que le tigre ; tels furent les Athéniens autrefois, et tels sont les Français aujourd'hui.

(Génie, liv. 3, chap. v.)

XVII

Le génie juge le génie, l'éloquence est la langue mère des lettres ; elle frappe le millésime des siècles ; les rois comme les peuples la saluent reine.

Chateaubriand historien, est le triomphe de *Bossuet historien ;* la grandeur chrétienne a inspiré ces deux interprètes de la pensée suprême.

BOSSUET HISTORIEN.

C'est dans le *Discours sur l'histoire universelle* que l'on peut admirer l'influence du génie du christianisme sur le génie de l'histoire. Politique comme Thucydide, moral comme Xénophon, éloquent comme Tite-Live, aussi profond et aussi grand peintre que Tacite, l'évêque de Meaux a de plus une parole grave et un tour sublime dont on ne trouve ailleurs aucun exemple, hors dans le début du livre des Machabées.

Bossuet est plus qu'un historien, c'est un Père de l'Église, c'est un prêtre inspiré, qui souvent a le rayon de feu sur le front, comme le législateur des Hébreux. Quelle revue il fait de la terre ! il est en mille lieux à la fois ! Patriarche sous le palmier de Tophel, ministre à la cour de Babylone, prêtre à Memphis, législateur à Sparte, citoyen à Athènes et à Rome, il change de temps et de place à son gré ; il passe avec la rapidité et la majesté des siècles. La verge de la loi à la main, avec une autorité incroyable, il chasse pêle-mêle devant lui et Juifs et gentils au tombeau ; il vient enfin lui-même à la suite du convoi de tant de générations, et, marchant appuyé sur Isaïe et sur Jérémie, il élève ses lamentations prophétiques à travers la poudre et les débris du genre humain.

(Génie, liv. 3, chap. viii.)

XVIII

La lutte de l'homme contre lui-même ouvrit son premier feuillet à la naissance du monde ; il naquit pur, il naquit roi de la terre; il voulut s'armer du sceptre du ciel... il tomba ! De tous les dons intellectuels que Dieu lui avait départis, le discernement seul lui resta comme la vibration de la voix du Très-Haut.

Le remords et la conscience, cette pensée profonde, forment un tableau pour l'âme.

LE REMORDS ET LA CONSCIENCE.

La conscience fournit une seconde preuve de l'immortalité de notre âme. Chaque homme a au milieu du cœur un tribunal où il commence par se juger soi-même, en attendant que l'Arbitre souverain confirme la sentence. Si le vice n'est qu'une conséquence physique de notre organisation, d'où vient cette frayeur qui trouble les jours d'une prospérité coupable? Pourquoi le remords est-il si terrible, qu'on préfère de se soumettre à la pauvreté et à toute la rigueur de la vertu, plutôt que d'acquérir des biens illégitimes? Pourquoi y a-t-il une voix dans le sang, une parole dans la pierre? Le tigre déchire sa proie, et dort ; l'homme devient homicide, et veille. Il cherche les lieux déserts, et cependant il a peur des tombeaux. Son regard est mobile et inquiet ; il n'ose regarder le mur de la salle du festin, dans la crainte d'y lire des caractères funestes. Ses sens semblent devenir meilleurs pour le tourmenter : il voit, au milieu de la nuit, des lueurs menaçantes ; il est toujours environné de l'odeur du carnage, il découvre le goût du poison dans le mets qu'il a lui-même apprêté ; son oreille, d'une étrange subtilité, trouve le bruit où tout le monde trouve le silence ; et sous les vêtements de son ami, lorsqu'il l'embrasse, il croit sentir un poignard caché.

(Génie, liv. 5, chap. II.)

XIX

Parfois le génie dans sa course se donne des barrières pour se reposer; ainsi Chateaubriand, après avoir embrassé les grandeurs de la nature, s'astreint à l'étiquette de la rime pour décrire une *forêt ;* dans ses *Invocations,* toujours le rayon de Dieu éclaire les scènes de l'univers.

LA FORÊT.

Forêt silencieuse, aimable solitude,
Que j'aime à parcourir votre ombrage ignoré !
Dans vos sombres détours en rêvant égaré,
J'éprouve un sentiment libre d'inquiétude.
Prestige de mon cœur! je crois voir s'exhaler
Des arbres, des gazons, une douce tristesse :
Cette onde que j'entends murmure avec mollesse,
Et dans le fond des bois semble encore m'appeler.
Oh! que ne puis-je, heureux, passer ma vie entière
Ici, loin des humains! — Au bruit de ces ruisseaux,
Sur un tapis de fleurs, sur l'herbe printanière,
Qu'ignoré je sommeille à l'ombre des ormeaux!
Tout parle, tout me plaît sous ces voûtes tranquilles :
Ces genêts, ornements d'un sauvage réduit ;

Ce chèvrefeuille atteint d'un vent léger qui fuit,
Balancent tour à tour leurs guirlandes mobiles.
Forêts, dans vos abris gardez mes vœux offerts !
A quel amant jamais serez-vous aussi chères?
D'autres vous rediront des amours étrangères ;
Moi, de vos charmes seuls j'entretiens vos déserts.

INVOCATION.

Je voudrais célébrer dans des vers ingénus
Les plantes, leurs amours, leurs penchants inconnus,
L'humble mousse attachée aux voûtes des fontaines,
L'herbe qui d'un tapis couvre les vertes plaines,
Sur ces monts exaltés le cèdre précieux,
Qui parfume les airs et s'approche des cieux
Pour offrir son encens au Dieu de la nature,
Le roseau qui frémit au bord d'une onde pure,
Le tremble au doux parler dont le feuillage frais,
Remplit de bruits légers les antiques forêts,
Et le pin qui croissant sur des grèves sauvages,
Semble l'écho plaintif des mers et des orages.

(Poésies.)

SYMPATHIES

APPENDICE

APPENDICE

La sublimité de la foi est dans la grandeur des vertus qu'elle inspire : elle tend la voile qui porte le lévite à la conquête des âmes ; elle conduit la charité dans le réduit de la misère, dans le cachot du condamné ; dans les sentiers de la vie, elle marche une croix à la main. La foi est l'image du créateur dans le cœur de la créature.

IL EST...

L'homme, en sentant en lui les émanations de son essence immortelle, lève ses regards et cherche Dieu ; il est frappé des prodiges de sa puissance ! Entre le rayon de la terre et le rayon divin, l'œil rencontre l'astre de feu qui vivifie le globe, et devant son éclat il s'abaisse... Il veut sonder les profondeurs de l'Océan... sa main ne peut même saisir l'écume de la vague qui engloutit tout ce qui la brave.

Il fouille la terre, il veut atteindre à la source fécondatrice de la végétation ; mais à son oreille résonne le roulis des volcans et des fleuves souterrains, il s'arrête...

Partout Dieu a semé les merveilles de son suprême pouvoir comme pour accoutumer l'homme, par degrés, à la contemplation des cieux, promis à sa régénération !

Quel livre, en effet, que celui de la nature ! Comment contempler les anneaux de l'immense chaîne qui lie entre eux les éléments et tout ce qui a vie sur le sol, dans les airs et dans les ondes.

Comment scruter jusqu'à leur source, les phénomènes qui éclatent dans le tourbillon des vents et de la foudre, dans le débordement des fleuves, et le flux et reflux de l'Océan ? Le génie humain peut suivre la trace du fluide électrique qui a une affinité avec tous ces corps, avec toutes ces lois ; mais il ne peut analyser sa nature.

La diversité de structure et de mœurs des animaux ; la mystérieuse union des plantes, les mille nuances des fleurs, tous ces tableaux sont encore sous le secret de la palette où furent broyées les couleurs de la création.

Gravissez la cime des monts, vous dominerez les orages, et au-dessus de vous s'étendra la même immensité que vous contempliez de leur base! Descendez dans le centre de la terre, vous y verrez scintiller le rubis, l'or, le cristal; mais là encore la même immensité vous sépare du Dieu qui brillanta les ténèbres du sol comme les ténèbres du firmament!

La vie parle, la mort n'est pas muette; la tombe humilie l'homme; il s'était cru grand... en tombant il sent sa faiblesse... Quelle est la puissance qui visite son tombeau, qui le ranime et le porte haut? Qui fait trembler l'espace et frémir l'univers? Qui sonde les enfers et remplit le ciel? Qui donc donne tout, et dit au cœur : « Sans moi, tu serais sans espérance? »

Oui, la gloire, les diadèmes, tout ce que les princes possèdent et donnent, et le Roi de la terre lui-même, tout est terre devant Dieu!...

La nature est embellie; elle se pare à nos regards; elle émeut notre âme; elle étonne nos sens; elle ennoblit notre vie; elle proclame nos destinées éternelles.

L'intelligence de l'homme domptant tout ce qui a force, dirigeant tout ce qui a sève, attirant tout ce que l'instinct inspire, est le cachet divin que le Créateur apposa sur son chef-d'œuvre : l'attraction de l'âme vers le ciel est la loi immuable qui fait agenouiller la créature devant le spectacle du monde.

La course du nuage, le rayon qui le perce, la cime qui l'absorbe, la plante qui se nourrit de ses pleurs, tout est pour l'homme le mirage de la seconde vie, le symbole de son alliance avec le Très-Haut, dont il reçut dans le sourire de la nature, le droit de couronne sur tout ce qui anime le globe.

D. de St.-E.

LIVRE II

EXPLORATIONS

LIVRE II

EXPLORATIONS

I

Le passé reprend forme selon le regard qui s'y pose, et l'horizon étincelle, si la main qui en mesure les lignes a des diamants à son compas.

Sous la plume de Chateaubriand un peuple-roi revit; la vieille Rome apparaît avec ses phases guerrières et ses furies païennes.

Près du Capitole est la roche Tarpéienne. César est attendu; sans lui le peuple ne peut se réjouir! les ordres sont donnés et celui qui commande aux armées a seul le droit de commander aux sourires.

Oh! que la liberté coûte cher aux peuples! ils ne peuvent pleurer ni devant la mort ni devant les sacrifices. Il faut étouffer ses impressions : un froncement de sourcil ordonne. Que l'âme des dominateurs est dure!...

Les arènes sont ouvertes, les patients attendent une palme ; on est avide de la leur voir cueillir, c'est celle du martyre!... « Ceux qui se repaissent de sang, périront par le sang », leur poussière tachée sera soulevée par le vent du désert; il portera sur les tombeaux la rouille matérielle de l'idolâtrie; mais cette rouille sera lavée par les eaux du ciel, et le granit de la foi apparaîtra sous la mousse des siècles.

Les vérités du christianisme auront la vie des âges; Dieu qui aura parlé sera entendu.

Chateaubriand a couru le premier à la tranchée au siège de l'incrédulité.

LES DIEUX S'EN VONT.

O Cymodocée! s'écrie Eudore, je vous l'avais prédit, nous serons unis; il faut que nous mourrions époux. C'est ici l'autel, l'église, le lit nuptial. Voyez cette pompe qui nous environne, ces parfums qui tombent sur nos têtes. Levez les yeux et contemplez au ciel avec les regards de la foi, cette pompe bien autrement belle. Rendons légitimes les embrassements éternels qui vont suivre notre martyre : prenez cet anneau, et devenez mon épouse.

Le couple angélique tombe à genoux au milieu de l'arène; Eudore met l'anneau trempé de son sang au doigt de Cymodocée.

« Servante de Jésus-Christ, s'écrie-t-il, recevez ma foi. Vous êtes aimable comme Rachel, sage comme Rebecca, fidèle comme Sara, sans avoir eu sa longue vie. Croissons, multiplions pour l'éternité, remplissons le ciel de nos vertus. »

A l'instant le ciel, ouvert, célèbre ces noces sublimes : les anges entonnent le cantique de l'épouse; la mère d'Eudore présente à Dieu ses enfants unis, qui vont bientôt paraître au pied du trône éternel; les vierges martyres tressent la couronne nuptiale de Cymodocée; Jésus-Chrit bénit le couple bienheureux, et l'Esprit-Saint lui fait le don d'un intarissable amour.

Cependant la foule, qui voyait les deux chrétiens à genoux, croyait qu'ils lui demandaient la vie. Tournant aussitôt le pouce vers eux, comme dans les combats de gladiateurs, elle repoussait leur prière par ce signe, et les condamnait à mort! Le peuple romain, que ses nobles priviléges avaient fait surnommer le peuple-roi, avait depuis longtemps perdu son indépendance : il n'était resté le maître absolu que dans la direction de ses plaisirs; et, comme on se servait de ces mêmes plaisirs pour l'enchaîner et le corrompre, il ne possédait en effet que la souveraineté de son esclavage. Le gladiateur des portiques vint dans ce moment recevoir les ordres du peuple sur le sort de Cymodocée.

« Peuple libre et puissant, dit-il, cette chrétienne est entrée hors de son rang dans l'arène; elle était condamnée à mourir avec le reste des impies, après le combat de leur chef; elle s'est échappée de la prison. Égarée dans Rome, son mauvais génie, ou plutôt le génie de l'empire, l'a ramenée à l'amphitéâtre. »

Le peuple cria d'une commune voix :

« Les dieux l'ont voulu : qu'elle reste et meure ! »

Un petit nombre, intérieurement travaillé par le Dieu des miséricordes, paraissait touché de la jeunesse de Cymodocée : il voulait que l'on fît grâce à cette chrétienne; mais la foule répétait :

« Quelle reste et qu'elle meure ! Plus la victime est belle, plus elle est agréable aux dieux. »

Ce n'étaient plus ces enfants de Brutus, qui maudissaient le grand Pompée pour avoir fait combattre de paisibles éléphants; c'étaient des hommes abrutis par la servitude, aveuglés par l'idolâtrie, et chez qui toute humanité s'était éteinte avec le sentiment de la liberté.

Tout à coup retentit le bruit des armes : le pont qui conduisait du palais de l'empereur à l'amphithéâtre s'abaisse, et Galérius ne fait qu'un pas de son lit de douleur au carnage : il avait surmonté son mal, pour se présenter une dernière fois au peuple. Il sentait à la fois l'empire et la vie lui échapper : un message arrivé des Gaules venait de lui apprendre la mort de Constance. Constantin, proclamé César par les légions, s'était en même temps déclaré chrétien, et se disposait à marcher vers Rome. Ces nouvelles, en portant le trouble dans l'âme de Galérius, avaient rendu plus cuisante la plaie hideuse de son corps; mais renfermant ses douleurs dans son sein, soit qu'il cherchât à se tromper lui-même, soit qu'il voulût tromper les hommes, ce spectre vint s'asseoir au balcon impérial, comme la mort couronnée. Quel contraste avec la beauté, la vie, la jeunesse, exposées dans l'arène à la fureur des léopards !

Lorsque l'empereur parut, les spectateurs se levèrent, et lui donnèrent le salut accoutumé. Eudore s'incline respectueusement devant César. Cymodocée s'avance sous le balcon pour demander à l'empereur la grâce d'Eudore, et s'offrir elle-même en sacrifice. La foule tira Galérius de l'embarras de se montrer miséricordieux ou cruel : depuis longtemps elle attendait le combat; la soif du sang avait redoublé à la vue des victimes. On crie de toutes parts :

« Les bêtes ! Qu'on lâche les bêtes ! Les impies aux bêtes ! »

Eudore veut parler au peuple en faveur de Cymodocée ; mille voix étouffent sa voix :

« Qu'on donne le signal ! Les bêtes ! Les chrétiens aux bêtes ! »

Le son de la trompette se fait entendre : c'est l'annonce de l'apparition des bêtes féroces. Le chef des rétiaires[1] traverse l'arène, et vient ouvrir la loge d'un tigre connu par sa férocité.

Alors s'élève entre Eudore et Cymodocée une contestation à jamais mémorable : chacun des deux époux voulait mourir le dernier.

« Eudore, disait Cymodocée, si vous n'étiez pas blessé, je vous demanderais à combattre la première ; mais à présent j'ai plus de force que vous, et je puis vous voir mourir. »

— « Cymodocée, répondit Eudore, il y a plus longtemps que vous que je suis chrétien : je pourrai mieux supporter la douleur ; laissez-moi quitter la terre le dernier. »

En prononçant ces paroles, le martyr se dépouille de son manteau ; il en couvre Cymodocée, afin de mieux dérober aux yeux des spectateurs les charmes de la fille d'Homère, lorsqu'elle sera traînée sur l'arène par le tigre. Eudore craignait qu'une mort aussi chaste ne fût souillée par l'ombre d'une pensée impure, même dans les autres. Peut-être aussi était-ce un dernier instinct de la nature, un mouvement de cette jalousie qui accompagne le véritable amour jusqu'au tombeau.

La trompette sonne pour la seconde fois.

On entend gémir la porte de fer de la caverne du tigre : le gladiateur qui l'avait ouverte s'enfuit effrayé. Eudore place Cymodocée derrière lui. On le voyait debout, uniquement attentif à la prière, les bras étendus en forme de croix, et les yeux levés vers le ciel.

La trompette sonne pour la troisième fois.

Les chaînes du tigre tombent, et l'animal furieux s'élance en

---

[1] Gladiateurs qui combattaient avec un filet.

rugissant dans l'arène : un mouvement involontaire fait tressaillir les spectateurs. Cymodocée, saisie d'effroi, s'écrie :

« Ah ! sauvez-moi ! »

Et elle se jette dans les bras d'Eudore, qui se retourne vers elle. Il la serre contre sa poitrine, il aurait voulu la cacher dans son cœur. Le tigre arrive aux deux martyrs. Il se lève debout, et enfonçant ses ongles dans les flancs du fils de Lasthénès, il déchire avec ses dents les épaules du confesseur intrépide. Comme Cymodocée, toujours pressée dans le sein de son époux, ouvrait sur lui des yeux pleins d'amour et de frayeur, elle aperçoit la tête sanglante du tigre auprès de la tête d'Eudore. A l'instant la chaleur abandonne les membres de la vierge victorieuse ; ses paupières se ferment ; elle demeure suspendue aux bras de son époux, ainsi qu'un flocon de neige aux rameaux d'un pin du Ménale ou du Lycée. Les saintes martyres, Eulalie, Félicité, Perpétue, descendent pour chercher leur compagne : le tigre avait brisé le cou d'ivoire de la fille d'Homère. L'ange de la mort coupe en souriant le fil des jours de Cymodocée. Elle exhale son dernier soupir sans effort et sans douleur ; elle rend au ciel un souffle divin qui semblait tenir à peine à ce corps formé par les Grâces : elle tombe comme une fleur que la faux du villageois vient d'abattre sur le gazon. Eudore la suit un moment après dans les éternelles demeures : on eût cru voir un de ces sacrifices de paix où les enfants d'Aaron offraient au Dieu d'Israël une colombe et un jeune taureau.

Les époux martyrs avaient à peine reçu la palme, que l'on aperçut au milieu des airs une croix de lumière, semblable à ce Labarum qui fit triompher Constantin ; la foudre gronda sur le Vatican, colline alors déserte, mais souvent visitée par un esprit inconnu ; l'amphithéâtre fut ébranlé jusque dans ses fondements ; toutes les statues des idoles tombèrent, et l'on entendit, comme autrefois à Jérusalem, une voix qui disait :

« LES DIEUX S'EN VONT. »

(Martyrs, liv. 24.)

II

La ville des Césars devenue la reine du *monde chrétien*, inspire Chateaubriand : sur les ruines olympiques il se pose et l'avenir est à lui. La campagne apparaît avec son passé desséché ; ses pensées lui rendent un instant de vie.

ROME MODERNE.

Figurez-vous quelque chose de la désolation de Tyr et de Babylone dont parle l'Écriture, un silence et une solitude aussi vaste que le bruit et le tumulte des hommes qui se pressaient jadis sur ce sol. On croit y entendre retentir cette malédiction du prophète : « *Venient tibi duo hœc subito in die una sterilitas « et viduitas.* » Vous apercevez çà et là quelques bouts de voies romaines dans les lieux où il ne passe plus personne ; quelques traces desséchées des torrents de l'hiver, qui, vues de loin, ont elles-mêmes l'air de grands chemins battus et fréquentés, et qui ne sont que le lit désert d'une onde orageuse, qui s'est écoulée comme le peuple Romain. A peine découvrez-vous quelques arbres, mais vous voyez partout des ruines d'aqueducs et de tombeaux qui semblent être les forêts et les plantes indigènes d'une terre composée de la poussière des morts et des débris des empires. Souvent dans une grande plaine, j'ai cru voir de riches moissons, je m'en approchais, et ce n'étaient que des herbes flétries qui avaient trompé mon œil ; quelquefois, sous ces moissons stériles, vous distinguez les traces d'une ancienne culture. Point d'oiseaux, point de laboureurs, point de mouvements champêtres, point de mugissements de troupeaux, point de villages. Un petit nombre de fermes délabrées se montrent sur la nudité des champs : les fenêtres et les portes en sont fermées; il n'en sort ni fumée, ni bruit, ni habitants; une espèce de sauvage, presque nu, pâle et miné par la fièvre, garde seulement ces tristes chaumières comme ces spectres qui, dans nos histoires gothiques, défendent l'entrée de châteaux abandonnés.

Enfin l'on dirait qu'aucune nation n'a osé succéder aux maîtres du monde dans leur terre natale, et que vous voyez ces champs tels que les a laissés le soc de Cincinnatus, ou la dernière charrue romaine.

C'est du milieu de ce terrain inculte que domine et qu'attriste encore un monument appelé, par la voix populaire, le *tombeau de Néron*, que s'élève la grande ombre de la ville éternelle. Déchue de sa puissance terrestre, elle semble, dans son orgueil, avoir voulu s'isoler; elle s'est séparée des autres cités de la terre, et comme une reine tombée du trône elle a noblement caché ses malheurs dans la solitude.

Il me serait impossible de vous peindre ce qu'on éprouve, lorsque Rome vous apparaît tout à coup au milieu de ces royaumes vides, *inania regna*, et qu'elle a l'air de s'élever pour vous de la tombe où elle était couchée. Tâchez de vous figurer ce trouble et cet étonnement qu'éprouvaient les prophètes, lorsque Dieu leur envoyait la vision de quelque cité à laquelle il avait attaché les destinées de son peuple. La multitude des souvenirs, l'abondance des sentiments vous oppressent, et votre âme est bouleversée à l'aspect de cette Rome qui a recueilli deux fois la succession du monde, comme héritière de Saturne et de Jacob.

(Martyrs.)

III

Les productions architecturales s'élèvent : c'est un drapeau civilisateur ; elles mettent en relief le génie de l'homme.

Les dômes de la bienfaisance, comme les clochers, sont parés des chefs-d'œuvre du ciseau, c'est la vie des siècles, garantie par la vie des arts.

ARCHITECTURE.

En traitant de l'influence du christianisme dans les arts, il n'est besoin ni de subtilité, ni d'éloquence ; les monuments sont là pour répondre aux détracteurs du culte évangélique. Il suffit, par exemple, de nommer Saint-Pierre de Rome, Sainte-Sophie de Constantinople, et Saint-Paul de Londres, pour prouver qu'on est redevable à la religion des trois chefs-d'œuvre de l'architecture moderne.

Le christianisme a rétabli dans l'architecture, comme dans les autres arts, les véritables proportions. Nos temples, moins petits que ceux d'Athènes, et moins gigantesques que ceux de Memphis, se tiennent dans ce sage milieu où règnent le beau et le goût par excellence. Au moyen du *dôme*, inconnu des anciens, la religion a fait un heureux mélange de ce que l'ordre gothique a de hardi, et de ce que les ordres grecs ont de simple et de gracieux.

Ce dôme, qui se change en *clocher*, dans la plupart de nos églises, donne à nos hameaux et à nos villes un caractère moral que ne pouvaient avoir les cités antiques. Les yeux du voyageur viennent d'abord s'attacher sur cette flèche religieuse dont l'aspect réveille une foule de sentiments et de souvenirs : c'est la pyramide funèbre autour de laquelle dorment les aïeux ; c'est le monument de joie où l'airain sacré annonce la vie du fidèle ; c'est là que les époux s'unissent ; c'est là que les chrétiens se prosternent au pied des autels, le faible pour prier le Dieu de force, le coupable pour implorer le Dieu de miséricorde, l'innocent pour chanter le Dieu de bonté. Un paysage paraît-il nu, triste, désert, placez-y un clocher champêtre ; à l'instant tout va s'animer : les douces idées de *pasteur* et de *troupeau*, d'asile pour le voyageur, d'aumône pour le pèlerin, d'hospitalité et de fraternité chrétienne, vont naître de toutes parts.

Plus les âges qui ont élevé nos monuments ont eu de piété et de foi, plus ces monuments ont été frappants par la grandeur et la noblesse de leur caractère. On en voit un exemple remarquable dans l'hôtel des Invalides et dans l'École militaire : on dirait que le premier a fait monter ses voûtes dans le Ciel à la voix du siècle religieux, et que le second s'est abaissé vers la terre à la parole du siècle athée.

Trois corps de logis formant avec l'église un carré long, composent l'édifice des Invalides. Mais quel goût dans cette simplicité ! quelle beauté dans cette cour, qui n'est pourtant qu'un cloître militaire où l'art a mêlé les idées guerrières aux idées religieuses et marié l'image d'un camp de vieux soldats aux souvenirs attendrissants d'un hospice ! C'est à la fois le monument du *Dieu des armées* et du *Dieu de l'Évangile*. La rouille des siècles qui commence à le couvrir lui donne de nobles rapports avec ces vétérans, ruines animées, qui se promènent sous ses vieux portiques. Dans les avant-cours tout retrace l'idée des combats : fossés, glacis, remparts, canons, tentes, sentinelles. Pénétrez-vous plus avant, le bruit s'affaiblit par degrés et va se perdre à l'église où règne un profond silence. Ce bâtiment religieux est placé derrière les bâtiments militaires, comme l'image du repos et de l'espérance au fond d'une vie pleine de troubles et de périls.

Le siècle de Louis XIV est peut-être le seul qui ait bien connu ces convenances morales et qui ait toujours fait dans les arts ce qu'il fallait faire, rien de moins, rien de plus. L'or du commerce a élevé les fastueuses colonnades de l'hôpital de Greenwich en

Angleterre ; mais il y a quelque chose de plus fier et de plus imposant dans la masse des Invalides. On sent qu'une nation qui bâtit de tels palais pour la vieillesse de ses armées, a reçu la puissance du glaive ainsi que le sceptre des arts.

(Génie, liv. 4, chap. vi.)

IV

La nature est le laboratoire de la science, le génie y rencontre les types de ses œuvres ; là les traditions ne se perdent pas ; sur les âges qui ont passé on voit renaître les mêmes merveilles.

L'architecture qui a étagé dans les cités la demeure de l'homme, a trouvé ses niveaux et ses divisions dans l'habitation d'un quadrupède.

Le travail et les mœurs du *castor*, ont inspiré à Chateaubriand une page sur cet Archimède des rives isolées.

L'ARCHITECTE DE LA NATURE.

Quand on voit pour la première fois les ouvrages des castors, on ne peut s'empêcher d'admirer celui qui enseigna à une pauvre petite bête l'art des architectes de Babylone, et qui souvent envoie l'homme, si fier de son génie, à l'école d'un insecte.

Ces étonnantes créatures ont-elles rencontré un vallon où coule un ruisseau, elles barrent ce ruisseau par une chaussée ; l'eau monte et remplit bientôt l'intervalle qui se trouve entre les deux collines : c'est dans ce réservoir que les castors bâtissent leurs habitations. Détaillons la construction de la chaussée.

Des deux flancs opposés des collines qui forment la vallée,

commence un rang de palissades entrelacées de branches et revêtues de mortier. Ce premier rang est fortifié d'un second rang placé à quinze pieds en arrière du premier. L'espace entre les deux palissades est comblé avec de la terre.

La levée continue de venir ainsi des deux côtés de la vallée, jusqu'à ce qu'il ne reste plus qu'une ouverture d'une vingtaine de pieds au centre, mais à ce centre l'action du courant, opérant dans toute son énergie, les ingénieurs changent de matériaux : ils renforcent le milieu de leurs substructions hydrauliques de troncs d'arbres entassés les uns sur les autres, et liés ensemble par un ciment semblable à celui des palissades. Souvent la digue entière a cent pieds de long, quinze de haut et douze de large à la base ; diminuant d'épaisseur dans une proportion mathématique à mesure qu'elle s'élève, elle n'a plus que trois pieds de surface au plan horizontal qui la termine.

Le côté de la chaussée opposé à l'eau se retire graduellement en talus ; le côté extérieur garde un parfait aplomb.

Tout est prévu : le castor sait par la hauteur de la levée combien il doit bâtir d'étages à sa maison future ; il sait qu'au delà d'un certain nombre de pieds il n'a plus d'inondation à craindre, parce que l'eau passerait alors par-dessus la digue. En conséquence, une chambre qui surmonte cette digue lui fournit une retraite dans les grandes crues ; quelquefois il pratique une écluse de sûreté dans la chaussée, écluse qu'il ouvre et ferme à son gré.

La manière dont les castors abattent les arbres est très-curieuse : ils les choisissent toujours au bord d'une rivière. Un nombre de travailleurs proportionné à l'importance de la besogne ronge incessamment les racines : on n'incise point l'arbre du côté de la terre, mais du côté de l'eau, pour qu'il tombe sur le courant. Un castor, placé à quelque distance, avertit les bûcherons par un sifflement, quand il voit pencher la cime de l'arbre attaqué, afin qu'ils se mettent à l'abri de la chute. Les ouvriers traînent le tronc abattu à l'aide du flottage jusqu'à leurs villes, comme les Égyptiens, pour embellir leurs métropoles, faisaient descendre sur le Nil les obélisques taillés dans les carrières d'Éléphantine.

Les palais de la Venise de la solitude, construits dans le lac artificiel, ont deux, trois, quatre et cinq étages, selon la profondeur du lac. L'édifice, bâti sur pilotis, sort des deux tiers de sa hauteur hors de l'eau : les pilotis sont au nombre de six ; ils supportent le premier plancher, fait de brins de bouleau croisés. Sur ce plancher s'élève le vestibule du monument : les murs de ce vestibule se courbent et s'arrondissent en voûte recouverte d'une glaise polie comme un stuc. Dans le plancher du portique est menagée une trappe par laquelle les castors descendent au bain ou vont chercher les branches de tremble pour leur nourriture : ces branches sont entassées sous l'eau dans un magasin commun, entre les pilotis des diverses habitations. Le premier étage du palais est surmonté de trois autres, construits de la même manière, mais divisés en autant d'appartements qu'il y a de castors. Ceux-ci sont ordinairement au nombre de dix ou douze, partagés en trois familles : ces familles s'assemblent dans le vestibule déjà décrit, et y prennent leur repas en commun : la plus grande propreté règne de toute part. Outre le passage du bain, il y a des issues pour les divers besoins des habitants : chaque chambre est tapissée de jeunes branches de sapin, et l'on n'y souffre pas la plus petite ordure. Lorsque les propriétaires vont à leur maison des champs, bâtie au bord du lac et construite comme celle de la ville, personne ne prend leur place, leur appartement demeure vide jusqu'à leur retour. A la fonte des neiges, les citoyens se retirent dans les bois.

Comme il y a une écluse pour le trop plein des eaux, il y a une route secrète pour l'évacuation de la cité : dans les châteaux gothiques un souterrain creusé sous les tours aboutissait dans la campagne.

Il y a des infirmeries pour les malades. Et c'est un animal faible et informe qui achève tous ces travaux, qui fait tous ces calculs !

Vers le mois de juillet, les castors tiennent un conseil général :

ils examinent s'il est expédient de réparer l'ancienne ville et l'ancienne chaussée, ou s'il est bon de construire une cité nouvelle et une nouvelle digue. Les vivres manquent-ils dans cet endroit, les eaux et les chasseurs ont-ils trop endommagé les ouvrages, on se décide à former un autre établissement. Juge-t-on au contraire que le premier peut subsister, on remet à neuf les vieilles demeures, et l'on s'occupe des provisions d'hiver.

Les castors ont un gouvernement régulier : des édiles sont choisis pour veiller à la police de la république. Pendant le travail commun, des sentinelles préviennent toute surprise. Si quelque citoyen refuse de porter sa part des charges, on l'exile ; il est obligé de vivre honteusement seul dans un trou. Les Indiens disent que ce paresseux puni est maigre, et qu'il a le dos pelé ou signe d'infamie. Que sert à ces sages animaux tant d'intelligence ? L'homme laisse vivre les bêtes féroces et extermine les castors, comme il souffre les tyrans et persécute l'innocence et le génie.

La guerre n'est malheureusement point inconnue aux castors : il s'élève quelquefois entre eux des discordes civiles, indépendamment des constestations étrangères qu'ils ont avec les rats musqués. Les Indiens racontent que si un castor est surpris en maraude sur le territoire d'une tribu qui n'est pas la sienne, il est conduit devant le chef de cette tribu, et puni correctionnellement ; à la récidive, on lui coupe cette utile queue qui est à la fois sa charrette et sa truelle : il retourne ainsi mutilé chez ses amis, qui s'assemblent pour venger son injure. Quelquefois le différend est vidé par un duel entre les deux chefs des deux troupes, ou par un combat singulier de trois contre trois, de trente contre trente, comme le combat des Curiaces et des Horaces, ou des trente Bretons contre les trente Anglais. Les batailles générales sont sanglantes : les Sauvages qui surviennent pour dépouiller les morts en ont souvent trouvé plus de quinze couchés au lit d'honneur. Les castors vainqueurs s'emparent de la ville des castors vaincus, et, selon les circonstances, ils établissent une colonie ou ils entretiennent une garnison.

La femelle du castor porte deux, trois, et jusqu'à quatre petits ; elle les nourrit et les instruit pendant une année. Quand la population devient trop nombreuse, les jeunes castors vont former un nouvel établissement, comme un essaim d'abeilles échappé de la ruche. Le castor vit chastement avec une seule femelle ; il est jaloux, et tue quelquefois sa femme pour cause ou soupçon d'infidélité.

La longueur moyenne du castor est de deux pieds et demi à trois pieds ; sa largeur, d'un flanc à l'autre, d'environ quatorze pouces ; il peut peser quarante-cinq livres ; sa tête ressemble à celle du rat ; ses yeux sont petits, ses oreilles, courtes, nues en dedans, velues en dehors ; ses pattes de devant n'ont guère que trois pouces de long, et sont armées d'ongles creux et aigus ; ses pattes de derrière, palmées comme celles du cygne, lui servent à nager ; la queue est plate, épaisse d'un pouce, recouverte d'écailles hexagones, disposées en tuiles comme celles des poissons ; il use de cette queue en guise de truelle et de traîneau. Ses mâchoires extrêmement fortes, se croisent ainsi que les branches des ciseaux ; chaque mâchoire est garnie de dix dents, dont deux incisives de deux pouces de longueur : c'est l'instrument avec lequel le castor coupe les arbres, équarrit leurs troncs, arrache leur écorce, et broie les bois tendres dont il se nourrit.

L'animal est noir, rarement blanc ou brun ; il a deux poils, le premier long, creux et luisant ; le second, espèce de duvet qui pousse sous le premier, est le seul employé dans le feutre. Le castor vit vingt ans. La femelle est plus grosse que le mâle, et son poil est plus grisâtre sous le ventre.

La chair des castors ne vaut rien, de quelque manière qu'on l'apprête. Les Sauvages la conservent cependant après l'avoir fait boucaner à la fumée ; ils la mangent lorsque les vivres viennent à leur manquer.

La peau du castor est fine sans être chaude ; aussi la chasse du castor n'avait autrefois aucun renom chez les Indiens : celle de l'ours, où ils trouvaient avantage et péril, était la plus honorable.

On se contentait de tuer quelques castors pour en porter la dépouille comme parure ; mais on n'immolait pas des peuplades entières. Le prix que les Européens ont mis à cette dépouille a seul amené dans le Canada l'extermination de ces quadrupèdes, qui tenaient par leur instinct le premier rang chez les animaux. Il faut cheminer très-loin vers la baie d'Hudson pour trouver maintenant des castors ; encore ne montrent-ils plus la même industrie, parce que le climat est trop froid : diminués en nombre, ils ont baissé en intelligence, et ne développent plus les facultés qui naissent de l'association.

Ces républiques comptaient autrefois cent et cent cinquante citoyens ; quelques-unes étaient encore plus populeuses. On voyait auprès de Québec un étang formé par des castors, qui suffisait à l'usage d'un moulin à scie. Les réservoirs de ces amphibies étaient souvent utiles, en fournissant de l'eau aux pirogues qui remontaient les rivières pendant l'été. Des castors faisaient ainsi pour des Sauvages, dans la Nouvelle-France, ce qu'un esprit ingénieux, un grand roi et un grand ministre ont fait dans l'ancienne pour des hommes policés.

(Voy. en Amérique.)

V

La foi a ses harmonies dans la nature, la ferveur a les siennes dans les saintes traditions.

La croyance du cœur aux chapelles bénites inspire le zèle ; chaque année les populations deviennent des tribus voyageuses, c'est le rosaire vivant de l'onction ; ses grains se déroulent, arrivée au but, la foule agenouillée, dit l'amen au pied de la croix, et la suavité de sa prière est la fleur du trajet ; le sentiment de la piété a le reflet d'un site coloré par le ciel.

HARMONIES MORALES.

Nous quittons les harmonies physiques des monuments religieux et des scènes de la nature pour entrer dans les harmonies morales du christianisme. Il faut placer au premier rang *ces dévotions populaires* qui consistent en de certaines croyances et de certains rites pratiqués par la foule, sans être ni avoués, ni absolument proscrits par l'Église. Ce ne sont en effet que des harmonies de la religion et de la nature. Quand le peuple croit entendre la voix des morts dans les vents, quand il parle des fantômes de la nuit, quand il va en pélerinage pour le soulagement de ses maux, il est évident que ces opinions ne sont que des relations touchantes entre quelques scènes naturelles, quelques dogmes sacrés et la misère de nos cœurs. Il suit de là que, plus un culte a de ces *dévotions populaires*, plus il est poétique, puisque la poésie se fonde sur les mouvements de l'âme et les accidents de la nature, rendus tout mystérieux par l'intervention des idées religieuses.

Il faudrait nous plaindre si, voulant tout soumettre aux règles de la raison, nous condamnions avec rigueur ces croyances qui aident au peuple à supporter les chagrins de la vie, et qui lui enseignent une morale que les meilleures lois ne lui apprendront jamais. Il est bon, il est beau, quoi qu on en dise, que toutes nos actions soient pleines de Dieu, et que nous soyons sans cesse enenvironnés de ses miracles.

Le peuple est bien plus sage que les philosophes. Chaque fontaine, chaque croix dans un chemin, chaque soupir du vent de la nuit, porte avec lui un prodige. Pour l'homme de foi, la nature est une constante merveille. Souffre-t-il, il prie près de sa petite image, et il est soulagé. A-t-il besoin de revoir un parent, un ami, il fait un vœu, prend le bâton et le bourdon du pèlerin; il franchit les Alpes ou les Pyrénées, visite Notre-Dame de Lorette ou Saint-Jacques en Galice; il se prosterne, il prie le saint de lui rendre un fils (pauvre matelot peut-être errant sur les mers), de sauver une épouse, de prolonger les jours d'un père. Son cœur se trouve allégé. Il part pour retourner à sa chaumière : chargé de coquillages, il fait retentir les hameaux du son de sa conque, et chante dans une complainte naïve la bonté de Marie, mère de Dieu. Chacun veut avoir quelque chose qui ait appartenu au pèlerin. Que de maux guéris par un seul ruban consacré! Le pèlerin arrive à son village : la première personne qui vient au-devant de lui, c'est sa femme relevée de couches, c'est son fils retrouvé, c'est son père rajeuni.

Heureux, trois et quatre fois heureux ceux qui croient! ils ne peuvent sourire sans compter qu'ils souriront toujours; ils ne peuvent pleurer sans penser qu'ils touchent à la fin de leurs larmes. Leurs pleurs ne sont point perdus : la religion les reçoit dans son urne, et les présente à l'Eternel.

Les pas du vrai croyant ne sont jamais solitaires; un bon ange veille à ses côtés, il lui donne des conseils dans ses songes, il le défend contre le mauvais ange. Ce céleste ami lui est si dévoué, qu'il consent pour lui à s'exiler sur la terre.

Trouvait-on chez les anciens rien de plus admirable qu'une foule de pratiques usitées jadis dans notre religion! Si l'on rencontrait au coin d'une forêt le corps d'un homme assassiné, on plantait une croix dans ce lieu en signe de miséricorde. Cette croix demandait au Samaritain une larme pour un infortuné, et à l'habitant de la cité fidèle une prière pour son frère. Et puis, ce voyageur était peut-être un étranger tombé loin de son pays, comme cet illustre inconnu sacrifié par la main des hommes, loin de sa patrie céleste ! Quel commerce entre nous et Dieu ! quelle élévation cela ne donnait-il pas à la nature humaine ! qu'il était étonnant d'oser trouver des conformités entre nos jours mortels et l'éternelle existence du Maître du monde !

Nous ne parlerons point de ces jubilés substitués aux jeux séculaires, qui plongent les chrétiens dans la piscine du repentir, rajeunissent les consciences, et appellent les pécheurs à l'amnistie de la religion. Nous ne dirons point non plus comment, dans les calamités publiques, les grands et les petits s'en allaient pieds nus d'église en église, pour tâcher de désarmer la colère de Dieu. Le pasteur marchait à leur tête, la corde au cou, humble victime dévouée pour le salut du troupeau.

Mais le peuple ne nourrissait point la crainte de ces fléaux, quand il avait sous son toit le Christ d'ébène, le laurier béni, l'image du saint, protecteur de la famille. Que de fois on s'est prosterné devant ces reliques, pour demander des secours qu'on n'avait point obtenus des hommes !

C'est dans les grands événements de la vie que les coutumes religieuses offrent aux malheureux leurs consolations. Nous avons été une fois spectateur d'un naufrage. En arrivant sur la grève, les matelots dépouillèrent leurs vêtements et ne conservèrent que leurs pantalons et leurs chemises mouillées. Ils avaient fait un vœu à la Vierge pendant la tempête. Ils se rendirent en procession à une petite chapelle dédiée à saint Thomas. Le capitaine marchait à leur tête, et le peuple suivait en chantant avec eux, l'*Ave, maris stella*. Le prêtre célébra la messe des naufragés, et les matelots suspendirent leurs habits trempés d'eau de mer, en *ex voto*, aux murs de la chapelle. La philosophie peut remplir ses pages de paroles magnifiques, mais nous doutons que les infortunés viennent jamais suspendre leurs vêtements à son temple.

La mort, si poétique parce qu'elle touche aux choses immortelles, si mystérieuse à cause de son silence, devait avoir mille manières de s'annoncer pour le peuple. Tantôt un trépas se faisait prévoir par les tintements d'une cloche qui sonnait d'elle-même, tantôt l'homme qui devait mourir entendait frapper trois coups sur le plancher de sa chambre. Une religieuse de saint Benoît, près de quitter la terre, trouvait une couronne d'épine blanche sur le seuil de sa cellule. Une mère perdait-elle un fils dans un pays lointain, elle en était instruite à l'instant par ses songes. Ceux qui nient les pressentiments ne connaîtront jamais les routes secrètes par où deux cœurs qui s'aiment communiquent d'un bout du monde à l'autre. Souvent le mort chéri, sortant du tombeau, se présentait à son ami, lui recommandait de dire des prières pour le racheter des flammes et le conduire à la félicité des élus. Ainsi la religion avait fait partager à l'amitié le beau privilége que Dieu a de donner une éternité de bonheur.

(Génie, liv. 5, chap. VI.)

VI

Quand du fond d'une vallée le voyageur admire l'effet d'une ruine au sommet de la montagne, son imagination retourne les feuillets du temps; tout s'anime, la pensée voit le pèlerin quêter l'hospitalité, le pont-levis se lever contre une invasion féodale, ou s'abaisser pour donner passage au cortége des tournois.

Si les débris d'un édifice ont été surmontés d'une croix, on médite et on sent naître l'espoir au cœur.

LES VIEUX VESTIGES DANS L'HORIZON.

De l'examen des *sites* des monuments chrétiens, nous passons aux effets des *ruines* de ces monuments. Elles fournissent au cœur de majestueux souvenirs, et aux arts des compositions touchantes. Consacrons quelques pages à cette poétique des morts.

Tous les hommes ont un secret attrait pour les ruines. Ce sentiment tient à la fragilité de notre nature, à une conformité secrète entre ces monuments détruits et la rapidité de notre existence. Il s'y joint, en outre, une idée qui console notre petitesse, en voyant que des peuples entiers, des hommes quelquefois si fameux, n'ont pu vivre cependant au delà du peu de jours assignés à notre obscurité. Ainsi, les ruines jettent une grande moralité au milieu des scènes de la nature; quand elles sont placées dans un tableau, en vain on cherche à porter les yeux autre part : ils reviennent toujours s'attacher sur elles. Et pourquoi les ouvrages des hommes ne passeraient-ils pas, quand le soleil qui les éclaire doit lui-même tomber de sa voûte? Celui qui le plaça dans les cieux est le seul souverain dont l'empire ne connaisse point de ruines.

Il y a deux sortes de ruines : l'une, ouvrage du temps; l'autre, ouvrage des hommes. Les premières n'ont rien de désagréable, parce que la nature travaille auprès des ans. Font-ils des décombres, elle y sème des fleurs; entr'ouvrent-ils un tombeau, elle y place le nid d'une colombe : sans cesse occupée à reproduire, elle environne la mort des plus douces illusions de la vie.

Les secondes ruines sont plutôt des dévastations que des ruines; elles n'offrent que l'image du néant, sans une puissance réparatrice. Ouvrage du malheur, et non des années, elles ressemblent aux cheveux blancs sur la tête de la jeunesse. Les destructions des hommes sont d'ailleurs plus violentes et plus complètes que celles des âges; les seconds minent, les premiers renversent. Quand Dieu, pour des raisons qui nous sont inconnues, veut hâter les ruines du monde, il ordonne au Temps de prêter sa faux à l'homme; et le Temps nous voit avec épouvante ravager dans un clin d'œil ce qu'il eût mis des siècles à détruire.

(Génie, liv. 6, chap. III.)

VII

Quand les traditions sont inscrites sur des débris guerriers le passé est retentissant. L'Espagne, cette patrie de la renommée courtoise, est aussi la terre des chroniques : à travers les arceaux brisés de ses monuments on croit voir les phalanges conduites par le Cid, marcher à la conquête des Maures.

Grenade toute parée de ses tours et de ses ciselures, semble pleurer sur la chute des Abencérages et des Zégris, de ces chevaliers du turban qui croisèrent leur lance dans les lices.

Là l'Espagnole soulève les plis légers de sa mantille pour écouter les féeries des récits du cœur, les échos vibrent dans les fûts abattus de l'Alhambra ; puis dans la brise du soir, le mont qui domine la ville, semble l'écho de l'adieu de Boabdil qui lui a laissé le nom de « dernier soupir du Maure. »

GRENADE.

Grenade est bâtie au pied de la Sierra-Nevada, sur deux hautes collines que sépare une profonde vallée. Les maisons placées sur la pente des coteaux, dans l'enfoncement de la vallée, donnent à la ville l'air et la forme d'une grenade entr'ouverte, d'où lui est venu son nom. Deux rivières, le Xénil et le Douro, dont l'une roule des paillettes d'or, et l'autre des sables d'argent, lavent le pied des collines, se réunissent et serpentent ensuite au milieu d'une plaine charmante, appelée la Véga. Cette plaine, que domine Grenade, est couverte de vignes, de grenadiers, de figuiers, de mûriers, d'orangers ; elle est entourée par des montagnes d'une forme et d'une couleur admirables. Un ciel enchanté, un air pur et délicieux, portent dans l'âme une langueur secrète dont le voyageur qui ne fait que passer a même de la peine à se défendre. On sent que, dans ce pays, les tendres passions auraient promptement étouffé les passions héroïques, si l'amour, pour être véritable, n'avait pas toujours besoin d'être accompagné de la gloire.

Lorsque Aben-Hamet découvrit le faîte des premiers édifices de Grenade, le cœur lui battit avec tant de violence qu'il fut obligé d'arrêter sa mule. Il croisa les bras sur sa poitrine, et, les yeux attachés sur la ville sacrée, il resta muet et immobile. Le guide s'arrêta à son tour, et comme tous les sentiments élevés sont aisément compris d'un Espagnol, il parut touché et devina que le Maure revoyait son ancienne patrie. L'Abencerage rompit enfin le silence.

« Guide, s'écria-t-il, sois heureux ! ne me cache point la vé-
« rité, car le calme régnait dans les flots le jour de ta naissance,
« et la lune entrait dans son croissant. Quelles sont ces tours qui
« brillent comme des étoiles au-dessus d'une verte forêt? »

— « C'est l'Alhambra, » répondit le guide.

« Et cet autre château, sur cette autre colline ? » dit Aben-Hamet.

« C'est le Généralife, répliqua l'Espagnol. Il y a dans ce châ-
« teau un jardin planté de myrtes où l'on prétend qu'Abencerage
« fut surpris avec la sultane Alfaïma. Plus loin vous voyez l'Al-
« baïzyn, et plus près de nous, les Tours vermeilles. »

Chaque mot du guide perçait le cœur d'Aben-Hamet. Qu'il est cruel d'avoir recours à des étrangers pour apprendre à connaître les monuments de ses pères, et de se faire raconter par des indifférents l'histoire de sa famille et de ses amis ! Le guide, mettant fin aux réflexions d'Aben-Hamet, s'écria : « Marchons, seigneur « Maure ; marchons, Dieu l'a voulu ! Prenez courage. François Ier « n'est-il pas aujourd'hui même prisonnier dans notre Madrid ? « Dieu l'a voulu. » Il ôta son chapeau, fit un grand signe de croix, et frappa ses mules. L'Abencerage, pressant la sienne à son tour, s'écria : « C'était écrit ; » et ils descendirent vers Grenade.

Ils passèrent près du gros frêne célèbre par le combat de Muça et du grand maître de Calatrava, sous le dernier roi de Grenade. Ils firent le tour de la promenade Alameïda, et pénétrèrent dans la cité par la porte d'Elvire. Ils remontèrent le Rambla, et arrivèrent bientôt sur une place qu'environnaient de toutes parts des maisons d'architecture moresque. Un kan était ouvert sur cette place pour les Maures d'Afrique, que le commerce de soies de la Véga attirait en foule à Grenade. Ce fut là que le guide conduisit Aben-Hamet.

L'Abencerage était trop agité pour goûter un peu de repos dans sa nouvelle demeure ; la patrie le tourmentait. Ne pouvant résister aux sentiments qui troublaient son cœur, il sortit au milieu de la nuit pour errer dans les rues de Grenade. Il essayait de reconnaître avec ses yeux ou ses mains quelques-uns des monuments que les vieillards lui avaient si souvent décrits. Peut-être que ce haut édifice dont il entrevoyait les murs à travers les ténèbres était autrefois la demeure des Abencerages ; peut-être était-ce sur cette place solitaire que se donnaient ces fêtes qui portèrent la gloire de Grenade jusqu'aux nues. Là passaient les quadrilles superbement vêtus de brocards ; là s'avançaient les galères chargées d'armes et de fleurs, les dragons qui lançaient des feux et qui recélaient dans leurs flancs d'illustres guerriers ; ingénieuses inventions du plaisir et de la galanterie.

Mais, hélas ! au lieu du son des anafins, du bruit des trompettes et des chants d'amour, un silence profond régnait autour d'Aben-Hamet. Cette ville muette avait changé d'habitants, et les vainqueurs reposaient sur la couche des vaincus. « Ils dorment donc, ces fiers Espagnols, » s'écriait le jeune Maure indigné, « sous ces « toits dont ils ont exilé mes aïeux ! Et moi, Abencerage, je veille « inconnu, solitaire, délaissé, à la porte du palais de mes pères ! »

Aben-Hamet réfléchissait alors sur les destinées humaines, sur les vicissitudes de la fortune, sur la chute des empires, sur cette Grenade enfin, surprise par ses ennemis au milieu des plaisirs, et changeant tout à coup ses guirlandes de fleurs contre des chaînes ; il lui semblait voir ses citoyens abandonnant leurs foyers en habits de fête, comme des convives qui, dans le désordre de leur parure, sont tout à coup chassés de la salle du festin par un incendie.

Toutes ces images, toutes ces pensées, se pressaient dans l'âme d'Aben-Hamet ; plein de douleur et de regret, il songeait surtout à exécuter le projet qui l'avait amené à Grenade : le jour le surprit. L'Abencerage s'était égaré : il se trouvait loin du kan, dans un faubourg écarté de la ville. Tout dormait ; aucun bruit ne troublait le silence des rues ; les portes et les fenêtres des maisons étaient fermées : seulement la voix du coq proclamait dans l'habitation du pauvre le retour des peines et des travaux.

(Nouvelles.)

VIII

« Allez et instruisez les nations ! » Cette grande mission, legs du sacrifice du Calvaire fut comprise et accomplie. De la rive de Syrie partirent les apôtres éclairés de la flamme divine, et l'Évangile fut incrusté au cœur des peuples ; la loi du christianisme fit surgir une société nouvelle ; l'univers chrétien se dessina.

Les temps marchèrent, les ruines sanctifiées se formèrent autour de Jérusalem. Des chaînes furent apposées au tombeau de vie, il fallut à la foi de nouveaux lévites. Alors l'Europe rendit à l'Asie le bienfait qu'elle en avait reçu, puis quand la Terre Sainte fut profanée, des hommes inspirés appelèrent les nations aux armes ; ils crièrent : « Dieu le veut ! » Et les rois quittèrent leur sceptre d'or pour aller délivrer le sépulcre où Dieu s'était couché un moment.

A la voix de Chateaubriand les souvenirs vont chercher les phalanges chevaleresques qui sillonnèrent le monde ; elles s'alignent, les salles d'armes retentissent des cris de guerre héraldiques ; les châtelaines distribuent écharpes et brassarts ; ou silencieuses elles donnent vie sur le canevas au récit des pèlerins.

Puis on entend le cliquetis des carrousels, le cor des tourelles, le choc des lances suzeraines ; c'est le moyen âge avec ses chroniques, sa naïveté et ses scènes dramatiques. Tout bruit, tout parle, tout renaît. Il est des cris dont la vibration traverse les siècles et dont la répercussion ne s'arrête plus.

JÉRUSALEM.

J'avais sous les yeux les descendants de la race primitive des hommes, je les voyais avec les mêmes mœurs qu'ils ont conservées depuis les jours d'Agar et d'Ismaël ; je les voyais dans le même désert qui leur fut assigné par Dieu en héritage. *Moratus est in solitudine habitavitque in deserto Pharan.* Je les rencontrais dans la vallée du Jourdain, au pied des montagnes de Samarie, sur les chemins d'Habron, dans les lieux où la voix de Josué arrêta le soleil, dans les champs de Gomorrhe, encore fumants de la colère de Jéhovah, et que consolèrent ensuite les merveilles miséricordieuses de Jésus-Christ.

Tout annonce chez l'Américain le sauvage qui n'est point encore parvenu à l'état de civilisation, tout indique chez l'Arabe l'homme civilisé retombé dans l'état sauvage.

Nous quittâmes la source d'Élisée le 6, à trois heures de l'après-midi, pour retourner à Jérusalem. Nous laissâmes à droite le mont de la *Quarantaine*, qui s'élève au-dessus de Jéricho, précisément en face du mont Abarim, d'où Moïse, avant de mourir, aperçut la terre de promission. En rentrant dans la montagne de Judée nous vîmes les restes d'un aqueduc romain. L'abbé Mariti, poursuivi par le souvenir des moines, veut encore que cet aqueduc ait appartenu à une ancienne communauté, ou qu'il ait servi à arroser les terres voisines, lorsqu'on cultivait la canne à sucre dans la plaine de Jéricho. Si la seule inspection de l'ouvrage ne suffisait pas pour détruire cette idée bizarre, on pourrait consulter Adrichomius (*Theatrum Terræ-Sanctæ*), l'*Élucidatio historica Terræ-Sanctæ* de Quaresmius, et la plupart des voyageurs déjà cités. Le chemin que nous suivions dans la montagne était large et quelquefois pavé; c'est peut être une ancienne voie romaine. Nous passâmes au pied d'une montagne couronnée autrefois par un château gothique qui protégeait et fermait le chemin. Après cette montagne, nous descendîmes dans une vallée noire et profonde, appelée en hébreu *Adomimin* ou le *lieu du sang*. Il y avait là une petite cité de la tribu de Juda, et ce fut dans cet endroit solitaire que le Samaritain secourut le voyageur blessé. Nous y rencontrâmes la cavalerie du pacha qui allait faire de l'autre côté du Jourdain l'expédition dont j'aurai occasion de parler. Heureusement la nuit nous déroba à la vue de cette soldatesque.

Nous passâmes à Bahurim, où David, fuyant devant Absalon, faillit d'être lapidé par Séméi. Un peu plus loin, nous mîmes pied à terre à la fontaine où Jésus-Christ avait coutume de se reposer avec les Apôtres en revenant de Jéricho. Nous commençâmes à gravir les revers de la montagne des Oliviers; nous traversâmes le village de Béthanie, où l'on montre les ruines de la maison de Marthe et le sépulcre de Lazare. Ensuite nous descendîmes la montagne des Oliviers, qui domine Jérusalem, et nous traversâmes le torrent de Cédron dans la vallée de Josaphat. Un sentier qui circule au pied du temple et s'élève sur le mont Sion nous conduisit à la porte des pèlerins, en faisant le tour entier de la ville. Je me rendis à pied à l'église qui renferme le tombeau de Jésus-Christ.

Tous les voyageurs ont décrit cette église, la plus vénérable de la terre, soit que l'on pense en philosophe ou en chrétien. Ici j'éprouve un véritable embarras. Dois-je offrir la peinture exacte des lieux saints? Mais alors je ne puis que répéter ce que l'on a dit avant moi : jamais sujet ne fut peut-être moins connu des lecteurs modernes, et toutefois jamais sujet ne fut plus complétement épuisé. Dois-je omettre le tableau de ces lieux sacrés? Mais ne sera-ce pas enlever la partie la plus essentielle de mon voyage, et en faire disparaître ce qui en est et la fin et le but? Après avoir balancé longtemps, je me suis déterminé à décrire les principales stations de Jérusalem, par les considérations suivantes :

1° Personne ne lit aujourd'hui les anciens pélerinages à Jérusalem; et ce qui est très-usé paraîtra vraisemblablement tout neuf à la plupart des lecteurs;

2° L'église du Saint-Sépulcre n'existe plus; elle a été incendiée de fond en comble depuis mon retour de Judée; je suis, pour ainsi dire, le dernier voyageur qui l'ai vue; et j'en serai par cette raison même le dernier historien.

Deshayes nous dit : « que le mont Calvaire était la dernière « station de l'Eglise du Saint-Sépulcre, car, à vingt pas de là, on « rencontre la pierre *de l'onction.* »

Il décrit par ordre les stations de tous les lieux vénérables; il ne me reste à présent qu'à montrer l'ensemble. On voit d'abord que l'église du Saint-Sépulcre se compose de trois églises : celle du Saint-Sépulcre, celle du Calvaire et celle de l'Invention de la sainte croix.

L'église proprement dite du Saint-Sépulcre est bâtie dans la vallée du mont Calvaire, et sur le terrain où l'on sait que Jésus-Christ fut enseveli. Cette église forme une croix; la chapelle même du Saint-Sépulcre n'est en effet que la grande nef de l'édifice : elle est circulaire comme le Panthéon à Rome, et ne reçoit le jour que par un dôme au-dessus duquel se trouve le Saint-Sépulcre. Seize colonnes de marbre ornent le pourtour de cette rotonde ; elles soutiennent, en décrivant dix-sept arcades, une galerie supérieure, également composée de seize colonnes et de dix-sept arcades, plus petites que les colonnes et les arcades qui les portent. Des niches correspondantes aux arcades s'élèvent au-dessus de la frise de la dernière galerie, et le dôme prend sa naissance sur l'arc de ces niches. Celles-ci étaient autrefois décorées de mosaïques représentant les douze apôtres, sainte Hélène, l'empereur Constantin, et trois autres portraits inconnus.

Le chœur de l'église du Saint-Sépulcre est à l'orient de la nef du tombeau : il est double comme dans les anciennes basiliques, c'est-à-dire qu'il a d'abord une enceinte avec des stalles pour les prêtres, ensuite un sanctuaire reculé et élevé de deux degrés au-dessus du premier. Autour de ce double sanctuaire règnent les ailes du chœur ; et dans ces ailes sont placées les chapelles décrites par Deshayes.

C'est aussi dans l'aile droite, derrière le chœur, que s'ouvrent les deux escaliers qui conduisent, l'un à l'église du Calvaire, l'autre à l'église de l'Invention de la sainte croix : le premier monte à la cime du Calvaire ; le second descend sous le Calvaire même ; en effet la croix fut élevée sur le sommet de Golgotha, et retrouvée sous cette montagne. Ainsi, pour nous résumer, l'église du Saint-Sépulcre est bâtie au pied du Calvaire : elle touche par sa partie orientale à ce monticule sous lequel et sur lequel on a bâti deux autres églises, qui tiennent par des murailles et des escaliers voûtés au principal monument.

L'architecture de l'église est évidemment du siècle de Constantin : l'ordre corinthien domine partout. Les piliers sont lourds ou maigres, et leur diamètre est presque toujours sans proportion avec leur hauteur. Quelques colonnes accouplées qui portent la frise du chœur sont toutefois d'un assez bon style. L'église étant haute et développée, les corniches se profilent à l'œil avec assez de grandeur; mais comme depuis environ soixante ans on a surbaissé l'arcade qui sépare le chœur de la nef, le rayon horizontal est brisé, et l'on ne jouit plus de l'ensemble de la voûte.

L'église n'a point de péristyle : on entre par deux portes latérales; il n'y en a plus qu'une d'ouverte. Ainsi le monument ne paraît pas avoir eu de décorations extérieures. Il est masqué d'ailleurs par les masures et par les couvents grecs qui sont accolés aux murailles.

Le petit monument de marbre qui couvre le Saint-Sépulcre a la forme d'un catafalque orné d'arceaux demi-gothiques engagés dans les côtés-pleins de ce catafalque : il s'élève élégamment sous le dôme qui l'éclaire; mais il est gâté par une chapelle massive que les Arméniens ont obtenu la permission de bâtir à l'une de ses extrémités. L'intérieur du catafalque offre un tombeau de marbre blanc fort simple, appuyé d'un côté au mur du monument, et servant d'autel aux religieux catholiques : c'est le tombeau de Jésus-Christ.

L'origine de l'église du Saint-Sépulcre est d'une haute antiquité. L'auteur de l'*Epitome* des guerres sacrées (*Epitome bellorum sacrorum*) prétend que, quarante-six ans après la destruction de Jérusalem par Vespasien et Titus, les chrétiens obtinrent d'Adrien la permission de bâtir, ou plutôt de rebâtir un temple sur le tombeau de leur Dieu, et d'enfermer dans la nouvelle cité les autres lieux révérés des chrétiens. Il ajoute que ce temple fut agrandi et réparé par Hélène, mère de Constantin.

(Itin., 4° part.)

IX

Les attributs de l'enfance, voilà le premier pas de la rédimation du monde... Pour prier au Calvaire, il faut gravir la voie douloureuse ; à la crèche le sanctuaire est au niveau du sol ; là la grandeur est dans l'humilité.

Chateaubriand a écrit ce qu'il a senti à *Bethléem :* quand le génie s'agenouille, il se relève plus puissant.

BETHLÉEM.

Nous aperçûmes dans la montagne (car la nuit était venue) les lumières du village de Rama. Le silence était profond autour de nous. Ce fut sans doute dans une pareille nuit que l'on entendit tout à coup la voix de Rachel : *Vox in Rama audita est, ploratus ; et ululatus multus Rachel plorans filios suos, et noluit consolari, quia non sunt.* Ici la mère d'Astyanax et celle d'Euryale sont vaincues : Homère et Virgile cèdent la palme de la douleur à Jérémie.

Nous arrivâmes par un chemin étroit et scabreux à Bethléem. Nous frappâmes à la porte du couvent ; l'alarme se mit parmi les religieux, parce que notre visite était inattendue, et que le turban d'Ali inspira d'abord l'épouvante ; mais tout fut bientôt expliqué.

Bethléem reçut son nom d'Abraham, et Bethléem signifie la *Maison de Pain*. Elle fut surnommée *Ephrata* (fructueuse), du nom de la femme de Caleb, pour la distinguer d'une autre Bethléem de la tribu de Zabulon. Elle appartenait à la tribu de Juda ; elle porta aussi le nom de *Cité de David* ; elle était la patrie de ce monarque, et il y garda les troupeaux dans son enfance. Abissan, septième juge d'Israël ; Élimelech, Obed, Jessé et Booz naquirent comme David à Bethléem ; et c'est là qu'il faut placer l'admirable églogue de Ruth. Saint Mathias, apôtre, eut aussi le bonheur de recevoir le jour dans la cité où le Messie vint au monde.

Les premiers fidèles avaient élevé un oratoire sur la crèche du Sauveur. Adrien le fit renverser pour y placer une statue d'Adonis. Sainte Hélène détruisit l'idole, et bâtit au même lieu une église dont l'architecture se mêle aujourd'hui aux différentes parties ajoutées par les princes chrétiens. Tout le monde sait que saint Jérôme se retira à Bethléem. Bethléem, conquise par les croisés, retomba avec Jérusalem sous le joug infidèle ; mais elle a toujours été l'objet de la vénération des pèlerins. De saints religieux, se dévouant à un martyre perpétuel, l'ont gardée pendant sept siècles. Quant à la Bethléem moderne, à son sol, à ses productions, à ses habitants, on peut consulter M. de Volney. Je n'ai pourtant point remarqué dans la vallée de Bethléem la fécondité qu'on lui attribue : il est vrai que, sous le gouvernement turc, le terrain le plus fertile devient désert en peu d'années.

Le 5 octobre, à quatre heures du matin, je commençai la revue des monuments de Bethléem. Quoique ces monuments aient été souvent décrits, le sujet par lui-même est si intéressant, que je ne puis me dispenser d'entrer dans quelques détails.

Le couvent de Bethléem tient à l'église par une cour fermée de hautes murailles. Nous traversâmes cette cour, et une petite porte latérale nous donna passage dans l'église. Cette église est certainement d'une haute antiquité, et, quoique souvent détruite et souvent réparée, elle conserve les marques de son origine grecque. Sa forme est celle d'une croix. La longue nef, ou, si l'on veut le pied de la croix, est ornée de quarante-huit colonnes d'ordre corinthien, placées sur quatre lignes. Ces colonnes ont deux pieds six pouces de diamètre près la base, et dix-huit pieds de hauteur y compris la base et le chapiteau. Comme la voûte de cette nef manque, les colonnes ne portent rien qu'une frise de bois qui remplace l'architrave et tient lieu de l'entablement entier. Une charpente à jour prend sa naissance au haut des murs et s'élève en dôme pour porter un toit qui n'existe plus, ou qui n'a jamais été achevé. On dit que cette charpente est de bois de cèdre ; mais c'est une erreur. Les murs sont percés de grandes fenêtres : ils étaient ornés autrefois de tableaux en mosaïques et de passages de l'Évangile, écrits en caractères grecs et latins : on en voit encore des traces. La plupart de ces inscriptions sont rapportées par Quaresmius. L'abbé Mariti relève avec aigreur une méprise de ce savant religieux, touchant une date : un très-habile homme peut se tromper ; mais celui qui en avertit le public sans égard et sans politesse prouve moins sa science que sa vanité.

Les restes des mosaïques que l'on aperçoit çà et là, et quelques tableaux peints sur bois, sont intéressants pour l'histoire de l'art : ils présentent en général des figures de face, droites, raides, sans mouvement et sans ombre ; mais l'effet en est majestueux, et le caractère, noble et sévère. Je n'ai pu, en examinant ces peintures, m'empêcher de penser au respectable M. d'Agincourt, qui fait à Rome l'*Histoire des Arts du dessin dans le moyen âge* [1], et qui trouverait à Bethléem de grands secours.

La secte chrétienne des Arméniens est en possession de la nef que je viens de décrire. Cette nef est séparée des trois autres branches de la croix par un mur, de sorte que l'église n'a plus d'unité. Quand vous avez passé ce mur, vous vous trouvez en face du sanctuaire ou du chœur, qui occupe le haut de la croix. Ce chœur est élevé de trois degrés au-dessus de la nef. On y voit un autel dédié aux Mages. Sur le pavé, au bas de cet autel, on remarque une étoile de marbre : la tradition veut que cette étoile corresponde au point du ciel où s'arrêta l'étoile miraculeuse qui conduisit les trois rois. Ce qu'il y a de certain, c'est que l'endroit où naquit le Sauveur du monde se trouve perpendiculairement au-dessous de cette étoile de marbre, dans l'église souterraine de

---

[1] Nous jouissons enfin des premières livraisons de cet excellent ouvrage, fruit d'un travail de trente années et des recherches les plus curieuses.

la Crèche. Je parlerai de celle-ci dans un moment. Les Grecs occupent le sanctuaire des Mages, ainsi que les deux autres nefs formées par les deux extrémités de la traverse de la croix. Ces deux dernières nefs sont vides et sans autels.

Deux escaliers tournants, composés chacun de quinze degrés, s'ouvrent aux deux côtés du chœur de l'église extérieure, et descendent à l'église souterraine, placée sous ce chœur. Celle-ci est le lieu à jamais révéré de la nativité du Sauveur. Avant d'y entrer, le supérieur me mit un cierge à la main et me fit une courte exhortation. Cette sainte grotte est irrégulière, parce qu'elle occupe l'emplacement irrégulier de l'étable et de la crèche. Elle a trente-sept pieds et demi de long, onze pieds trois pouces de large, et neuf pieds de haut. Elle est taillée dans le roc : les parois de ce roc sont revêtues de marbre, et le pavé de la grotte est également d'un marbre précieux. Ces embellissements sont attribués à sainte Hélène. L'église ne tire aucun jour du dehors, et n'est éclairée que par la lumière de trente-deux lampes envoyées par différents princes chrétiens. Tout au fond de la grotte, du côté de l'orient, est la place où la Vierge enfanta le Rédempteur des hommes. Cette place est marquée par un marbre blanc incrusté de jaspe et entouré d'un cercle d'argent, radié en forme de soleil. On lit ces mots à l'entour :

HIC DE VIRGINE MARIA
JESUS CHRISTUS NATUS EST.

Une table de marbre, qui sert d'autel, est appuyée contre le rocher, et s'élève au-dessus de l'endroit où le Messie vint à la lumière. Cet autel est éclairé par trois lampes, dont la plus belle a été donnée par Louis XIII.

A sept pas de là, vers le midi, après avoir passé l'entrée d'un des escaliers qui montent à l'église supérieure, vous trouvez la crèche. On y descend par deux degrés, car elle n'est pas de niveau avec le reste de la grotte. C'est une voûte peu élevée, enfoncée dans le rocher. Un bloc de marbre blanc, exhaussé d'un pied au-dessus du sol, et creusé en forme de berceau, indique l'endroit même où le souverain du ciel fut couché sur la paille.

Rien n'est plus agréable et plus dévot que cette église souterraine. Elle est enrichie de tableaux des écoles italienne et espagnole. Ces tableaux représentent les mystères de ces lieux, des Vierges et des Enfants d'après Raphaël, des Annonciations, l'Adoration des Mages, la Venue des pasteurs, et tous ces miracles mêlés de grandeur et d'innocence. Les ornements ordinaires de la crèche sont de satin bleu brodé en argent. L'encens fume sans cesse devant le berceau du Sauveur. J'ai entendu un orgue, fort bien touché, jouer à la messe les airs les plus doux et les plus tendres des meilleurs compositeurs d'Italie. Ces concerts charment l'Arabe chrétien qui, laissant paître ses chameaux, vient, comme les antiques bergers de Bethléem, adorer le Roi des rois dans sa crèche. J'ai vu cet habitant du désert communier à l'autel des Mages avec une ferveur, une piété, une religion, inconnues des chrétiens de l'Occident. « Nul endroit dans l'univers, dit le père « Néret, n'inspire plus de dévotion..... L'abord continuel des « caravanes de toutes les nations chrétiennes... les prières pu- « bliques, les prosternations... la richesse même des présents que « les princes chrétiens y ont envoyés... tout cela excite en votre « âme des choses qui se font sentir beaucoup mieux qu'on ne peut « les exprimer. »

Ajoutons qu'un contraste extraordinaire rend encore ces choses plus frappantes ; car en sortant de la grotte, où vous avez retrouvé la richesse, les arts, la religion des peuples civilisés, vous êtes transporté dans une solitude profonde, au milieu des masures arabes, parmi des Sauvages demi-nus et des musulmans sans foi. Ces lieux sont pourtant ceux-là mêmes où s'opérèrent tant de merveilles ; mais cette terre sainte n'ose plus faire éclater au dehors son allégresse, et les souvenirs de sa gloire sont renfermés dans son sein.

Nous descendîmes de la grotte de la Nativité dans la chapelle souterraine où la tradition place la sépulture des Innocents :

« Hérode envoya tuer à Bethléem, et en tout le pays d'alentour,
« tous les enfants âgés de deux ans et au-dessous : alors s'accomplit
« ce qui avait été dit par le prophète Jérémie : *Vox in Rama*
« *audita est.* »

La chapelle des Innocents nous conduisit à la grotte de saint Jérôme : on y voit le sépulcre de ce docteur de l'Église, celui de saint Eusèbe, et les tombeaux de sainte Paule et de sainte Eustochie.

Saint Jérôme passa la plus grande partie de sa vie dans cette grotte. C'est de là qu'il vit la chute de l'empire romain ; ce fut là qu'il reçut ces patriciens fugitifs qui, après avoir possédé les palais de la terre, s'estimèrent heureux de partager la cellule d'un cénobite. La paix du saint et les troubles du monde font un merveilleux effet dans les lettres du savant interprète de l'Écriture.

Sainte Paule et sainte Eustochie sa fille étaient deux grandes dames romaines de la famille des Gracques et des Scipions. Elles quittèrent les délices de Rome pour venir vivre et mourir à Bethléem dans la pratique des vertus monastiques. Leur épitaphe, faite par saint Jérôme, n'est pas assez bonne et est trop connue pour que je la rapporte ici :

Scipio, quam genuit, etc.

On voit dans l'oratoire de saint Jérôme un tableau où ce saint conserve l'air de tête qu'il a pris sous le pinceau du Carrache et du Dominiquin. Un autre tableau offre les images de Paule et d'Eustochie. Ces deux héritières de Scipion sont représentées mortes et couchées dans le même cercueil. Par une idée touchante, le peintre a donné aux deux saintes une ressemblance parfaite ; on distingue seulement la fille de la mère à sa jeunesse et à son voile blanc : l'une a marché plus longtemps et l'autre plus vite dans la vie ; et elles sont arrivées au port au même moment.

Dans les nombreux tableaux que l'on voit aux lieux saints, et qu'aucun voyageur n'a décrits [1], j'ai cru quelquefois reconnaître la touche mystique et le ton inspiré de Murillo : il serait assez singulier qu'un grand maître eût à la crèche ou au tombeau du Sauveur quelque chef-d'œuvre inconnu.

Nous remontâmes au couvent. J'examinai la campagne du haut d'une terrasse. Bethléem est bâtie sur un monticule qui domine une longue vallée. Cette vallée s'étend de l'est à l'ouest : la colline du midi est couverte d'oliviers clair-semés sur un terrain rougeâtre, hérissé de cailloux : la colline du nord porte des figuiers sur un sol semblable à celui de l'autre colline. On découvre çà et là quelques ruines, entre autres les débris d'une tour qu'on appelle la *Tour de Sainte-Paule*. Je rentrai dans le monastère, qui doit une partie de sa richesse à Baudouin, roi de Jérusalem et successeur de Godefroy de Bouillon : c'est une véritable forteresse, et ses murs sont si épais qu'ils soutiendraient aisément un siége contre les Turcs.

L'escorte arabe étant arrivée, je me préparai à partir pour la mer Morte. En déjeunant avec les religieux, qui formaient un cercle autour de moi, ils m'apprirent qu'il y avait au couvent un père, Français de nation. On l'envoya chercher : il vint les yeux baissés, les deux mains dans ses manches, marchant d'un air sérieux ; il me donna un salut froid et court. Je n'ai jamais entendu chez l'étranger le son d'une voix française sans être ému :

>Ω φίλτατον φώνημα! φεῦ τὸ καὶ λαβεῖν
>Πρόσφθεγμα τοιοῦδ' ἀνδρὸς ἐν χρόνῳ μακρῷ!
>Après un si long temps. . . . .
>Oh ! que cette parole à mon oreille est chère !

Je fis quelques questions à ce religieux. Il me dit qu'il s'appelait le *père Clément ;* qu'il était des environs de Mayenne ; que, se trouvant dans un monastère en Bretagne, il avait été déporté en Espagne avec une centaine de prêtres comme lui ; qu'ayant

---

[1] Villamont avait été frappé de la beauté d'un saint Jérôme.

reçu l'hospitalité dans un couvent de son ordre, ses supérieurs l'avaient ensuite envoyé missionnaire en Terre-Sainte. Je lui demandai s'il n'avait point envie de revoir sa patrie, et s'il voulait écrire à sa famille. Voici sa réponse mot pour mot : « Qui est-« ce qui se souvient encore de moi en France ? Sais-je si j'ai « encore des frères et des sœurs ? J'espère obtenir par le mérite de « la crèche du Sauveur la force de mourir ici, sans importuner « personne et sans songer à un pays où je suis oublié. »

Le père Clément fut obligé de se retirer : ma présence avait réveillé dans son cœur des sentiments qu'il cherchait à éteindre. Telles sont les destinées humaines : un Français gémit aujourd'hui sur la perte de son pays aux mêmes bords dont les souvenirs inspirèrent autrefois le plus beau des cantiques sur l'amour de la patrie :

Super flumina Babylonis, etc.

Mais ces fils d'Aaron qui suspendirent leurs harpes aux saules de Babylone ne rentrèrent pas tous dans la cité de David ; ces filles de Judée qui s'écriaient sur le bord de l'Euphrate :

O rives du Jourdain ! ô champs aimés des cieux ! etc.

ces compagnes d'Esther ne revirent pas toutes Emmaüs et Bethel : plusieurs laissèrent leurs dépouilles aux champs de la captivité.

A dix heures du matin nous montâmes à cheval, et nous sortîmes de Bethléem. Six Arabes bethléémites à pied, armés de poignards et de longs fusils à mèche, formaient notre escorte. Ils marchaient trois en avant et trois en arrière de nos chevaux. Nous avions ajouté à notre cavalerie un âne qui portait l'eau et les provisions. Nous prîmes la route du monastère de Saint-Saba, d'où nous devions ensuite descendre à la mer Morte et revenir par le Jourdain.

Nous suivîmes d'abord le vallon de Bethléem, qui s'étend au levant, comme je l'ai dit. Nous passâmes une croupe de montagnes où l'on voit sur la droite une vigne nouvellement plantée, chose assez rare dans le pays pour que je l'aie remarquée. Nous arrivâmes à une grotte appelé la *Grotte des Pasteurs*. Les Arabes l'appellent encore *Dta-el-Natour*, le Village des Bergers. On prétend qu'Abraham faisait paître ses troupeaux dans ce lieu, et que les bergers de Judée furent avertis dans ce même lieu de la naissance du Sauveur.

« Or, il y avait aux environs, des bergers qui passaient la nuit
« dans les champs, veillant tour à tour à la garde de leurs trou-
« peaux.

« Et tout à coup un ange du Seigneur se présenta à eux, et
« une lumière divine les environna, ce qui les remplit d'une
« extrême crainte.

« Alors l'ange leur dit : Ne craignez point, car je viens vous
« apporter une nouvelle qui sera pour tout le peuple le sujet
« d'une grande joie.

« C'est qu'aujourd'hui, dans la ville de David, il vous est né
« un Sauveur, qui est le Christ, le Seigneur.

« Et voici la marque à laquelle vous le reconnaîtrez : Vous trou-
« verez un enfant emmaillotté, couché dans une crèche.

« Au même instant il se joignit à l'ange une grande troupe de
« l'armée céleste, louant Dieu et disant :

« Gloire à Dieu au plus haut des cieux, et paix sur la terre aux
« hommes de bonne volonté. »

(Itin., 3ᵉ part.)

X

Noël ! Noël, Noël, ce chant d'avénement est l'âme de tous les âges, il nous dit qu'une fois dans l'année, il n'y a pas de ténèbres !... Noël ! ce cri libérateur rassemblait les populations, on veillait en priant.

Noël ! Noël ! Noël ! à cet appel les mœurs s'épuraient et la civilisation avait une étoile pour guide.

NOËL.

Ceux qui n'ont jamais reporté leurs cœurs vers ces temps de foi, où un acte de religion était une fête de famille, et qui méprisent des plaisirs qui n'ont pour eux que leur innocence; ceux-là, sans mentir, sont bien à plaindre. Du moins, en nous privant de ces simples amusements, nous donneront-ils quelque chose ? Hélas ! ils l'ont essayé. La Convention eut ses jours sacrés : alors la famine était appelée *sainte*, et l'*Hosannah* était changé dans le cri de *vive la mort !* Chose étrange ! des hommes puissants, parlant au nom de l'égalité et des passions, n'ont jamais pu fonder une fête; et le saint le plus obscur, qui n'avait jamais prêché que pauvreté, obéissance, renoncement aux biens de la terre, avait sa solennité au moment même où la pratique de son culte exposait la vie. Apprenons par là que toute fête qui se rallie à la religion et à la mémoire des bienfaits est la seule qui soit durable. Il ne suffit pas de dire aux hommes, *Réjouissez-vous*, pour qu'ils se réjouissent : on ne crée pas des jours de plaisir comme des jours de deuil, et l'on ne commande pas les ris aussi facilement qu'on peut faire couler les larmes.

Tandis que la statue de Marat remplaçait celle de saint Vincent de Paul; tandis qu'on célébrait ces pompes dont les anniversaires seront marqués dans nos fastes comme des jours d'éternelle douleur, quelque pieuse famille chômait en secret une fête chrétienne, et la religion mêlait encore un peu de joie à tant de tristesse. Les cœurs simples ne se rappellent point sans attendrissement ces heures d'épanchement où les familles se rassemblaient autour des gâteaux qui retraçaient les présents des Mages. L'aïeul, retiré pendant le reste de l'année au fond de son appartement, reparaissait dans ce jour comme la divinité du foyer paternel. Ses petits-enfants, qui depuis longtemps ne rêvaient que la fête attendue, entouraient ses genoux, et le rajeunissaient de leur jeunesse. Les fronts respiraient la gaîté, les cœurs étaient épanouis : la salle du festin était merveilleusement décorée, et chacun prenait un vêtement nouveau. Au choc des verres, aux éclats de la joie, on tirait au sort ces royautés qui ne coûtaient ni soupirs ni larmes : on se passait ces sceptres, qui ne pesaient point dans la main de celui qui les portait. Souvent une fraude, qui redoublait l'allégresse des sujets, et n'excitait que les plaintes de la souveraine, faisait tomber la fortune à la fille du lieu et au fils du voisin, dernièrement arrivé de l'armée. Les jeunes gens rougissaient, embarrassés qu'ils étaient de leur couronne ; les mères souriaient, et l'aïeul vidait sa coupe à la nouvelle reine.

Or, le curé, présent à la fête, recevait, pour la distribuer avec d'autres secours, cette première part, appelée *la part des pauvres*. Des jeux de l'ancien temps, un bal dont quelque vieux serviteur était le premier musicien, prolongeaient les plaisirs ; et la maison entière, nourrices, enfants, fermiers, domestiques et maîtres, dansaient ensemble la ronde antique.

Ces scènes se répétaient dans toute la chrétienté ; depuis le palais jusqu'à la chaumière, il n'y avait point de laboureur qui ne trouvât moyen d'accomplir, ce jour-là, le souhait du Béarnais. Et quelle succession de jours heureux ! Noël, le premier jour de l'An, la fête des Mages, les plaisirs qui précèdent la pénitence ! En ce temps-là les fermiers renouvelaient leur bail, les ouvriers recevaient leur payement : c'était le moment des mariages, des présents, des charités, des visites : le client voyait le juge, le juge le client : les corps de métiers, les confréries, les prévôtés, les cours de justice, les universités, les mairies, s'assemblaient selon des usages gaulois et de vieilles cérémonies ; l'infirme et le pauvre étaient soulagés. L'obligation où l'on était de recevoir son voisin à cette époque faisait qu'on vivait bien avec lui le reste de l'année, et par ce moyen la paix et l'union régnaient dans la société.

On ne peut douter que ces institutions ne servissent puissamment au maintien des mœurs, en entretenant la cordialité et l'amour entre les parents. Nous sommes déjà bien loin de ces temps où une femme, à la mort de son mari, venait trouver son fils aîné, lui remettait les clés, et lui rendait les comptes de la maison comme au chef de la famille. Nous n'avons plus cette haute idée de la dignité de l'homme, que nous inspirait le christianisme. Les mères et les enfants aiment mieux tout devoir aux articles d'un contrat, que de se fier aux sentiments de la nature, et la loi est mise partout à la place des mœurs.

Ces fêtes chrétiennes avaient d'autant plus de charmes, qu'elles existaient de toute antiquité, et l'on trouvait avec plaisir, en remontant dans le passé, que nos aïeux s'étaient réjouis à la même époque que nous. Ces fêtes étant d'ailleurs très-multipliées, il en résultait encore que, malgré les chagrins de la vie, la religion avait trouvé moyen de donner de race en race, à des millions d'infortunés, quelques moments de bonheur.

Dans la nuit de la naissance du Messie, les troupes d'enfants qui adoraient à la crèche, les églises illuminées et parées de fleurs, le peuple qui se pressait autour du berceau de son Dieu, les chrétiens qui, dans une chapelle retirée, faisaient leur paix avec le ciel, les *alleluia* joyeux, le bruit de l'orgue et des cloches, offraient une pompe pleine d'innocence et de majesté.

Immédiatement après le dernier jour de folie, trop souvent marqués par nos excès, venait la cérémonie des Cendres, comme la mort le lendemain des plaisirs. « *O homme! disait le prêtre, souviens-toi que tu es poussière, et que tu retourneras en pous-*

sière. » L'officier qui se tenait auprès des rois de Perse pour leur rappeler qu'ils étaient mortels, ou le soldat romain qui abaissait l'orgueil du triomphateur, ne donnait pas de plus puissantes leçons.

Un volume ne suffirait pas pour peindre en détail les seules cérémonies de la Semaine-Sainte ; on sait de quelle magnificence elles étaient dans le monde chrétien : aussi nous n'entreprendrons point de les décrire. Nous laissons aux peintres et aux poëtes le soin de représenter dignement ce clergé en deuil, ces temples voilés, cette musique sublime, ces voix célestes chantant les douleurs de Jérémie, cette Passion mêlée d'incompréhensibles mystères, ce saint sépulcre environné d'un peuple abattu, ce pontife lavant les pieds des pauvres, ces ténèbres, ces silences entrecoupés de bruits formidables, ce cri de victoire échappé tout à coup du tombeau, enfin ce Dieu qui ouvre la route du ciel aux âmes délivrées, et laisse aux chrétiens sur la terre, avec une religion divine, d'intarissables espérances.

(Génie, liv. 5, chap. ix.)

XI

Le fleuve de la chrétienté fait battre le cœur ; il retrace l'image du baptême sous lequel le Christ a courbé sa tête ; il contourne le désert. Ce fleuve, c'est le Jourdain, c'est l'onde régénératrice.

Quel tableau touchant ! ces bords de rédimation sont encore le rendez-vous des nations en pèlerinage ; l'eau est si pure qu'elle semble embellir d'un coloris nouveau les fleurs qu'elle caresse, et jusqu'à celles qui naissent dans la solitude, celles dont la main de l'homme n'a jamais touché la tige.

La vague du Jourdain s'efface, puis elle reparaît toujours animée d'une puissance créatrice... C'est le soupir de l'âme qui toujours peut trouver un écho à son passage : le sein de Dieu !... Il a des ramifications avec la terre.

LE JOURDAIN.

Si les mystères accablent l'esprit par leur grandeur, on éprouve une autre sorte d'étonnement, mais qui n'est peut-être pas plus profond, en contemplant les sacrements de l'Eglise. La connaissance de l'homme civil et moral est renfermée tout entière dans ces institutions.

Le Baptême, le premier des sacrements que la religion confère à l'homme, selon la parole de l'Apôtre, *le revêt de Jésus-Christ.* Ce sacrement nous rappelle la corruption où nous sommes nés, les entrailles douloureuses qui nous portèrent, les tribulations qui nous attendent dans ce monde ; il nous dit que nos fautes rejailliront sur nos fils, que nous sommes tous solidaires : terrible enseignement qui suffirait seul, s'il était bien médité, pour faire régner la vertu parmi les hommes.

Voyez le néophyte debout au milieu des ondes du Jourdain : le solitaire du rocher verse l'eau lustrale sur sa tête ; le fleuve des patriarches, les chameaux de ses rives, le temple de Jérusalem, les cèdres du Liban, paraissent attentifs, ou plutôt regardent ce jeune enfant sur les fontaines sacrées. Une famille pleine de joie l'environne ; elle renonce pour lui au péché ; elle lui donne le nom de son aïeul, qui devient immortel dans cette renaissance perpétuée par l'amour de race en race. Déjà le père s'empresse de reprendre son fils, pour le reporter à une épouse impatiente qui compte sous ses rideaux tous les coups de la cloche baptismale. On entoure le lit maternel : des pleurs d'attendrissement et de religion coulent de tous les yeux ; le nouveau nom de l'enfant, l'antique nom de son ancêtre, est répété de bouche en bouche ; et chacun mêlant les souvenirs du passé aux joies présentes, croit reconnaître le vieillard dans le nouveau-né qui fait revivre sa mémoire. Tels sont les tableaux que présente le sacrement du Baptême ; mais la religion, toujours morale, toujours sérieuse, alors même qu'elle est plus riante, nous montre aussi le fils des rois dans sa pourpre, renonçant aux grandeurs de Satan, à la même piscine où l'enfant du pauvre en haillons vient abjurer des pompes auxquelles pourtant il ne sera point condamné.

On trouve dans saint Ambroise une description curieuse de la manière dont s'administrait le sacrement de Baptême dans les premiers siècles de l'Eglise [1]. Le jour choisi pour la cérémonie était le samedi saint. On commençait par toucher les narines et par ouvrir les oreilles du catéchumène, en disant *ephpheta, ouvrez-vous*. On le faisait ensuite entrer dans le Saint des Saints. En présence du diacre, du prêtre et de l'évêque, il renonçait aux œuvres du démon. Il se tournait vers l'occident, image des ténèbres, pour abjurer le monde, et vers l'orient, symbole de lumière, pour marquer son alliance avec Jésus-Christ. L'évêque faisait alors la bénédiction du bain, dont les eaux, selon saint Am-

---

[1] Ambros., *de Myst*. Tertullien, Origène, saint Jérôme, saint Augustin, parlent aussi du Baptême, mais moins en détail que saint Ambroise. C'est dans les six livres des *Sacrements*, faussement attribués à ce Père, qu'on voit la circonstance des trois immersions et du *touchement* des narines que nous rapportons ici.

broise, indiquent les mystères de l'Écriture : la création, le déluge, le passage de la mer Rouge, la nuée, les eaux de Mara, Naaman, et le paralytique de la piscine. Les eaux ayant été adoucies par le signe de la croix, on y plongeait trois fois le catéchumène en l'honneur de la Trinité, et en lui enseignant que trois choses rendent témoignage dans le Baptême : l'eau, le sang et l'esprit.

Au sortir du Saint des Saints, l'évêque faisait à l'homme renouvelé l'onction sur la tête, afin de le sacrer de la race élue et de la nation sacerdotale du Seigneur. Puis on lui lavait les pieds, on lui mettait des habits blancs, comme un vêtement d'innocence : après quoi il recevait dans le sacrement de Confirmation l'esprit de crainte divine, l'esprit de sagesse et d'intelligence, l'esprit de doctrine et de piété. L'évêque prononçait à haute voix les paroles de l'Apôtre : *Dieu le Père vous a marqué de son sceau. Jésus-Christ, Notre-Seigneur, vous a confirmé : il a donné à votre cœur les arrhes du Saint-Esprit.*

Le nouveau chrétien marchait alors à l'autel pour y recevoir le pain des anges, en disant : *J'entrerai à l'autel du Seigneur, du Dieu qui réjouit ma jeunesse.* A la vue de l'autel couvert de vases d'or, de flambeaux, de fleurs, d'étoffes de soie, le néophyte s'écriait avec le Prophète : *Vous avez préparé une table devant moi ; c'est le Seigneur qui me nourrit, rien ne me manquera, il m'a établi dans un lieu abondant en pâturage.* La cérémonie se terminait par le sacrifice de la messe. Ce devait être une fête bien auguste que celle où les Ambroise donnaient au pauvre innocent la place qu'ils refusaient à l'empereur coupable !

S'il n'y a pas dans ce premier acte de la vie chrétienne un mélange divin de théologie et de morale, de mystères et de simplicité, rien ne sera jamais divin en religion.

Mais, considéré dans une sphère plus élevée, et comme figure du mystère de notre rédemption, le Baptême est un bain qui rend à l'âme sa vigueur première. On ne peut se rappeler sans regret la beauté des anciens jours, alors que les forêts n'avaient pas assez de silence, les grottes pas assez de profondeur, pour les fidèles qui venaient y méditer les mystères. Ces chrétiens primitifs, témoins de la rénovation du monde, étaient occupés de pensées bien différentes de celles qui nous courbent aujourd'hui vers la terre, nous tous chrétiens vieillis dans le siècle, et non pas dans la foi. En ce temps-là la sagesse était sur les rochers, dans les antres avec les lions, et les rois allaient consulter le solitaire de la montagne. Jours trop tôt évanouis! il n'y a plus de saint Jean au désert, et l'heureux cathécumène ne sentira plus couler sur lui ces flots du Jourdain, qui emportaient aux mers toutes ses souillures.

(Génie, liv. 1, chap. vi.)

XII

Les fiançailles, cette fête qui suit les accords, a dans l'église catholique le caractère d'une allégresse touchante, ce premier lien de la famille se contracte aux chants des cantiques, et la chaîne de fleurs des anciens est remplacée par l'anneau qui ne s'use qu'avec la vie.

LES FIANÇAILLES.

L'Église a conservé les fiançailles, qui remontent à une grande antiquité. Aulu-Gelle nous apprend qu'elles furent connues du peuple du Latium; les Romains les adoptèrent; les Grecs les ont suivies; elles étaient en honneur sous l'ancienne alliance; et dans la nouvelle, Joseph fut fiancé à Marie. L'intention de cette coutume est de laisser aux deux époux le temps de se connaître avant de s'unir.

Dans nos campagnes, les fiançailles se montraient encore avec leurs grâces antiques. Par une belle matinée du mois d'août, un jeune paysan venait chercher sa prétendue à la ferme de son futur beau-père. Deux ménétriers, rappelant nos anciens *minstrels*, ouvraient la pompe en jouant sur leur violon des romances du temps de la chevalerie, ou des pèlerins. Les siècles, sortis de leurs tombeaux gothiques, semblaient accompagner cette jeunesse avec leurs vieilles mœurs et leurs vieux souvenirs. L'épousée recevait du curé la bénédiction des fiançailles, et déposait sur l'autel une quenouille entourée de rubans. On retournait ensuite à la ferme; la dame et le seigneur du lieu, le curé et le juge du village s'asseyaient avec les futurs époux, les laboureurs et les matrones, autour d'une table où étaient servis le verrat d'Eumée et le veau gras des patriarches. La fête se terminait par une ronde dans la grange voisine; la demoiselle du château dansait, au son de la musette, une ballade avec le fiancé, tandis que les spectateurs étaient assis sur la gerbe nouvelle, avec les souvenirs des filles de Jéthro, des moissonneurs de Booz, et des fiançailles de Jacob et de Rachel.

(Génie, liv. 1, chap. x.)

XIII

A la lueur du foyer d'une peuplade sauvage, un tableau aux tons chauds se dessine : c'est la fête nuptiale de la hutte. Le poëte voyageur s'arrête... les sons vagues du chant d'hymen vibrent à son oreille ; les grains du collier symbolique brillent à ses regards, il voit onduler le manteau des vieillards près des liens fleuris du jeune couple.

Le *repas de noces des sauvages* est un reflet des mœurs de l'Ohio; les sensations des peuples produisent un tableau que la nature renvoie à la méditation.

LE FESTIN NUPTIAL DANS LES SAVANES.

Le repas d'alliance est composé de soupes, de gibier, de gâteaux, de maïs, de canneberges, espèce de légumes ; de pommes de mai, sorte de fruit porté par une herbe ; de poissons, de viandes grillées et d'oiseaux rôtis. On boit dans les grandes calebasses le suc de l'érable ou du sumac, et dans de petite tasses de hêtres une préparation de cassine, boisson chaude que l'on sert comme du café. La beauté du repas consiste dans la profusion des mets.

Après le festin, la foule se retire. Il ne reste dans la cabane du plus vieux parent que douze personnes, six sachems de la famille du mari, six matrones de la famille de la femme. Ces douze personnes, assises à terre, forment deux cercles concentriques ; les hommes décrivent le cercle extérieur. Les conjoints se placent au centre des deux cercles : ils tiennent horizontalement, chacun par un bout, un roseau de six pieds de long. L'époux porte dans la main droite un pied de chevreuil ; l'épouse élève de la main gauche une gerbe de maïs. Le roseau est peint de différents hiéroglyphes qui marquent l'âge du couple uni et la lune où se fait le mariage. On dépose aux pieds de la femme les présents du mari et de sa famille, savoir : une parure complète, le jupon d'écorce de mûrier, le corset pareil, la mante de plumes d'oiseau ou de peaux de martre, les mocassines brodées en poils de porc-épic, les bracelets de coquillages, les anneaux ou les perles pour le nez et pour les oreilles.

A ces vêtements sont mêlés un berceau de jonc, un morceau d'agaric, des pierres à fusil pour allumer le feu, la chaudière pour faire bouillir les viandes, le collier de cuir pour porter les fardeaux, et la bûche du foyer. Le berceau fait palpiter le cœur de l'épouse, la chaudière et le collier ne l'effrayent point : elle regarde avec soumission ces marques de l'esclavage domestique.

Le mari ne demeure pas sans leçons : un casse-tête, un arc, une pagaie, lui annoncent ses devoirs : combattre, chasser et naviguer. Chez quelques tribus, un lézard vert, de cette espèce dont les mouvements sont si rapides que l'œil peut à peine les saisir, des feuilles mortes entassées dans une corbeille, font entendre au nouvel époux que le temps fuit et que l'homme tombe.

(Voy. en Am.)

SYMPATHIES

APPENDICE

APPENDICE

Au pied de la grève de Saint-Malo, un rocher, un tombeau, une croix... Voilà tout ce qui reste à Chateaubriand!... son âme a pris le sein de Dieu pour sa cellule. Oh! que le rocher est majestueux et petit!... que la vague qui bat le granit est sonore pour saluer ce monument !

Une croix sur le rivage, fait un appel au siècle, et devant la cendre immortelle qu'elle surmonte, les schismes de tous les âges comparaissent... ils sont broyés par quelques pages... ces pages portent au monde la tradition des vérités du christianisme. Là on prie et on se sent fort.

LA CROIX SUR LE RIVAGE.

Le signe du calvaire sur une grève, c'est le baptême de l'Océan. Le roulis des mers est la sonnerie du temple; le battement des vagues, l'hymne d'adoration; l'écume que le flux fait ascendre, l'encens qui s'infiltre sur l'autel.

Cette croix est le zodiaque des révolutions célestes et des intelligences de la terre. Les prophéties qui l'annoncèrent donnèrent des lueurs à tous les cultes.

Quand le temple de Janus scintillait de flammes en mémoire des lumières que le chef du temps et de l'année avait données aux hommes, il était un reflet des prévisions du christianisme.

Le mois de Janvier qui reçut son nom de cette divinité, fut placé par Numa au solstice d'hiver : douze autels y furent consacrés aux douze mois, et les doigts du Dieu furent pliés de manière à figurer le passage des jours.

Les *januales*, ces fêtes du Capitole où les consuls venaient recevoir leurs insignes au milieu des vœux du peuple et du sang des taureaux blancs, furent jetées toutes parées au berceau de la circoncision. Janvier fut le mois des *féeries sementines* ; la terre prépare dans le mystère, les sourires du printemps. C'était le mois de la concorde, la paix du foyer était jurée et apportée en offrande.

Ce que le culte païen avait inauguré fut purifié par le christianisme. Les vertus antiques parurent un moment sœurs des vertus de la loi nouvelle; le vice seul ne trouva point de parité.

Toutes les fluctuations des peuples voguèrent sur l'Océan, et l'Océan les jeta à la Croix comme au pied du juge.

Une vague s'avançait fière; elle était refoulée par une vague gonflée, et la nouvelle vague envahie faisait place aux mille vagues s'abattant et rebondissant; elles s'abattaient brisées, et la division s'étendait sur le globe. Les siècles furent marquetés, et les âges hérésiarques sortirent de toutes ces vagues amoncelées au hasard.

Tous ces fantômes du néant poussèrent un cri, firent peur à la terre et s'évanouirent... Il ne resta que l'Océan et la Croix...

Ainsi qu'un flux s'interpose et succède au flux de la veille, l'hérésie avait blessé les nations; le nom même d'hérésie, *opinion particulière*, porte dans son étymologie le stigmate d'une craintive adoption. Les sectaires n'osèrent pas la donner comme une loi, les peuples la reçurent comme un don: elle apparut avec un masque et couchée sur un amas confus de livres écrits dans tous les idiomes. Cette figure dit que l'esprit humain reste abattu sous la diversité des systèmes, et qu'il ne faut qu'un livre pour parler au monde,

La loi de Moïse est unie à la communion de Jésus-Christ; une seule route est sûre: si l'homme en dévie, il tombe bas.

Les phases hérésiarques se déploient comme un point dans l'immensité; elles se regardent, elles se reconnaissent et ne peuvent s'unir.

Les *simoniaques* sont inscrits à l'entrée de la lice. Simon le magicien leur promet l'Esprit-Saint à prix d'or: *Ménandre*, l'antechrist du premier siècle, fit ensuite choir les *Corinthiens;* il ne se releva pas, et la première vague les apporta tous à la Croix.

Au deuxième siècle, on vit les disciples de *Basilide* soutenir que Jésus-Christ n'avait qu'un corps fantastique; les *gnostiques* nièrent sa divinité: les *valentiniens*, les *cerdoniens* et les *marcionites* professèrent que la rédemption n'était pas attachée à la mort du calvaire. Ce conflit houleux fit du bruit en venant se briser à la Croix qu'il avait visée.

Le schisme ne blasphéma pas toujours, il naquit parfois de l'extase; il montra des excès qui violèrent la loi: les *montanistes*, amplifiant le code pénitentiaire mesuré par l'Église à la force de l'homme, exigeaient trois carêmes par année; les *encratites* repoussaient le sacrement du mariage; les *abstinants* avaient horreur du vin et n'employaient que l'eau dans la célébration de la messe. Cet équinoxe eut sa marée montante; elle trouva la digue du dogme et ne revint pas.

L'esprit humain voulut, au troisième siècle, limer un des liens de l'Église : les *novatiens* soutinrent que le sacerdoce n'avait pas le pouvoir de remettre les grands crimes; et les *manichéens* créèrent deux principes ou deux dieux : le *prince de la lumière* était le bon génie; le *prince des ténèbres* le mauvais.

Les *origénistes* déclarèrent que le Christ était mort pour les démons comme pour les hommes; et ces vagues, bleues à leur premier bond, arrivèrent fangeuses au pied de la Croix où elles furent épurées.

Le quatrième siècle fit flotter des drapeaux nouveaux : les *donatistes* annulaient les sacrements donnés hors de leur temple; les *ariens* ne croyaient pas à la Trinité; ils niaient la divinité de Jésus-Christ et condamnaient le jeûne et les abstinences. Les *macédoniens* attaquèrent aussi la Trinité en mettant en doute la divinité du Saint-Esprit. Les *messaliens* prétendaient que la prière tenait lieu du baptême; les *priscillianistes* autorisaient le parjure; les *jovianistes* instituèrent l'impassibilité de l'homme. Le monde regarda rouler ce flot; il l'entendit s'abattre au rivage de l'arbre d'éternité.

Au cinquième siècle, on vit poindre le germe de l'hérésie moderne : les sectateurs de *vigilance* combattirent la foi aux reliques et l'invocation des saints; les *pélagiens* effacèrent du front de l'homme le péché originel et le dépouillèrent de la nécessité de la grâce.

Les *nestoriens* niaient que la Sainte-Vierge fût mère de Dieu; les *eutychiens* ne voulaient qu'une nature en *Jésus-Christ*. Toutes ces hérésies lancèrent du sang aux vagues; elles ne bondissaient plus quand la Croix les fendit.

Avec l'ère du sixième siècle, les *agnoètes* transmirent le doute sur la science incarnée de l'Homme-Dieu; les *trithéites* prêchèrent la dénégation de la résurrection du corps; mais le flux recula sur lui-même, et le christianisme fit un pas de plus.

Une grande commotion religieuse fermenta; elle jeta ses racines dans le septième siècle : Mahomet s'empara de l'Orient, et à coups de cimeterre il fonda un nouvel empire par une nouvelle croyance. Ce débord grossit les vagues; elles se précipitèrent avec violence, et la Croix n'eut pas toute leur écume.

Au huitième siècle, les *iconoclastes* broyèrent l'effigie de Dieu et celles des saints; et au neuvième, les sectateurs de *Sergius* et de *Bahanès* tournèrent en dérision les peines éternelles. Ces deux vagues, se sentant naufrager, s'unirent en flottant; mais elles ne purent prendre terre, et s'engloutirent en vue du saint rivage.

Le monde, fatigué d'erreurs, eut un siècle de trêve; le dixième fut pur d'hérésie : il mena vers la Croix une onde sans rides.

Le onzième siècle s'ouvrit : l'archidiacre Bérenger souleva sur le mystère de l'Eucharistie un schisme qui sema l'ivraie dans la moisson chrétienne ; la tempête poussa un flot noir sur la Croix.

Au douzième siècle, sous le rayon apostolique, l'hérésie chercha des drapeaux dans les chaumières méridionales : la confrérie des *Vaudois*, par son vœu de pauvreté, capta des âmes simples; des excès de répression firent couler les pleurs de l'Église ; cette vague, grosse de douleurs, gémit en se broyant au rivage sanctifié.

Bientôt fut prêchée une croisade contre des enfants du même sol; les *Albigeois*, dans le treizième siècle, allumèrent les foudres des conciles : Simon de Monfort, un glaive à la main, fouilla les consciences et répudia le repentir ; l'Évangile resta oublié dans les mains qui tenaient des dagues. Les *flagellants* furent les débris de cette guerre. Ils ne voulurent pas de prêtres; ils s'absolvaient les uns les autres; portant en sautoir une corde et un fouet de discipline, ils se saluaient dans les rues par des flagellations; dans cette vague furieuse allant mourir à sa destinée, il y eut des cilices tachés.

Les *turlupins* salirent de leur cynisme le quatorzième siècle ; ils marchaient nus, et soutenaient que l'oraison mentale était la seule bonne. Les *wicléfites* se soulevèrent contre l'autorité du pape et contre les canons de l'Église; cette secte engendra dans le même siècle les *husites* qui déchirèrent d'autres feuillets du dogme. Alors ces ondulations amenèrent des corps sans linceuls; elles se nivelèrent sur une plage que les vagues avaient rendue amère.

Un grand envahissement moral vint au seizième siècle saisir l'Europe; le *protestantisme* fut inauguré par *Luther*. Ce moine apostat portait pour viatique, au lit des moribonds, cette maxime : « Léguez en mourant un « poignard dans le sein du pontife de Rome. » Ses adeptes rejetèrent les commandements de Dieu et n'admirent que deux sacrements : le Baptême et l'Eucharistie ; mais l'Eucharistie morte... Ils dépouillèrent l'hostie du mystère de la transsubstantiation. *Calvin* donna des bras à la réforme; il répudia la présence réelle au sacrifice de la messe, nia le purgatoire, repoussa l'invocation des saints, et trouva que la pénitence comme les bonnes œuvres, étaient inutiles au salut, puisque Jésus-Christ avait souffert pour le rachat des fautes.

Les villes de France voilèrent leurs tabernacles, les poussières saintes furent remuées dans leurs tombeaux, les reliquaires furent broyés, les bannières se croisèrent; on courut aux armes, on courut au meurtre. Les calvinistes, dans leurs prêches, montrèrent des glaives; la clémence n'arrivait plus au cœur des populations. La morale qui pardonne était retenue par les haines des partis; les catholiques étaient stigmatisés, le trépas était un dais, on les poussait dessous. « *Meurs, ou crois,* » était la devise.

Plus de cri de merci; le fanatisme novateur était comme Saturne, il dévorait ses enfants. Les plaies, les déchirements, les coups de la vengeance, tout se mettait en faisceau pour détruire. L'erreur d'un réformateur accumula sur un siècle tous les maléfices des temps : sa pensée fit lever le rideau sur des scènes de carnage.

La paix des foyers ne fut plus qu'un souvenir, et chaque matin on faisait la prière du dernier jour. Cette secte qui sapait les freins, attira vers elle des provinces et des royaumes; ils se mirent à genoux devant une doctrine sans culte.

Les *sociniens*, issus de la même souche, surpassèrent les réformateurs; ils repoussèrent tous les mystères.

Des peuples en armes propagèrent et étouffèrent tour à tour cet envahissement de croyances. L'histoire moderne eut pendant deux siècles, du sang à son burin; pendant deux siècles la Croix eut des torrents troublés de débris.

Le dix-septième et surtout le dix-huitième siècle, orgueilleux d'innovations, n'ont été que copistes en hérésie : les *adamistes*, les *quakers*, les *méthodistes*, les *puritains*, ne sont que le reflet des erreurs primitives : l'aile des âges a été encore rapetissée sous le compas de la philosophie; ces flots à demi gonflés ne purent s'élancer; l'Océan, las de les porter, les vomit tous convulsifs à la Croix.

A la suite des sophismes, le *matérialisme* apparut; le dix-neuvième siècle ne prêcha plus, il agit : il venait de renouveler des fosses, l'argile-animalisé lui parut le seul principe créateur. Alors le *Dictionnaire des athées* se vendit sans honte, et le nom de *Jésus-Christ* fut inscrit sur ses feuillets : cette onde n'était plus qu'un bras de mer roulant des flots mélangés de vase et de membres épars.

Ainsi toutes les anomalies du schisme conduisirent les siècles au néant et réduisirent l'espèce humaine en une poussière qui ne doit pas vibrer.

L'hérésie, c'est l'Océan montrant en son sein le flux répulsif de ses vagues; il jaillit, il écume, il bat le rivage, il se replie en bouillonnant, il y revient, il ne peut jamais s'asseoir; tandis que sur le sol le plus mouvant il y eut toujours un calvaire de terre-ferme pour porter la Croix.

D. de St-E.

LIVRE III

ATTRACTIONS

LIVRE III

ATTRACTIONS

I

Loin de la terre natale, le regret est au cœur; alors l'intelligence de la pensée adoucit l'amertume des craintes par l'espérance d'un prompt retour.

Dans le nuage qui passe, on voit le mirage de son clocher, et le murmure d'un ruisseau semble l'écho d'une voix amie : on aime de la terre étrangère la fleur qu'elle a donnée au parterre de famille; quand on la rencontre on la recueille comme un trésor du berceau.

L'attraction des souvenirs réveille toutes ces émotions.

L'INSTINCT DE LA PATRIE.

De même que nous avons considéré les instincts des animaux, il nous faut dire quelque chose de ceux de l'homme *physique*, mais comme il réunit en lui les sentiments des diverses races de la création, tels que la tendresse paternelle, etc., il faut en choisir un qui lui soit particulier.

Or, cet instinct affecté à l'homme, le plus beau, le plus moral des instincts, c'est l'*amour de la patrie*. Si cette loi n'était soutenue par un miracle toujours subsistant, et auquel, comme à tant d'autres, nous ne faisons aucune attention, les hommes se précipiteraient dans les zones tempérées, en laissant le reste du globe désert. On peut se figurer quelles calamités résulteraient de cette réunion du genre humain sur un seul point de la terre. Afin d'éviter ces malheurs, la Providence a pour ainsi dire attaché les pieds de chaque homme à son sol natal par un aimant invincible. Les glaces de l'Islande et les sables embrasés de l'Afrique ne manquent point d'habitants.

Il est même digne de remarque, que plus le sol d'un pays est ingrat, plus le climat en est rude, ou, ce qui revient au même, plus on a souffert de persécutions dans ce pays, plus il a de charmes pour nous. Chose étrange et sublime, qu'on s'attache par le malheur, et que l'homme qui n'a perdu qu'une chaumière soit celui-là même qui regrette davantage le toit paternel ! La raison de ce phénomène, c'est que la prodigalité d'une terre trop fertile détruit, en nous enrichissant, la simplicité des liens naturels qui se forment de nos besoins ; quand on cesse d'aimer ses parents, parce qu'ils ne nous sont plus nécessaires, on cesse en effet d'aimer sa patrie.

Tout confirme la vérité de cette remarque. Un sauvage tient plus à sa hutte qu'un prince à son palais, et le montagnard trouve plus de charme à sa montagne que l'habitant de la plaine à son sillon. Demandez à un berger écossais s'il voudrait changer son sort contre le premier potentat de la terre. Loin de sa tribu chérie, il en garde partout le souvenir ; partout il redemande ses troupeaux, ses torrents, ses nuages. Il n'aspire qu'à manger du pain d'orge, à boire le lait de la chèvre, à chanter dans la vallée ces ballades que chantaient aussi ses aïeux. Il dépérit s'il ne retourne au lieu natal. C'est une plante de la montagne, il faut que sa racine soit dans le rocher ; elle ne peut prospérer si elle n'est battue des vents et des pluies : la terre, les abris et le soleil de la plaine la font mourir.

Avec quelle joie il reverra son toit de bruyère ! comme il visitera les saintes reliques de son indigence !

> Doux trésors ! se dit-il, chers gages, qui jamais
> N'attirâtes sur vous l'envie et le mensonge,

> Je vous reprends : sortons de ces riches palais,
> Comme l'on sortirait d'un songe.

Qu'y a-t-il de plus heureux que l'Esquimaux dans son épouvantable patrie? Que lui font les fleurs de nos climats auprès des neiges du Labrador, nos palais auprès de son trou enfumé ? Il s'embarque au printemps avec son épouse sur quelque glace flottante [1]. Entraîné par les courants, il s'avance en pleine mer sur ce trône du Dieu des tempêtes. La montagne balance sur les flots ses sommets lumineux et ses arbres de neige ; les loups marins se livrent à l'amour dans ses vallées, et les baleines accompagnent ses pas sur l'Océan. Le hardi sauvage, dans les abris de son écueil mobile, presse sur son cœur la femme que Dieu lui a donnée, et trouve avec elle des joies inconnues dans ce mélange de volupté et de périls.

Ce barbare a d'ailleurs de fort bonnes raisons pour préférer son pays et son état aux nôtres. Toute dégradée que nous paraisse sa nature, on reconnaît, soit en lui, soit dans les arts qu'il pratique, quelque chose qui décèle encore la dignité de l'homme. L'Européen se perd tous les jours sur un vaisseau, chef-d'œuvre de l'industrie humaine, au même bord où l'Esquimaux, flottant dans une peau de veau marin, se rit de tous les dangers. Tantôt il entend gronder l'Océan, qui le couvre, à cent pieds au-dessus de sa tête ; tantôt il assiége les cieux sur la cime des vagues : il se joue dans son outre au milieu des flots, comme un enfant se balance sur des branches unies, dans les paisibles profondeurs d'une forêt. En plaçant cet homme dans la région des orages, Dieu lui a mis une marque de royauté : « Va, lui a-t-il crié du milieu du tourbillon, je te jette nu sur la terre ; mais afin que, tout misérable que tu es, on ne puisse méconnaître tes destinées, tu dompteras les monstres de la mer avec un roseau, et tu mettras les tempêtes sous tes pieds. »

Ainsi, en nous attachant à la patrie, la Providence justifie tou-

---

[1] Voyez Charlevoix, *Hist. de la Nouv. France.*

jours ses voies, et nous avons pour notre pays mille raisons d'amour. L'Arabe n'oublie point le puits du chameau, la gazelle, et surtout le cheval, compagnon de ses courses ; le nègre se rappelle toujours sa case, sa zagaie, son bananier, et le sentier du zèbre et de l'éléphant.

On raconte qu'un mousse anglais avait conçu un tel attachement pour un vaisseau à bord duquel il était né, qu'il ne pouvait souffrir d'en être séparé un moment. Quand on voulait le punir, on le menaçait de l'envoyer à terre ; il courait alors se cacher à fond de cale, en poussant des cris. Qu'est-ce qui avait donné à ce matelot cette tendresse pour une planche battue des vents ? Certes, ce n'était pas des convenances purement locales et physiques. Était-ce quelques conformités morales entre les destinées de l'homme et celles du vaisseau ? ou plutôt trouvait-il un charme à concentrer ses joies et ses peines, pour ainsi dire, dans son berceau ? Le cœur aime naturellement à se resserrer ; moins il se montre au dehors, moins il offre de surface aux blessures : c'est pourquoi les hommes très-sensibles, comme le sont en général les infortunés, se complaisent à habiter de petites retraites. Ce que le sentiment gagne en force, il le perd en étendue : quand la république romaine finissait au mont Aventin, ses enfants mouraient avec joie pour elle ; ils cessèrent de l'aimer lorsque ses limites atteignirent les Alpes et le Taurus. C'était sans doute quelque raison de cette espèce qui nourrissait chez le mousse anglais cette prédilection pour son vaisseau paternel. Passager inconnu sur l'océan de la vie, il voyait s'élever les mers entre lui et nos douleurs : heureux de n'apercevoir que de loin les tristes rivages du monde !

Chez les peuples civilisés l'amour de la patrie a fait des prodiges. Dans les desseins de Dieu il y a toujours une suite ; il a fondé sur la nature l'affection pour le lieu natal, et l'animal partage en quelque degré cet instinct avec l'homme ; mais l'homme le pousse plus loin, et transforme en vertu ce qui n'était qu'un sentiment de convenance universelle : ainsi, les lois physiques et morales de l'univers se tiennent par une chaîne admirable. Nous doutons qu'il soit possible d'avoir une seule vraie vertu, un seul véritable talent, sans l'amour de la patrie. A la guerre, cette passion fait des prodiges : dans les les lettres, elle a formé Homère et Virgile. Le poëte aveugle peint de préférence les mœurs de l'Ionie, où il reçut le jour, et le Cygne de Mantoue ne s'entretient que des souvenirs de son lieu natal. Né dans une cabane, et chassé de l'héritage de ses aïeux, ces deux circonstances semblent avoir singulièrement influé sur son génie : elles lui ont donné cette teinte de tristesse qui en fait un des principaux charmes ; il rappelle sans cesse ces événements, et l'on voit qu'*il se souvient toujours de cet Argos*, où il passa sa jeunesse :

<blockquote>Et dulces moriens reminiscitur Argos [1].</blockquote>

Mais la religion chrétienne est encore venue rendre à l'amour de la patrie sa véritable mesure. Ce sentiment a produit des crimes chez les anciens, parce qu'il était poussé à l'excès. Le christianisme en a fait un amour *principal*, et non un amour *exclusif* : avant tout, il nous ordonne d'être justes ; il veut que nous chérissions la famille d'Adam, puisqu'elle est la nôtre, quoique nos concitoyens aient le premier droit à notre attachement. Cette morale était inconnue avant la mission du Législateur des chrétiens ; c'est à tort qu'on a prétendu qu'il voulait anéantir les passions : Dieu ne détruisit point son ouvrage. L'Évangile n'est point la mort du cœur ; il en est la règle. Il est à nos sentiments ce que le goût est aux arts ; il en retranche ce qu'ils peuvent avoir d'exagéré, de faux, de commun, de trivial : il leur laisse ce qu'ils ont de beau, de vrai, de sage. La religion chrétienne bien entendue n'est que la nature primitive lavée de la tache originelle.

C'est lorsque nous sommes éloignés de notre pays que nous sentons surtout l'instinct qui nous y attache. Au défaut de réalité, on cherche à se repaître de songes ; le cœur est expert en trom-

---

[1] *Æn.*, lib. x. 782.

peries ; quiconque a été nourri au sein de la femme a bu à la coupe des illusions. Tantôt c'est une cabane qu'on aura disposée comme le toit paternel ; tantôt c'est un bois, un vallon, un coteau, à qui l'on fera porter quelques-unes de ces douces appellations de la patrie. Andromaque donne le nom de *Simoïs* à un *ruisseau.* Et quelle touchante vérité dans *ce petit ruisseau* qui retrace un *grand fleuve* de la terre natale ! Loin des bords qui nous ont vu naître, la nature est comme diminuée, et ne nous paraît plus que l'ombre de celle que nous avons perdue.

Une autre ruse de l'instinct de la patrie, c'est de mettre un grand prix à un objet en lui-même de peu de valeur, mais qui vient de notre pays, et que nous avons emporté dans l'exil. L'âme semble se répandre jusque sur les choses inanimées qui ont partagé nos destins : une partie de notre vie reste attachée à la couche où reposa notre bonheur et surtout à celle où veilla notre infortune.

Pour peindre cette langueur d'âme qu'on éprouve hors de sa patrie, le peuple dit : *Cet homme a le mal du pays.* C'est véritablement un mal, et qui ne peut se guérir que par le retour. Mais pour peu que l'absence ait été de quelques années, que retrouve-t-on aux lieux qui nous ont vu naître ? Combien existe-t-il d'hommes, de ceux que nous y avons laissés pleins de vie ? Là sont des tombeaux où étaient des palais ; là, des palais ou étaient des tombeaux ; le champ paternel est livré aux ronces ou à une charrue étrangère ; et l'arbre sous lequel on fut nourri est abattu.

Il y avait à la Louisiane une négresse et une sauvage, esclaves chez deux colons voisins. Ces deux femmes avaient chacune un enfant : la négresse une fille de deux ans, et l'Indienne un garçon du même âge : celui-ci vint à mourir. Les deux mères étant convenues d'un endroit au désert s'y rendirent pendant trois nuits de suite. L'une apportait son enfant mort, l'autre son enfant vivant ; l'une son *Manitou*, l'autre sa *Fétiche ;* elles ne s'étonnaient point de se trouver ainsi la même religion, étant toutes deux misérables. L'Indienne faisait les honneurs de la solitude : « C'est l'arbre de mon pays, disait-elle à son amie ; assieds-toi pour pleurer. » Ensuite, selon l'usage des funérailles chez les sauvages, elles suspendaient leurs enfants aux branches d'un érable ou d'un sassafras, et les balançaient en chantant des airs de leurs pays.

Ces jeux maternels, qui souvent endormaient l'innocence, ne pouvaient réveiller la mort! Ainsi se consolaient ces deux femmes, dont l'une avait perdu son enfant et sa liberté, l'autre sa liberté et sa patrie : on se console par les larmes.

On dit qu'un Français, obligé de fuir pendant la terreur, avait acheté de quelques deniers qui lui restaient une barque sur le Rhin ; il s'y était logé avec sa femme et ses deux enfants. N'ayant point d'argent, il n'y avait point pour lui d'hospitalité. Quand on le chassait d'un rivage, il passait, sans se plaindre, à l'autre bord ; souvent poursuivi sur les deux rives, il était obligé de jeter l'ancre au milieu du fleuve. Il pêchait pour nourrir sa famille, mais les hommes lui disputaient encore les secours de la Providence. La nuit il allait cueillir des herbes sèches pour faire un peu de feu, et sa femme demeurait dans de mortelles angoisses jusqu'à son retour. Obligé de se faire sauvage entre quatre nations civilisées, cette famille n'avait pas sur le globe un seul coin de terre où elle osât mettre le pied : toute sa consolation était, en errant dans le voisinage de la France, de respirer quelquefois un air qui avait passé sur son pays. Si l'on nous demandait quelles sont donc ces fortes attaches par qui nous sommes enchaînés au lieu natal, nous aurions de la peine à répondre. C'est peut-être le souris d'une mère, d'un père, d'une sœur ; c'est peut-être le souvenir du vieux précepteur qui nous éleva, des jeunes compagnons de notre enfance ; c'est peut-être les soins que nous avons reçus d'une nourrice, d'un *domestique* âgé, partie si essentielle de la maison (*domus*) ; enfin ce sont les circonstances les plus simples, si l'on veut même, les plus triviales : un chien qui aboyait la nuit dans la campagne, un rossignol, qui revenait tous les ans dans le verger, le nid de l'hirondelle à la fenêtre, le clocher de l'église qu'on voyait au-dessus des arbres, l'if du cimetière, le tombeau gothique : voilà tout ; mais ces petits moyens démontrent d'autant mieux la réalité d'une Providence, qu'ils ne pourraient être la source de l'amour de la patrie et des grandes vertus que cet amour fait naître, si une volonté suprême ne l'avait ordonné ainsi.

(Génie, liv. 5, chap. XII.)

II

Dans les explorations lointaines, l'esprit se distrait, mais ce n'est qu'au sourire du foyer que le cœur se réveille.

On se rappelle que sur le sol de l'Algérie, dans un bivouac de conquête au pied de l'Atlas, un groupe de voltigeurs causant de la France se mit à entonner le tribut offert par Chateaubriand à la terre natale ; l'écho fut dans toutes les âmes et plus d'un, sans avoir l'amour-propre de cacher une larme, répéta ce refrain.

LA SOUVENANCE.

Combien j'ai douce souvenance [1]
Du joli lieu de ma naissance !
Ma sœur, qu'ils étaient beaux les jours
    De France !
O mon pays, sois mes amours
    Toujours !

Te souvient-il que notre mère,

---

[1] Cette romance est déjà connue du public. J'en avais composé les paroles pour un air des montagnes d'Auvergne, remarquable par sa douceur et sa simplicité.

Au foyer de notre chaumière,
Nous pressait sur son cœur joyeux,
  Ma chère ;
Et nous baisions ses blancs cheveux
  Tous deux.

Ma sœur, te souvient-il encore
Du château que baignait la Dore ?
Et de cette tant vieille tour
  Du Maure,
Où l'airain sonnait le retour
  Du jour ?

Te souvient-il du lac tranquille
Qu'effleurait l'hirondelle agile,
Du vent qui courbait le roseau
  Mobile,
Et du soleil couchant sous l'eau,
  Si beau ?

Oh ! qui me rendra mon Hélène,
Et ma montagne, et le grand chêne ?
Leur souvenir fait tous les jours
  Ma peine :
Mon pays sera mes amours,
  Toujours !

(Abencer.)

III

La charité, fille de la lumière, ne craint pas la mort; c'est le bienfait qui est immortel, c'est l'amour qui émane de Dieu et qui retourne à Dieu. Sous ses lois rien n'expire : c'est la liane qui embrasse le tronc sans l'étouffer, qui s'y attache avec l'arome de ses guirlandes, et avant que ses feuilles se dessèchent.

Les émanations des cieux adoucissent les mauvais jours, et l'homme en s'unissant à elles aspire la substance de son âme, sa vie ne repose qu'un instant sur la terre pour prendre son impulsion, monter, toujours, toujours, et se rendre dans le sein de Dieu.

Ces attributs ont donné essor aux pensées les plus vraies, aux inspirations les plus sublimes de Chateaubriand : ce sont les beautés par excellence : les vertus théologales... l'homme les comprend avec son cœur.

VERTUS THÉOLOGALES.

Quelles étaient les vertus tant recommandées par les sages de la Grèce? La force, la tempérance et la prudence. Jésus-Christ seul pouvait enseigner au monde que la Foi, l'Espérance et la Charité sont des vertus qui conviennent à l'ignorance comme à la misère de l'homme.

C'est une prodigieuse raison sans doute que celle qui nous a montré dans la *Foi* la source des vertus. Il n'y a de puissance que dans la conviction. Un raisonnement n'est fort, un poëme n'est divin, une peinture n'est belle, que parce que l'esprit ou l'œil qui en juge est convaincu d'une certaine vérité cachée dans ce raisonnement, ce poëme, ce tableau. Un petit nombre de soldats, persuadés de l'habileté de leur général, peuvent enfanter des miracles. Trente-cinq mille Grecs suivent Alexandre à la conquête du monde; Lacédémone se confie en Lycurgue, et Lacédémone devient la plus sage des cités; Babylone se présume faite pour les grandeurs, et les grandeurs se prostituent à sa foi mondaine : un oracle donne la terre aux Romains, et les Romains obtiennent la terre; Colomb, seul de tout le monde, s'obstine à croire à un nouvel univers, et un nouvel univers sort des flots. L'amitié, le patriotisme, l'amour, tous les sentiments nobles, sont aussi une espèce de foi. C'est parce qu'ils ont *cru* que les Codrus, les Pylade, les Régulus, les Arrie, ont fait des prodiges. Et voilà pourquoi ces cœurs qui ne *croient* rien, qui traitent d'illusions les attachements de l'âme, et de folie les belles actions, qui regardent en pitié l'imagination et la tendresse du génie, voilà pourquoi ces cœurs n'achèveront jamais rien de grand, de généreux : ils n'ont de foi que dans la matière et dans la mort, et ils sont déjà insensibles comme l'une, et glacés comme l'autre.

Dans le langage de l'ancienne chevalerie, *bailler sa foi*, était synonyme de tous les prodiges de l'honneur. Roland, du Guesclin, Bayard, étaient de *féaux* chevaliers, et les champs de Roncevaux, d'Auray, de Bresse, les descendants des Maures, des Anglais, des Lombards, disent encore aujourd'hui quels étaient ces hommes qui prêtaient *foi et hommage* à leur *Dieu*, leur *dame* et leur *roi*. Que d'idées antiques et touchantes s'attachent à notre seul mot de *foyer*, dont l'étymologie est si remarquable ! Citerons-nous les martyrs, ces héros qui, selon saint Ambroise, sans armées, sans légions, ont vaincu les tyrans, adouci les lions, ôté au feu sa violence, et au glaive sa pointe [1] ? » La foi même, envisagée sous ce rapport, est une force si terrible, qu'elle bouleverserait le monde, si elle était appliquée à des fins perverses. Il n'y a rien qu'un homme, sous le joug d'une persuasion intime, et qui soumet sans condition sa raison à celle d'un autre homme, ne soit capable d'exécuter. Ce qui prouve que les plus éminentes vertus, quand on les sépare de Dieu, et qu'on les veut prendre dans leurs simples rapports moraux, touchent de près aux plus grands vices. Si les philosophes avaient fait cette observation, ils

---

[1] Ambros., *de Off.*, cap. xxxv.

ne se seraient pas tant donné de peine pour fixer les limites du bien et du mal. Le christianisme n'a pas eu besoin, comme Aristote, d'inventer une échelle, pour y placer ingénieusement une vertu entre deux vices ; il a tranché la difficulté d'une manière sûre, en nous montrant que les vertus ne sont des vertus qu'autant qu'elles refluent vers leur source, c'est-à-dire vers Dieu.

Cette vérité nous restera assurée, si nous appliquons la foi à ces mêmes affaires humaines, mais en la faisant survenir par l'entremise des idées religieuses. De la foi vont naître les vertus de la société, puisqu'il est vrai, du consentement unanime des sages, que le dogme qui commande de croire en Dieu rémunérateur et vengeur est le plus ferme soutien de la morale et de la politique.

Enfin, si vous employez la foi à son véritable usage, si vous la tournez entièrement vers le Créateur, si vous en faites l'œil intellectuel par qui vous découvrez les merveilles de la Cité sainte et l'empire des existences réelles, si elle sert d'ailes à votre âme, pour vous élever au-dessus des peines de la vie, vous reconnaîtrez que les livres saints n'ont pas trop exalté cette vertu, lorsqu'ils ont parlé des prodiges qu'on peut faire avec elle. Foi céleste ! foi consolatrice ! tu fais plus que de transporter les montagnes, tu soulèves les poids accablants qui pèsent sur le corps de l'homme.

. . . .
. . . .

L'Espérance, seconde vertu théologale, a presque la même force que la foi : le désir est le père de la puissance ; quiconque désire fortement obtient. « Cherchez, a dit Jésus-Christ, et vous trouverez ; frappez et l'on vous ouvrira. » Pythagore disait, dans le même sens : *La puissance habite auprès de la nécessité ;* car nécessité implique privation, et la privation marche avec le désir. Père de la puissance, le désir ou l'espérance est un véritable génie ; il a cette virilité qui enfante, et cette soif qui ne s'éteint jamais. Un homme se voit-il trompé dans ses projets, c'est qu'il n'a pas désiré avec ardeur ; c'est qu'il a manqué de cet amour qui saisit tôt ou tard l'objet auquel il aspire, de cet amour qui, dans la Divinité, embrasse et jouit de tous les mondes, par une immense espérance toujours satisfaite, et qui renaît toujours.

Il y a cependant une différence essentielle entre la foi, et l'espérance considérée comme force. La foi a son foyer hors de nous ; elle nous vient d'un objet étranger ; l'espérance, au contraire, naît au dedans de nous, pour se porter au dehors. On nous impose la première ; notre propre désir fait naître la seconde ; celle-là est une obéissance, celle-ci un amour. Mais, comme la foi engendre plus facilement les autres vertus, comme elle découle directement de Dieu, que par conséquent étant une émanation de l'Éternel, elle est plus belle que l'espérance, qui n'est qu'une partie de l'homme, l'Église a dû placer la foi au premier rang.

Mais l'espérance offre en elle-même un caractère particulier : c'est celui qui la met en rapport avec nos misères. Sans doute elle fut révélée par le ciel, cette religion qui fit une vertu de l'espérance! Cette nourrice des infortunés, placée auprès de l'homme, comme une mère auprès de son enfant malade, le berce dans ses bras, le suspend à sa mamelle intarissable, et l'abreuve d'un lait qui calme ses douleurs. Elle veille à son chevet solitaire, elle l'endort par des chants magiques. N'est-il pas surprenant de voir l'espérance, qu'il est si doux de garder, et qui semble un mouvement naturel de l'âme, de la voir se transformer, pour le chrétien, en une vertu rigoureusement exigée ? En sorte que, quoi qu'il fasse, on l'oblige de boire à longs traits à cette coupe enchantée, où tant de misérables s'estimeraient heureux de mouiller un instant leurs lèvres. Il y a plus (et c'est ici la merveille), il sera *récompensé d'avoir espéré*, autrement d'*avoir fait son propre bonheur*. Le fidèle, toujours militant dans la vie, toujours aux prises avec l'ennemi, est traité par la religion dans sa défaite, comme ces généraux vaincus que le sénat romain recevait en triomphe, par la seule raison qu'ils n'avaient pas désespéré du salut final. Mais si les anciens attribuaient quelque chose de merveilleux à l'homme que l'espoir n'abandonne jamais, qu'auraient-ils pensé du chrétien, qui, dans son étonnant langage, ne dit plus *entretenir*, mais *pratiquer* l'espérance ?

Quant à la Charité, fille de Jésus-Christ, elle signifie, au sens propre, *grâce et joie*. La religion, voulant réformer le cœur humain, et tourner au profit des vertus nos affections et nos tendresses, a inventé une nouvelle *passion* : elle ne s'est servie, pour l'exprimer, ni du mot d'amour, qui n'est pas assez sévère, ni du mot d'amitié, qui se perd au tombeau, ni du mot de pitié, trop voisin de l'orgueil ; mais elle a trouvé l'expression de *charitas, charité*, qui renferme les trois premières, et qui tient en même temps à quelque chose de céleste. Par là, elle dirige nos penchants vers le ciel, en les épurant et les reportant au Créateur ; par là, elle nous enseigne cette vérité merveilleuse, que les hommes doivent, pour ainsi dire, s'aimer à travers Dieu, qui spiritualise leur amour, et ne laisse que l'immortelle essence, en lui servant de passage.

Mais, si la charité est une vertu chrétienne, directement émanée de l'Éternel et de son Verbe, elle est aussi en étroite alliance avec la nature. C'est à cette harmonie continuelle du ciel et de la terre, de Dieu et de l'humanité, qu'on reconnaît le caractère de la vraie religion. Souvent les institutions morales et politiques de l'antiquité sont en contradiction avec les sentiments de l'âme. Le christianisme, au contraire, toujours d'accord avec les cœurs, ne commande point des vertus abstraites et solitaires, mais des vertus tirées de nos besoins et utiles à tous. Il a placé la charité comme un puits d'abondance dans les déserts de la vie. « La charité est patiente, dit l'Apôtre, elle est douce, elle ne cherche à surpasser personne, elle n'agit point avec témérité, elle ne s'enfle point.

« Elle n'est point ambitieuse, elle ne suit point ses intérêts, elle ne s'irrite point, elle ne pense point le mal.

« Elle ne se réjouit point dans l'injustice, mais elle se plaît dans la vérité.

« Elle tolère tout, elle croit tout, elle espère tout, elle souffre tout [1]. »

(Génie, liv. 2, chap. ɪɪ.)

IV

La religion prend forme pour soulever le fardeau de la misère ou calmer la souffrance; elle apparaît près de toutes les douleurs.

L'abnégation a son sanctuaire sous le voile; Chateaubriand a attaché celui des Sœurs grises aux pages du *Génie du Christianisme*.

SŒURS GRISES.

Nous venons à ce moment où la religion a voulu, comme d'un seul coup et sous un seul point de vue, montrer qu'il n'y a pas de souffrances humaines qu'elle n'ose envisager, ni de misère au-dessus de son amour.

La fondation de l'Hôtel-Dieu remonte à saint Landry, huitième évêque de Paris. Les bâtiments en furent successivement augmentés par le chapitre de Notre-Dame, propriétaire de l'hôpital ; par saint Louis, par le chancelier Duprat, et par Henri IV; en sorte qu'on peut dire que cette retraite de tous les maux s'élargissait à mesure que les maux se multipliaient, et que la charité croissait à l'égard des douleurs.

L'hôpital était desservi dans le principe par des religieux et des religieuses sous la règle de saint Augustin, mais depuis longtemps les religieuses seules y sont restées. « Le cardinal de Vitry, dit

---

[1] S. Paul, *ad Corinth.*, liv. 2, chap. ɪɪ.)

Hélyot, a voulu sans doute parler des religieuses de l'Hôtel-Dieu, lorsqu'il dit qu'il y en avait qui, se faisant violence, souffraient avec joie et sans répugnance l'aspect hideux de toutes les misères humaines, et qu'il lui semblait qu'aucun genre de pénitence ne pouvait être comparé à cette espèce de martyre.

« Il n'y a personne, » continue l'auteur que nous citons, « qui, en voyant les religieuses de l'Hôtel-Dieu non-seulement panser, nettoyer les malades, faire leurs lits, mais encore, au plus fort de l'hiver, casser la glace de la rivière qui passe au milieu de cet hôpital, et y entrer jusqu'à la moitié du corps pour laver leurs linges pleins d'ordures et de vilenies, ne les regarde comme autant de saintes victimes qui, par un excès d'amour et de charité pour secourir leur prochain, courent volontiers à la mort qu'elles affrontent, pour ainsi dire, au milieu de tant de puanteur et d'infection causées par le grand nombre des malades. »

Nous ne doutons point des vertus qu'inspire la philosophie; mais elles seront encore bien plus frappantes pour le vulgaire, ces vertus, quand la philosophie nous aura montré de pareils dévouements. Et cependant la naïveté de la peinture d'Hélyot est loin de donner une idée complète des sacrifices de ces femmes chrétiennes : cet historien ne parle ni de l'abandon des plaisirs de la vie, ni de la perte de la jeunesse et de la beauté, ni du renoncement à une famille, à un époux, à l'espoir d'une postérité; il ne parle point de tous les sacrifices du cœur, des plus doux sentiments de l'âme étouffés, hors la pitié qui, au milieu de tant de douleurs, devient un tourment de plus.

Eh bien! nous avons vu les malades, les mourants près de passer, se soulever sur leurs couches, et faisant un dernier effort, accabler d'injures les femmes angéliques qui les servaient. Et pourquoi? parce qu'elles étaient chrétiennes! Eh, malheureux! qui vous servirait si ce n'était des chrétiennes? D'autres filles, semblables à celles-ci, et qui méritaient des autels, ont été publiquement *fouettées*, nous ne déguiserons point le mot. Après un pareil retour pour tant de bienfaits, qui eût voulu encore retourner auprès des misérables? Qui? elles! ces femmes! elles-mêmes! Elles ont volé au premier signal, ou plutôt elles n'ont jamais quitté leur poste. Voyez ici réunies la nature humaine religieuse et la nature humaine impie, et jugez-les.

La sœur grise ne renfermait pas toujours ses vertus, ainsi que les filles de l'Hôtel-Dieu, dans l'intérieur d'un lieu pestiféré ; elle les répandait au dehors comme un parfum dans les campagnes; elle allait chercher le cultivateur infirme dans sa chaumière. Qu'il était touchant de voir une femme, jeune, belle et compatissante, exercer au nom de Dieu, près de l'homme rustique, la profession de médecin ! On nous montrait dernièrement, près d'un moulin, sous des saules, dans une prairie, une petite maison qu'avaient occupée trois sœurs grises. C'était de cet asile champêtre qu'elles partaient à toutes les heures de la nuit et du jour, pour secourir les laboureurs. On remarquait en elles comme dans toutes leurs sœurs, cet air de propreté et de contentement qui annonce que le corps et l'âme sont également exempts de souillures ; elles étaient pleines de douceur, mais toutefois sans manquer de fermeté pour soutenir la vue des maux, et pour se faire obéir des malades. Elles excellaient à rétablir les membres brisés par des chutes ou par ces accidents si communs chez les paysans. Mais ce qui était d'un prix inestimable, c'est que la sœur grise ne manquait pas de dire un mot de Dieu à l'oreille du nourricier de la patrie, et que jamais la morale ne trouva de formes plus divines pour se glisser dans le cœur humain.

Tandis que ces filles hospitalières étonnaient par leur charité ceux même qui étaient accoutumés à ces actes sublimes, il se passait dans Paris d'autres merveilles : de grandes dames s'exilaient de la ville et de la cour, et partaient pour le Canada. Elles allaient sans doute acquérir des habitations, réparer une fortune délabrée, et jeter les fondements d'une vaste propriété? Ce n'était pas là leur but : elles allaient, au milieu des forêts et des guerres sanglantes, fonder des hôpitaux pour des Sauvages ennemis.

En Europe, nous tirons le canon en signe d'allégresse pour annoncer la destruction de plusieurs milliers d'hommes ; mais dans les établissements nouveaux et lointains, où l'on est plus près du malheur et de la nature, on ne se réjouit que de ce qui mérite en effet des bénédictions, c'est-à-dire des actes de bienfaisance et d'humanité. Trois pauvres hospitalières, conduites par madame de la Peltrie, descendent sur les rives canadiennes, et voilà toute la colonie troublée de joie. « Le jour de l'arrivée de personnes si ardemment désirées, dit Charlevoix, fut pour toute la ville un jour de fête; tous les travaux cessèrent, et les boutiques furent fermées. Le gouverneur reçut les héroïnes sur le rivage à la tête de ses troupes, qui étaient sous les armes, et au bruit du canon; après les premiers compliments, il les mena, au milieu des acclamations du peuple, à l'Église, où le *Te Deum* fut chanté.....

« Ces saintes filles, de leur côté, et leur généreuse conductrice, voulurent, dans le premier transport de leur joie, baiser une terre après laquelles elles avaient si longtemps soupiré, qu'elles se promettaient bien d'arroser de leurs sueurs, et qu'elles ne désespéraient pas même de teindre de leur sang. Les Français mêlés avec les Sauvages, les infidèles même confondus avec les chrétiens, ne se lassaient point, et continuèrent plusieurs jours à faire retentir tout de leurs cris d'allégresse, et donnèrent mille bénédictions à celui qui seul peut inspirer tant de force et de courage aux personnes les plus faibles. A la vue des cabanes sauvages où l'on mena les religieuses le lendemain de leur arrivée, elles se trouvèrent saisies d'un nouveau transport de joie: la pauvreté et la malpropreté qui y régnaient ne les rebutèrent point, et des objets si capables de ralentir leur zèle ne le rendirent que plus vif : elles témoignèrent une grande impatience d'entrer dans l'exercice de leurs fonctions.

« Madame de la Peltrie, qui n'avait jamais désiré d'être riche, et qui s'était faite pauvre d'un si bon cœur pour Jésus-Christ, ne s'épargnait en rien pour le salut des âmes. Son zèle la porta même à cultiver la terre de ses propres mains pour avoir de quoi soulager les pauvres néophytes. Elle se dépouilla en peu de jours de ce qu'elle avait réservé pour son usage, jusqu'à se réduire à manquer du nécessaire, pour vêtir les enfants qu'on lui présentait presque nus ; et toute sa vie, qui fut assez longue, ne fut qu'un tissu d'actions les plus héroïques de la charité [1]. »

Trouve-t-on dans l'histoire ancienne rien qui soit aussi touchant, rien qui fasse couler des larmes d'attendrissement aussi douces, aussi pures?

(Génie, liv. 6, chap. IV.)

V

On puise dans Chateaubriand des modèles de tous les genres de littérature; chez lui le style épistolaire a un cachet élevé qui est un des types de son talent. Voici la polémique qu'il engage avec des adversaires qui l'avaient attaqué dans la *Gazette de France*. C'est un traité de la carrière des lettres.

DES LETTRES ET DES GENS DE LETTRES.

J'ai le bonheur ou le malheur de rencontrer mon nom assez souvent dans des ouvrages polémiques, des pamphlets, des satires. Quand la critique est juste, je me corrige ; quand le mot est plaisant, je ris ; quand il est grossier, je l'oublie. Un nouvel *ennemi* vient de descendre dans la lice ; c'est un *chevalier béarnois*. Chose assez singulière, ce chevalier m'accuse de préjugés gothiques, et de mépris pour les lettres ! J'avoue que je n'entends pas parler de

---

[1] *Hist. de la Nouv.-France*, liv. 5, page 207, tome 1, in-4°.

sang-froid de chevalerie ; et quand il est question de tournois, de défis, de castilles, de pas d'armes, je me mettrais volontiers comme le seigneur don Quichotte à courir les champs pour réparer les torts. Je me rends donc à l'appel de mon adversaire. Cependant je pourrais refuser de faire avec lui le coup de lance, puisqu'il n'a pas déclaré son nom, ni haussé la visière de son casque après le premier assaut ; mais comme il a observé religieusement les autres lois de la joûte, en évitant avec soin de frapper à la *tête* et au *cœur*, je le tiens pour loyal chevalier, et je relève le gant.

Cependant quel est le sujet de notre querelle ? Allons-nous nous battre, comme c'est assez l'usage entre les preux, sans trop savoir pourquoi ? Je veux bien soutenir que la *dame* de mon cœur est incomparablement plus belle que celle de mon adversaire ; mais si par hasard nous servions tous deux la même dame ? C'est en effet notre aventure. Je suis au fond du même avis ou plutôt du même amour que le chevalier béarnois, et, comme lui, je déclare atteint de félonie quiconque manque de respect pour les Muses.

Changeons de langage et venons au fait. J'ose dire que le critique qui m'attaque avec tant de goût, de savoir et de politesse, mais peut-être avec un peu d'humeur, n'a pas bien compris ma pensée.

Quand je ne veux pas que les rois se mêlent des tracasseries du Parnasse, ai-je donc infiniment tort ? Un roi sans doute doit aimer les lettres, les cultiver même jusqu'à un certain degré, et les protéger dans ses États ; mais est-il bien nécessaire qu'il fasse des livres ! Le juge souverain peut-il, sans inconvénients, s'exposer à être jugé ? Est-il bon qu'un monarque donne, comme un homme ordinaire, la mesure de son esprit et réclame l'indulgence de ses sujets dans une préface ? Il me semble que les dieux ne doivent pas se montrer si clairement aux hommes : Homère met une barrière de nuages aux portes de l'Olympe.

Quant à cette autre phrase, *un auteur doit être pris dans les rangs ordinaires de la société*, je ne suis point assez absurde pour vouloir que les lettres soient abandonnées précisément à la partie non *lettrée* de la société. Elles sont du ressort de tout ce qui pense ; elles n'appartiennent point à une classe d'hommes particulière, elles ne sont point une attribution des rangs, mais une distinction des esprits. Je n'ignore pas que Montaigne, Malherbe, Descartes, la Rochefoucaud, Fénelon, Bossuet, la Bruyère, Boileau même, Montesquieu et Buffon, ont tenu plus ou moins à l'ancien corps de la noblesse, ou par la robe, ou par l'épée ; je sais bien qu'un beau génie ne peut déshonorer un nom illustre ; mais, puisque mon critique me force à le dire, je pense qu'il y a toutefois moins de péril à cultiver les Muses dans un état obscur que dans une condition éclatante. L'homme sur qui rien n'attire les regards expose peu de chose au naufrage. S'il ne réussit pas dans les lettres, sa manie d'écrire ne l'aura privé d'aucun avantage réel, son rang d'auteur oublié n'ajoutera rien à l'oubli naturel qui l'attendait dans une autre carrière.

Il n'en est pas ainsi de l'homme qui tient une place distinguée dans le monde, ou par sa fortune, ou par ses dignités, ou par les souvenirs qui s'attachent à ses aïeux. Il faut qu'un tel homme balance longtemps avant de descendre dans une lice où les chutes sont cruelles. Un moment de vanité peut lui enlever le bonheur de toute sa vie.

Si je voyais quelque du Guesclin rimailler sans l'aveu d'Apollon un méchant poëme, je lui crierais : « Sire Bertrand, changez votre « plume pour l'épée de fer du bon connétable. Quand vous serez « sur la brèche, souvenez-vous d'invoquer, comme votre ancêtre, « *Notre-Dame du Guesclin*. Cette Muse n'est pas celle qui chante « les villes prises, mais c'est celle qui les fait prendre. »

Les Muses, qui nous permettent de choisir notre société, sont d'un puissant secours dans les chagrins politiques. Quand vous êtes fatigués de vivre au milieu des Tigellin et des Narcisse, elles vous transportent dans la société des Caton et des Fabricius. Pour ce qui est des peines du cœur, l'étude, il est vrai, ne nous rend pas les amis que nous pleurons, mais elle adoucit les chagrins que nous cause leur perte ; car elle mêle leur souvenir à tout ce qu'il y a de pur dans les sentiments de la vie, et de beau dans les images de la nature.

Examinons maintenant les reproches que l'on fait aux gens de lettres. La plupart me paraissent sans fondement : la médiocrité se console souvent par la calomnie.

On dit : « Les gens de lettres ne sont pas propres au maniement des affaires. » Chose étrange, que le génie nécessaire pour enfanter l'*Esprit des Lois* ne fût pas suffisant pour conduire le bureau d'un ministre ! Quoi ! ceux qui sondent si habilement les profondeurs du cœur humain ne pourraient démêler autour d'eux les intrigues des passions ? Mieux vous connaîtrez les hommes, moins vous serez capable de les gouverner.

Le jugement et le bon sens sont surtout les deux qualités nécessaires à l'homme d'État ; et remarquez qu'elles doivent aussi dominer dans une tête littéraire sainement organisée. L'imagination et l'esprit ne sont point, comme on le suppose, les bases du véritable talent ; c'est le bon sens, je le répète, le bon sens, avec l'expression heureuse. Tout ouvrage, même un ouvrage d'imagination, ne peut vivre, si les idées y manquent d'une certaine logique qui les enchaîne, et qui donne au lecteur le plaisir de la raison, même au milieu de la folie.

Je ne sais si je dois relever à présent quelques plaisanteries que l'on est dans l'usage de faire sur les gens de lettres, depuis le temps d'Horace. Le chantre de Lalagé et de Lydie nous raconte qu'il jeta son bouclier aux champs de Philippes ; mais l'adroit courtisan se *vante*, et l'on a pris ses vers trop à la lettre. Ce qu'il y a de certain, c'est qu'il parle de la mort avec tant de charme et une si douce philosophie, qu'on a bien de la peine à croire qu'il la craignit.

De temps immémorial, nos officiers du génie et d'artillerie, si braves à la bouche du canon, ont cultivé les lettres, la plupart avec fruit, quelques-uns avec gloire. Enfin les hommes de lettres que notre révolution a moissonnés ont tous déployé à la mort du sang-froid et du courage. S'il faut en juger par soi-même, je le dirai avec la franchise naturelle aux descendants des vieux Celtes : Soldat, voyageur, proscrit, naufragé, je ne me suis point aperçu que l'amour des lettres m'attachât trop à la vie : pour obéir aux arrêts de la religion ou de l'honneur, il suffit d'être chrétien et Français.

Montrez-moi dans les révolutions des empires, dans ces temps malheureux où un peuple entier, comme un cadavre, ne donne plus aucun signe de vie; montrez-moi, dis-je, une classe d'hommes toujours fidèle à son honneur, et qui n'ait cédé ni à la force des événements ni à la lassitude des souffrances : je passerai condamnation sur les gens de lettres. Mais si vous ne pouvez trouver cet ordre de citoyens généreux, n'accusez plus en particulier les favoris des Muses, gémissez sur l'humanité tout entière. La seule différence qui existe alors entre l'écrivain et l'homme vulgaire, c'est que la turpitude du premier est connue, et que la lâcheté du second est ignorée. Heureux en effet, dans ces jours d'esclavage, l'homme médiocre qui peut être vil en sûreté de l'avenir, qui peut impunément se réjouir dans la fange, certain que ses talents ne le livreront point à la postérité, et que le cri de sa bassesse ne passera pas la borne de sa vie!

Il me reste à parler de la célébrité littéraire. Elle marche de pair avec celle des grands rois et des héros. Homère et Alexandre, Virgile et César, occupent également les voix de la renommée. Disons de plus que la gloire des Muses est la seule où il n'entre rien d'étranger. On peut toujours rejeter une partie du succès des armes sur les soldats ou sur la fortune : Achille a vaincu les Troyens à l'aide des Grecs, mais Homère a fait l'*Iliade*, et sans Homère nous ne connaîtrions pas Achille.

Les gens de lettres, que j'ai essayé de venger du mépris de l'ignorance, me permettront-ils, en finissant, de leur adresser quelques conseils dont je prendrai moi-même bonne part? Veulent-ils forcer la calomnie à se taire, et s'attirer l'estime même de leurs ennemis, il faut qu'ils se dépouillent d'abord de cette morgue et de ces prétentions exagérées qui les ont rendus insupportables dans le dernier siècle. Soyons modérés dans nos opinions, indulgents dans nos critiques, sincères admirateurs de tout ce qui mérite d'être admiré. Pleins de respect pour la noblesse de notre art, n'abaissons jamais notre caractère; ne nous plaignons jamais de notre destinée ; qui se fait plaindre se fait mépriser; que les Muses seules, et non le public, sachent si nous sommes riches ou pauvres : le secret de notre indigence doit être le plus délicat et le mieux gardé de nos secrets; que les malheureux soient sûrs de trouver en nous un appui : nous sommes les défenseurs naturels des suppliants; notre plus beau droit est de sécher les larmes de l'infortune, et d'en faire couler des yeux de la prospérité : *Dolor ipse disertum fecerat.* Ne prostituons jamais notre talent à la puissance, mais aussi n'ayons jamais d'humeur contre elle : celui qui blâme avec aigreur admirera sans discernemement ; de l'esprit frondeur à l'adulation il n'y a qu'un pas. Enfin, pour l'intérêt même de notre gloire et la perfection de nos ouvrages, nous ne saurions trop nous attacher à la vertu : c'est la beauté des sentiments qui fait la beauté du style. Quand l'âme est élevée, les paroles tombent d'en haut.

(Mél. litt.)

VI

Les vicissitudes de la vie ressemblent aux vicissitudes de la nature ; tout est diversifié, tout est impressionnable, tout se meut, tout s'agite ; c'est l'esprit humain dans sa sève ; on ne peut l'arrêter...

La méditation explore toutes ces phases, l'enseignement du siècle ne pose aucune limite ; il faut la raison écrite dans la morale des âges pour servir de frein à l'imagination et donner une boussole à l'âme.

Chateaubriand dans l'un de ses premiers ouvrages, *les Essais historiques*, a défini ces impressions. En étudiant cette œuvre de sa jeunesse, on trouve des pensées qui s'élèvent avec la virtualité qui est dans leur essence ; il ose tout viser, mais il laisse libre essor à sa pensée, et toujours elle monte. La terre n'est plus rien, les monarchies ne sont plus un point lumineux, les vieilles armures des salles d'armes sont comptées sans le prestige de l'enthousiasme ; tout est mesuré au compas d'une nouvelle civilisation, et près du sillon qui doit produire, on voit le pas des révolutions qui ont renversé le but. Puis, hors des limites, elles se posent comme des légitimités naissantes.

Chateaubriand sait tout analyser avec sagesse ; sans faillir à son origine, il fait des concessions au progrès social. Au bruit des proclamations du mal et du bien, les publicistes craintifs n'osent avancer ; Chateaubriand avance... ses émotions, ses jugements sont formulés d'après son cœur : c'est le pinceau qui produit un effet inconnu.

LES RÉVOLUTIONS.

Qui suis-je ? et que viens-je annoncer de nouveau aux hommes ? On peut parler des choses passées ; mais quiconque n'est pas spectateur désintéressé des événements actuels doit se taire. Et où trouver un tel spectateur en Europe ? Tous les individus, depuis le paysan jusqu'au monarque, ont été enveloppés dans cette étonnante tragédie. « Non-seulement, dira-t-on, vous n'êtes pas spectateur, mais vous êtes acteur, et acteur souffrant, Français malheureux, qui avez vu disparaître votre fortune et vos amis dans le gouffre de la révolution ; enfin vous êtes un émigré. » A ce mot, je vois les gens sages, et tous ceux dont les opinions sont modérées ou républicaines, jeter là le volume sans chercher à en savoir davantage. Lecteurs, un moment. Je ne vous demande que de parcourir quelques lignes de plus. Sans doute je ne serai pas intelligible pour tout le monde ; mais quiconque m'entendra poursuivra la lecture de cet *Essai*. Quant à ceux qui ne m'entendront pas, ils feront mieux de fermer le livre ; ce n'est pas pour eux que j'écris.

Celui qui dit dans son cœur : « Je veux être utile à mes sem-« blables, » doit commencer par se juger soi-même : il faut qu'il étudie ses passions, les préjugés et les intérêts qui peuvent le diriger sans qu'il s'en aperçoive. Si malgré tout cela il se sent assez de force pour dire la vérité, qu'il la dise ; mais s'il se sent faible, qu'il se taise. Si celui qui écrit sur les affaires présentes ne peut être lu également au directoire et aux conseils des rois, il a fait un livre inutile ; s'il a du talent, il a fait pis, il a fait un livre pernicieux. Le mal, le grand mal, c'est que nous ne sommes point de notre siècle. Chaque âge est un fleuve qui nous entraîne selon le penchant des destinées, quand nous nous y abandonnons. Mais il me semble que nous sommes tous hors de son cours. Les uns (les républicains) l'ont traversé avec impétuosité et se sont élancés sur le bord opposé. Les autres sont demeurés de ce côté-ci sans vouloir s'embarquer. Les deux partis crient et s'insultent, selon qu'ils sont sur l'une ou sur l'autre rive. Ainsi les premiers nous transportent loin de nous dans des perfections imaginaires, en nous faisant devancer notre âge ; les seconds nous retiennent en arrière, refusent de s'éclairer et veulent rester les hommes du quatorzième siècle dans l'année 1796.

(Révol. anc., liv. 1.)

VII

Le supplice de Louis XVI porta l'épouvante au cœur des nations, ce fut le drapeau de l'insurrection armée; quand la royale victime s'approcha de l'échafaud, elle avait à ses côtés le ministre du régicide et le ministre du ciel, un silence glacial pénétra dans toutes les fibres : l'un lui dit : « Au nom de la justice humaine, meurs. » L'autre prononça cet arrêt : « Au nom de la justice Divine, je t'absous ! »

EXÉCUTION DE LOUIS XVI.

La monarchie française n'existait plus. Le descendant de Henri IV attendait à chaque instant que les régicides consommassent le crime, et le crime fut résolu.

De tous les serviteurs de Louis XVI un seul était resté à Paris. Ce digne vieillard, le plus honnête homme de la France, de l'aveu même des révolutionnaires, s'était tenu éloigné de la cour durant la prospérité du monarque. Ce fut sans doute un beau spectacle que de voir M. de Malesherbes, honoré de soixante-douze années de probité, se rendre, non au palais de Versailles, mais dans les prisons du Temple pour défendre seul son souverain infortuné, lorsque les flatteurs et les gardes avaient disparu. De quel front les prétendus républicains osaient-ils regarder à leur barre l'ami de Jean-Jacques? celui qui, dans tout le cours d'une longue vie, s'était fait un devoir de prendre la défense de l'opprimé contre l'oppresseur, et qui, de même qu'il avait protégé le dernier individu du peuple contre la tyrannie des grands, venait à présent plaider la cause d'un roi innocent contre les despotes plébéiens du faubourg Saint-Antoine? Ah ! il était donné à notre siècle de contempler le vénérable magistrat revêtu de la chemise rouge, monté sur un tombereau sanglant, et mené à la guillotine entre sa fille, sa petite-fille et son petit-fils, aux acclamations d'un peuple ingrat, dont il avait tant de fois pleuré la misère. Qu'on me pardonne ce moment de faiblesse : Vertueux Malesherbes ! d'autres, plus heureux que moi, ont mêlé leur sang au vôtre : c'était ma destinée de traîner après vous sur la terre une vie désormais sans illusions et pleine de regrets.

Mais pourquoi parlerais-je du jugement de Louis XVI ? qui en ignore les circonstances ? Qui ne sait que tout fut inutile contre un torrent de crimes et de factions ? Agis, Charles et Louis périrent avec tout l'appareil et toute la moquerie de la justice. Laissons d'Orléans observer son roi et son parent la lorgnette à la main, et prononçant *la mort*, à l'effroi même des scélérats. Fions-nous-en à la postérité, dont la voix tonnante gronde déjà dans l'avenir ; à la postérité qui, juge incorruptible des âges écoulés, s'apprête à traîner au supplice la mémoire pâlissante des hommes de mon siècle.

Le fatal 21 de janvier 1793 se leva pour le deuil éternel de la France. Le monarque, averti qu'il fallait mourir, se prépara avec sérénité à ce grand acte de la vie : sa conscience était pure et la religion lui ouvrait les cieux. Mais que de liens il avait eu auparavant à rompre sur la terre ! Louis avait vu son épouse, il avait vu aussi sa fille et son jeune fils qui courait parmi les gardes en demandant la grâce de son père : tant d'angoisses ne déchirèrent jamais le cœur d'un homme.

L'heure était venue. Le carrosse attendait à la porte. Louis descendit avec son confesseur. Il ne put s'empêcher, dans la cour, de jeter un regard vers les fenêtres de la reine où il ne vit personne : ce regard-là dut peindre bien de la douleur. Cependant le roi était monté dans la voiture qui roulait lentement au milieu d'un morne silence ; Louis, répétant avec son confesseur les prières des agonisants, savourait à longs traits la mort. Il arrive enfin à la place où l'instrument de destruction était élevé à la vue du palais de Henri IV. Louis, descendu de la voiture, voulût au moins protester de son innocence : « Vous n'êtes pas ici pour parler, mais pour mourir, » lui dit un barbare. Ce fut alors que l'on vit un des meilleurs rois qui aient jamais régné sur la France, lié sur une planche ensanglantée, comme le plus vil des scélérats, la tête passée de force dans un croissant de fer et attendant le coup qui devait le délivrer de la vie : et comme s'il ne fut pas resté un seul Français attaché à son souverain, ce fut un étranger qui assista le monarque à sa dernière heure, au milieu de tout son peuple. Il se fait un grand silence : « Fils de saint Louis! vous montez aux cieux, » s'écrie le pieux ecclésiastique en se penchant à l'oreille du monarque. On entend le bruit du coutelas qui se précipite.

(Révol. anc., chap. xvii.)

VIII

Louis XIV à l'apogée de sa puissance se grandit encore de l'hospitalité royale qu'il donna à une monarchie tombée ; Jacques II vint montrer à la France les débris de la monarchie des Stuarts.

Entre l'Angleterre révolutionnaire et le dernier règne de la Grande-Bretagne monarchique, il y avait un échafaud arrosé du sang d'un roi : Charles Ier apparaissait au souvenir près de son petit-fils ; et la France contemplait avec effroi cette famille dont le front portait le stigmate auguste d'une couronne brisée ! La France de Louis XIV était comme ces êtres minés par une lente consomption qui portent dans leur sein le germe de la mort... Louis XVI tomba comme Charles Ier.

Les errements de ces deux révolutions sont analysés par Chateaubriand ; dans un parallèle historique, il a fait ressortir cette vérité, qu'un même effet n'a pas toujours la même cause.

PARALLÈLE.

Le grand argument de Milton était aussi celui des juges de Charles Ier. Il le trouvait comme Ludlon, dans ce texte de l'Écriture : « La terre ne peut être purifiée du sang qui a été répandu « que par le sang de celui qui l'a répandu. »

Telle fut cette fameuse controverse. Ceux qui la rappellent aujourd'hui paraissent ignorer ce qu'on a dit et écrit avant eux sur ce sujet : tant ils sont faibles en preuves, en citations et en raisonnements ! De même que les régicides anglais, ils citent l'Écriture sainte à l'appui de leur doctrine ; mais ils la citent vaguement, ou parce qu'ils la connaissent peu, ou parce qu'ils sentent qu'elle ne leur est pas favorable. Les auteurs de la mort de Charles étaient pour la plupart des fanatiques de bonne foi, des chrétiens zélés, qui, abusant du texte sacré, tuèrent leur souverain *en conscience;* mais parmi nous, ceux qui font valoir l'autorité de l'Écriture dans une pareille cause ne pourraient-ils pas être soupçonnés de joindre la dérision au parricide ; de vouloir, par des citations tronquées mal expliquées, troubler le simple croyant, tandis que pour eux-mêmes ces citations ne seraient que ridicules? Employer ainsi l'incrédulité à immoler la foi ; justifier le meurtre de Louis XVI par la parole de Dieu, sans croire soi-même à cette parole ; égorger le roi au nom de la religion pour le peuple, au nom des lumières pour les esprits éclairés ; allumer l'autel du sacrifice au double flambeau du fanatisme et de la philosophie, ce serait, il faut en convenir, une combinaison nouvelle.

Si les régicides anglais étaient, comme nous venons de le dire, des fanatiques de bonne foi, ils avaient encore un autre avantage. Ces hommes, couverts du sang de leur roi, étaient purs du sang de leur concitoyens. Ils n'avaient pas signé la proscription d'une multitude d'hommes, de femmes, d'enfants et de vieillards ; ils n'avaient pas apposé leurs noms, *de confiance*, au bas des listes de condamnés, après des noms très-peu faits pour inspirer cette confiance. Pourtant ces hommes, qui n'avaient pas fait tout cela, étaient en horreur : on les fuyait comme s'ils avaient eu la peste, on les tuait comme des bêtes fauves. Qu'il était à craindre que cet effrayant exemple n'entraînât les Français ! Et cependant, que disons-nous à certains hommes ? Rien. Ils jouissent de leur fortune, de leur rang, de leurs honneurs. Comme le roi, nous ne leur eussions jamais parlé de ce qu'ils ont fait, s'ils n'avaient été les premiers à nous le rappeler, à se transformer en accusateurs ; et ils osent crier à l'esprit de vengeance ! Craignons plutôt que la postérité ne porte de nous un tout autre jugement, qu'elle ne prenne cette admirable facilité de tout pardonner pour une indifférence coupable, pour une légèreté criminelle ; qu'elle ne regarde comme une misérable insouciance du vice et de la vertu ce qui n'est qu'une impossibilité absolue de récriminer et de haïr.

Les Anglais qui firent leur révolution étaient des républicains sincères : conséquents à leurs principes. les premiers d'entre eux ne voulurent point servir Cromwell; Harrison, Ludlow, Vane, Lambert, s'opposèrent ouvertement à sa tyrannie, et furent persécutés par lui. Ils avaient pour la plupart toutes les vertus morales et religieuses; par leur conviction, ils honorèrent presque leur crime. Ils ne s'enrichirent point de la dépouille des proscrits. Dans les actes de leur jugement, lorsque le président du tribunal fait aux témoins cette question d'usage : « L'accusé a-t-il des « biens et des châteaux ? » La réponse est toujours : « Nous ne lui en connaissons point. » Harrison écrit en mourant à sa femme qu'il ne laisse que sa Bible [1].

Tout homme qui suit sans varier une opinion est du moins excusable à ses propres yeux ; un républicain de bonne foi, qui ne cède ni au temps ni à la fortune, peut mériter d'être estimé, quand d'ailleurs on n'a à lui reprocher aucun crime.

Mais si des fortunes immenses ont été faites ; si, après avoir égorgé l'agneau, on a caressé le tigre ; si Brutus a reçu des pensions de César, il fera mieux de garder le silence ; l'accent de la fierté et de la menace ne lui convient plus.

« On ne pouvait rien contre la force. »

— Vous avez pu quelque chose contre la vertu !

On donne une singulière raison de la mort de Louis XVI : on assure qu'il n'était déjà plus roi lorsqu'il fut jugé ; que sa perte était inévitable ; que sa mort fut prononcée comme on prononce celle d'un malade dont on désespère.

Avons-nous bien lu, et en croirons-nous nos yeux ? Depuis quand le médecin empoisonne-t-il le malade lorsque celui-ci n'a plus d'espérance de vivre ? Et la maladie de Louis XVI était-elle donc si mortelle ? Plût à Dieu que ce roi, que l'on a tué parce qu'il n'y *avait plus moyen de contenir les factions*, eût été la victime de ces factions mêmes ! Plût à Dieu qu'il eût péri dans une insurrection populaire ! La France pleurerait un malheur ; elle n'aurait pas à rougir d'un crime.

---

[1] *Trial of the Reg.*

Vous assurez « que si les juges qui ont condamné le roi à mort
« se sont trompés, ils se sont trompés avec la nation entière, qui,
« par de nombreuses adresses, a donné son adhésion au juge-
« ment. Les gouvernements étrangers, en traitant avec ces juges,
« ont aussi prouvé qu'ils ne blâmaient pas le meurtre de Louis. »

Ne flétrissez point tous les Français pour excuser quelques hommes. Peut-on sans rougir alléguer les adresses de ces communes gouvernées par un club de Jacobins, et conduites par les menaces et la terreur ! D'ailleurs, un seul fait détruit ce que l'on avance ici. Si, en conduisant le roi à l'échafaud, on n'a fait que suivre l'opinion du peuple, pourquoi les juges ont-ils rejeté l'appel au peuple? Si Louis était coupable, si les vœux étaient unanimes, pourquoi, dans la Convention même, les suffrages ont-ils été si balancés? La haute-cour qui condamna Charles le condamna à l'unanimité. La France vous rend le fardeau dont vous voulez vous décharger sur elle ; il est pesant ! mais il est à vous, gardez-le.

« Les nations étrangères ont traité avec vous ! « Ce ne fut point au moment de la mort du roi. L'assassinat de Louis, du plus doux, du plus innocent des hommes, acheva d'armer contre vous l'Europe entière. Un cri d'indignation s'éleva dans toutes les parties du monde : un Français était insulté pour votre crime jusque chez ces peuples accoutumés à massacrer leurs chefs, à Constantinople, à Alger, à Tunis. Parce que les étrangers ont traité avec vous, ils ont approuvé la mort du roi ! Dites plutôt que le courage de nos soldats a sauvé la France du péril où vous l'aviez exposée en appelant sur un forfait inouï la vengeance de tous les peuples. Ce n'est point avec vous qu'on a traité, mais avec la gloire de nos armes, avec ce drapeau autour duquel l'honneur français s'était réfugié, et qui vous couvrait de son ombre.

(Mél. polit., chap. IV.

IX

Des ruines faites en un jour, des piques toujours sanglantes, la poussière des trônes éparse au milieu des débris : c'est l'œuvre des révolutions ; du sein de ce chaos social sort le fer du régicide. C'est à la lueur des étoiles tombantes que Chateaubriand voit briller l'acier du glaive.

CAS EXTRAORDINAIRES.

Un juge établi sur un tribunal d'après les anciennes constitutions du pays, et non par le fait d'une révolution violente, a condamné un homme à mort. Cet homme a été justement condamné : il était coupable des plus grands crimes. Mais cet homme avait un frère ; ce frère n'a pas pu et n'a pas dû se dépouiller des sentiments de la nature : ainsi, entre le juge du coupable et le frère de ce coupable, il ne pourra jamais s'établir aucune relation. Le cri du sang a pour toujours séparé ces deux hommes.

Un juge établi sur un tribunal d'après les anciennes constitutions du pays, et non par le fait d'une révolution violente, a condamné un homme à mort. Cet homme n'était pas coupable du crime dont on l'accusait ; mais, soit prévarication, soit erreur, le juge a condamné l'innocence. Si cet homme a un frère, ce frère, bien moins encore que dans le premier cas, ne peut jamais communiquer avec le juge.

Enfin, un homme a condamné un homme à mort : l'homme condamné était innocent ; l'homme qui l'a condamné n'était point son juge naturel ; l'innocent condamné était un roi ; le prétendu juge était son sujet. Toutes les lois des nations, toutes les règles de la justice ont été violées pour commettre le meurtre. Le tribunal, au lieu d'exiger les deux tiers des voix pour prononcer la sentence, a rendu son arrêt à la majorité de quelques voix. Afin d'obtenir cette majorité, on a même été obligé de compter le vote des juges qui avaient prononcé la mort conditionnellement. Le monarque, conduit à l'échafaud, avait un frère. Le juge qui a condamné l'innocent, le sujet qui a immolé son roi, pourra-t-il se présenter aux yeux du frère de ce roi? S'il ne peut se présenter devant lui, osera-t-il pourtant lui écrire? S'il lui écrit, sera-ce pour se déclarer criminel, pour lui offrir sa vie en expiation? Si ce n'est pour dévouer sa tête, c'est du moins pour révéler quelque secret important à la sûreté de l'Etat! Non : il écrit à ce frère du roi pour se plaindre d'être injustement traité ; il pousse la plainte jusqu'à la menace ; il écrit à ce frère devenu roi, et dont, par conséquent, il est devenu le sujet, pour lui faire l'apologie du régicide, pour lui prouver, par la parole de Dieu et par l'autorité des hommes, qu'il est permis de tuer son roi. Joignant ainsi la théorie à la pratique, il se présente à Louis XVIII comme un homme qui a bien mérité de lui ; il vient lui montrer le corps sanglant de Louis XVI,

<blockquote>Et sa tête à la main demander son salaire.</blockquote>

Est-ce au fond d'un cachot, dans l'exaspération du malheur, que cette apologie du régicide est écrite? L'auteur est en pleine liberté ; il jouit des droits des autres citoyens ; on voit à la tête de son ouvrage l'énumération de ses places et les titres de ses honneurs : places et honneurs dont quelques-uns lui ont été conférés depuis la restauration [1]. Le roi, sans doute transporté de douleur et d'indignation, a prononcé quelque arrêt terrible? le roi a donné sa parole de tout oublier.

(Mél. polit., chap. i.)

X

On s'étonne que l'imagination de Chateaubriand soit assez grande pour contenir toutes ses pensées ! Le choc des bouleversements les active, la religion en est l'âme, le sujet est noble et simple. C'est l'homme de Dieu, c'est le lévite du Seigneur ; sa pauvreté est renfermée dans la grandeur du tabernacle... Il n'a rien et on lui demande tout !

LA FOI CHRÉTIENNE ET LES DROITS DU CLERGÉ.

Une idée aussi funeste qu'elle est étrange tomba dans la tête de quelques-uns de ces milliers de *législateurs* qui découvrirent tout à coup qu'après une existence de quatorze siècles, la France n'avait pas de constitution : ils imaginèrent de séparer entièrement l'ordre religieux de l'ordre politique, et cela fut regardé comme un trait de génie. Dieu, qui a fait l'homme, ne se trouva plus mêlé aux actions de l'homme, et la loi perdit ce fondement que tous les peuples ont placé dans le ciel. On fut libre de recevoir ou de rejeter le premier signe du chrétien, de prendre une épouse à l'autel de Dieu ou au bureau du maire ; de choisir pour règle de conduite les préceptes de l'Évangile ou les ordonnances de police ; d'expier ses fautes aux pieds du prêtre ou du bourreau ; de mourir dans l'attente d'une autre vie ou dans l'espoir du néant : tout cela fut réputé *sagesse*.

Et néanmoins, tandis qu'on renonçait à la religion on prétendait à la liberté. Mais qu'y eut-il de plus libre et pourtant de plus religieux que Rome et Athènes ? tout peuple qui ne cherche pas dans les choses divines de garanties à son indépendance finit toujours par la perdre, quelles que soient les révolutions dans lesquelles il se plonge pour la conserver. Hé ! sans le roi, que nous fût-il resté de nos excès et de nos malheurs ? — des crimes et des chaînes !

(Pol., opin., et disc.)

XI

Le ciel, en 1820, se couronna d'un martyr politique. Charles-Ferdinand d'Artois, duc de Berri, tomba ; un poignard homicide était allé chercher son cœur, ce cœur était bon... Le mot grâce ! s'en échappa au dernier souffle. Cette prière d'un mourant monta à Dieu avant que le Très-Haut eût recueilli son âme ; elle passa sur la terre pour couvrir l'homme qui l'avait frappé [1].

LA MORT DU DUC DE BERRI.

« Madame sait tout ; elle a été sublime... » Ces mots d'un fils de France, à l'heure de son agonie, firent une impression profonde.

On étendit le prince sur un matelas à terre, tandis qu'on remuait sa couche. Ce fut là qu'il se confessa d'abord en particulier à Mgr l'évêque de Chartres, et qu'il fit ensuite à haute voix un aveu

---

[1] Quelques pages funèbres ont été déposées dans le reliquaire qui recèle le cœur du duc de Berri ; la ville de Lille obtint le privilège d'en être dépositaire ; ces feuillets sont ceux de Chateaubriand : *Mémoires sur la vie du duc de Berri*.

L'auteur de ces humbles annotations a aussi joui de cette distinction, pour une autre *Vie du duc de Berri* qu'il avait publiée précédemment.

Cet ouvrage avait de même pour but de populariser la douleur en faisant connaître le prince qu'on avait perdu.

Ce choix fut fait par Marie-Caroline de Naples ; ce sont deux larmes déposées dans une urne sur laquelle la France avait pleuré.

public de ses fautes : on aurait cru voir saint Louis expirant sur son lit de cendre. Il demanda pardon à Dieu de ses offenses et des scandales qu'il avait pu donner. « Mon Dieu, ajouta-t-il, pardon-« nez à celui qui m'a ôté la vie ! »

Il demanda ensuite à son père sa bénédiction. « *Lors le doux* « *père vemit et pardonna au fils les défauts et courroux, et avec* « *merveilleuse ferveur de foi lui donna sa bénédiction, et entre* « *ses saints baisers le salua et à Dieu le recommanda* [1]. » Ces princes trouvaient tous les exemples dans leur famille.

Le mourant étant remis sur son lit, Mgr le duc d'Angoulême se replaça à genoux à ses côtés. « Ah ! mon frère, dit le Machabée « chrétien, vous êtes un ange sur la terre ; croyez-vous que Dieu « me pardonne ? — Vous pardonner ! » répondit Mgr le duc d'Angoulême, « il fait de vous un martyr ! » Un rayon de joie parut sur le front du prince mourant ; il ne douta point qu'un frère si pieux ne connût les desseins de la Providence, et il se reposa de son bonheur sur la foi du juste.

Alors le curé de Saint-Roch, que M. le comte de Clermont avait été chercher, arriva avec les saintes huiles : partout où l'on trouve une douleur, on rencontre un prêtre chrétien. Mgr le duc de Berri demanda le viatique : l'évêque de Chartres lui dit avec un vif regret que les vomissements s'y opposaient. Le prince se résigna, fit un signe de croix, et attendit l'Extrême-Onction. Il commença son *Confiteor*, et frappa comme un coupable d'une main pénitente ce sein que le poignard semblait n'avoir ouvert que pour en faire sortir les innocents secrets, et d'où il ne s'écoulait que des vertus avec le sang de saint Louis.

Le prince voyait s'approcher sa dernière heure ; il ressentait des douleurs cruelles, et tombait à tout moment en défaillance. On l'entendait répéter à voix basse : « Que je souffre ! que cette nuit « est longue ! le roi vient-il ? » Il appelait souvent son père ; et son père, étouffant de sanglots, lui disait : « Je suis là, mon ami. »

---

[1] Renaud, dans la *Vie de Philippe le Bel*.

On lui apprit que les maréchaux étaient arrivés. «J'espérais, répon-
« dit-il, verser mon sang au milieu d'eux pour la France.» Dévoré
d'une soif ardente, il ne buvait qu'à regret, et seulement pour se
soutenir jusqu'à l'arrivée du roi. On lui annonça M. de Nantouillet. « Viens mon bon Nantouillet, mon vieil ami, » s'écria-t-il en
faisant un effort ; « que je t'embrasse encore une fois ! » Le *vieil
ami* se précipita sur la main du prince et sentit amèrement l'impuissance de l'homme à racheter de ses jours les jours qu'il voudrait sauver.

Les compagnons de M. de Nantouillet, M. le comte de Chabot,
M. le marquis de Coigny, M. le comte de Brissac, M. le vicomte
de Montélégier, M. le prince de Beauffremont, M. le comte Eugène
d'Astorg, étaient accourus : ils se pressaient autour de leur prince
expirant, comme ils l'auraient environné au champ d'honneur.
Leur douleur était partagée par les autres loyaux serviteurs attachés au reste de la famille royale. M. le marquis de Latour-Mau-
bourg se tint constamment debout au pied du lit de Mgr le duc de
Berri : ce guerrier, qui avait laissé une partie de son corps sur les
champs de bataille, était là comme un noble témoin envoyé par
l'armée pour assister au dernier combat d'un héros.

Nuit d'épouvante et de plaisir ! nuit de vertus et de crimes !
Lorsque le fils de France blessé avait été porté dans le cabinet de
sa loge, le spectacle durait encore. D'un côté on entendait les sons
de la musique, de l'autre les soupirs du prince expirant ; un rideau séparait les folies du monde de la destruction d'un empire.
Le prêtre qui apporta les saintes huiles traversa une foule de mas-
ques. Soldat du Christ, armé pour ainsi dire de Dieu, il emporta
d'assaut l'asile dont l'église lui interdisait l'entrée, et vint, le
crucifix à la main, délivrer un captif dans la prison de l'ennemi.

Une autre scène se passait près de là : on interrogeait l'assassin.
Il déclarait son nom, s'applaudissait de son crime ; il déclarait qu'il
avait frappé Mgr le duc de Berri pour tuer en lui toute sa race ; que
si lui, meurtrier, s'était échappé, il serait allé *se coucher*, et que
le lendemain il eût renouvelé son attentat sur la personne de Mgr le

duc d'Angoulême. *Se coucher!* pour dormir, malheureux! votre bienveillante victime avait-elle jamais troublé votre sommeil? Dans la suite de son interrogatoire, cette brute féroce, sans attachement même sur la terre, a déclaré que Dieu n'était qu'un mot ; qu'elle n'avait d'autre regret que de ne pas avoir sacrifié toute la famille royale. Et le prince expirant, plein de tendresse et d'amour, n'a d'autre regret que de ne pouvoir sauver la vie de son meurtrier ; et il n'accuse personne, et sa rigueur ne tombe que sur lui-même. Ce prince, qui sait que Dieu n'est pas un mot, tremble de comparaître au tribunal suprême ; le martyre lui ouvre les portes du ciel, et il ne se croit pas assez pur pour aller rejoindre le saint roi et le roi martyr : il ne peut trouver dans son innocence l'assurance que l'assassin trouve dans son crime. Voilà les hommes tels que la révolution les a faits, et tels que la religion les faisait autrefois.

La foule s'était écoulée du spectacle : le plaisir avait cédé la place à la douleur. Les rues devenaient désertes : le silence croissait ; on n'entendait plus que le bruit des gardes et celui de l'arrivée des personnes de la cour ; les unes, surprises au milieu des plaisirs, accouraient en habit de fête ; les autres, réveillées au milieu de la nuit, se présentaient dans le plus grand désordre. Çà et là se glissaient quelques obscurs amis des Bourbons qu'on ne voit point dans les temps de la prospérité, et qui se retrouvent, on ne sait comment, au jour du malheur. Les passages conduisant à l'appartement du prince étaient remplis ; on se pressait à ces mêmes portes où l'on s'étouffe pour rire ou pour pleurer aux fictions de la scène. On cherchait à découvrir quelque chose lorsque les portes venaient à s'ouvrir ; on interrogeait ses voisins, et, par des nouvelles subitement affirmées, subitement démenties, on passait de la crainte à l'espérance, de l'espérance au désespoir.

Trois bulletins avaient été portés aux Tuileries. A cinq heures le roi arriva ; on l'avait toujours rassuré sur la position du prince. Le mourant, qui avait entendu le bruit des chevaux dans la rue,

parut revivre. Le roi entra. « Mon oncle, dit aussitôt Mgr le duc de
« Berri, donnez-moi votre main, que je la baise pour la dernière
fois. » Le roi s'avança : son visage exprimait cette majestueuse
douleur que ressentit Louis XIV lorsqu'il vit l'espoir de la monarchie reposer sur la tête d'un enfant. Il donna sa main à baiser à
son neveu, et baisa lui-même celle du prince infortuné. Alors
Mgr le duc de Berri dit au roi : « Mon oncle, je vous demande la
« grâce de la vie de l'homme. » Le roi, profondément ému, répondit : « Mon neveu, vous n'êtes pas aussi mal que vous le pensez;
« nous en reparlerons. » — « Le roi ne dit pas *oui*, reprit le prince
« en insistant. Grâce au moins pour la vie de l'homme, afin que
« je meure tranquille ! »

Revenant encore sur le même sujet, il disait : « La grâce de la
« vie de cet homme eût pourtant adouci mes derniers moments. »
Enfin, lorsqu'il ne pouvait déjà parler que d'une voix entrecoupée,
et en mettant un long intervalle entre chaque mot, on l'entendait
dire : « Du moins, si j'emportais l'idée..... que le sang d'un
« homme..... ne coulera pas pour moi après ma mort..... »

Le roi demanda en latin à M. Dupuytren ce qu'il pensait de
l'état du prince. M. Dupuytren fit un signe qui ne laissa au monarque aucune espérance.

Mgr le duc de Berri avait pourtant rassemblé le reste de ses forces
sous les yeux du chef de son auguste maison. Le pouls s'était
ranimé, la parole était plus libre, l'étouffement moins violent.
Le prince s'inquiéta du mal qu'il avait pu faire au roi en troublant son sommeil. Il le supplia de s'aller coucher. « Mon enfant,
« répondit le roi, j'ai fait ma nuit; il est cinq heures. Je ne vous
« quitterai plus. » Le jour en effet était venu pour éclairer un si
beau trépas : le prince allait se réveiller parmi les anges, au moment où, parmi les hommes, il avait accoutumé de sortir du
sommeil.

(Mémoires, liv. 2, chap. vi.)

XII

« Je suis chrétien ! » à ces mots on entend les lions rugir et les arènes se remplir.

« Je suis chrétien ! » à ce cri d'agonie Rome païenne, la rage dans le cœur, bat des mains.

« Je suis chrétien ! » les idoles tombent et le triomphe des martyrs se lit aux cieux.

Les amphithéâtres ont disparu, la croix s'est élevée ! Voilà le seul monument qui depuis dix-huit siècles appartient au monde régénéré par le sacrifice.

« Je suis chrétien ! » deux cent millions de voix le répètent aujourd'hui et honorent avec l'Eglise la sainte phalange qui a été décimée sous les yeux des Césars, Dieu a comparu avec elle pour produire les miracles permanents de la foi.

Chateaubriand a éternisé cette pensée dans toutes ses pages; et le christianisme a accompagné son dernier souffle. Il lui donna une vie plus grande que celle qui valut tant de couronnes à son génie.

JE SUIS CHRÉTIEN.

Quel spectacle pour Rome païenne ! quelle leçon ne lui donnait point cette communion des martyrs ! Ces hommes qui devaient bientôt abandonner la vie, continuaient à tenir entre eux des discours pleins d'onction et de charité : lorsque de légères hirondelles se préparent à quitter nos climats, on les voit se réunir au bord d'un étang solitaire, ou sur la tour d'une église champêtre : tout retentit des doux chants du départ ; aussitôt que l'aquilon se lève elles prennent leur vol vers le ciel et vont chercher un autre printemps et une terre plus heureuse.

Au milieu de cette scène touchante, on voit accourir un esclave : il perce la foule ; il demande Eudore. Il lui remet une lettre de la part du juge. Eudore déroule la lettre : elle était conçue en ces mots :

« Jestus, juge, à Eudore chrétien, salut : Cymodocée est con-

« damnée aux lieux infâmes. Héroclès l'y attend. Je t'en supplie
« par l'estime que tu m'as inspirée, sacrifie aux dieux ; viens
« redemander ton épouse : je jure de te la faire rendre pure et
« digne de toi. »

Eudore s'évanouit; on s'empresse autour de lui : les soldats qui l'environnent se saisissent de la lettre; le peuple la réclame. Un tribun en fait la lecture à haute voix; les évêques restent muets et consternés ; l'assemblée s'agite en tumulte. Eudore revient à la lumière; les soldats étaient à ses genoux, et lui disaient :

« Compagnon, sacrifiez! Voilà nos aigles au défaut d'autels. »

Et ils lui présentaient une coupe pleine de vin pour la libation. Une tentation horrible s'empare du cœur d'Eudore. Cymodocée aux lieux infâmes! Cymodocée dans les bras d'Héroclès! La poitrine du martyr se soulève : l'appareil de ses plaies se brise, et son sang coule en abondance. Le peuple, saisi de pitié, tombe lui-même à genoux et répète avec les soldats : « Sacrifiez ! sacrifiez ! »

Alors Eudore, d'une voix sourde : « Où sont les aigles ? »

Les soldats frappent leurs boucliers en signe de triomphe, et se hâtent d'apporter les enseignes. Eudore se lève; les centurions le soutiennent; il s'avance au pied des aigles; le silence règne parmi la foule. Eudore prend la coupe ; les évêques se voilent la tête de leurs robes, et les confesseurs poussent un cri : à ce cri la coupe tombe des mains d'Eudore; il renverse les aigles, et, se tournant vers les martyrs, il dit :

« Je suis chrétien ! »

(Mart., liv. xxii.)

XIII

Le cœur recherche les sépulcres quand ceux qu'on regrette y reposent en paix ! On aime à sonder tous les bienfaits de ceux qu'on a perdus ; et le bienfait est le gage d'outre-tombe ! C'est le passage des mauvais jours aux jours heureux ; ce sont les arrhes de Dieu qu'on acquitte !

La prière rafraîchit les souvenirs ; elle tombe comme une larme dans le calice de l'âme, elle fait épanouir les grâces divines, et avec les grâces divines la terre s'efface... Le poids des peines est allégé. L'hymne des morts est parfois un chant d'allégresse ; la consolation n'habite point ici-bas ; elle est attirée d'en haut.

Chateaubriand pose la grandeur des vérités chrétiennes devant les souffrances de l'isolement. Le cœur qui cherche en vain ceux qui habitaient avec lui dépérit : la foi seule a le pouvoir de ranimer l'existence, en rapprochant tous les sentiments dont la séparation s'interpose par quelques pelletées de terre. Quand la religion vient les soulever le ciel s'ouvre, et le voile tombe. Ce n'est plus alors une lumière vacillante ; c'est la réalité de l'espérance qui nous conduit.

Une croix sur le gazon où reposent les morts, dit tout cela !

PRIÈRES POUR LES MORTS.

Chez les anciens, le cadavre du pauvre ou de l'esclave était abandonné presque sans honneurs ; parmi nous, le ministre des autels est obligé de veiller au cercueil du villageois comme au catafalque du monarque. L'indigent de l'Évangile, en exhalant son dernier soupir, devient soudain (chose sublime !) un être auguste et sacré. A peine le mendiant qui languissait à nos portes, objet de nos dégoûts et de nos mépris, a-t-il quitté cette vie, que la religion nous force à nous incliner devant lui. Elle nous appelle à une égalité formidable, ou plutôt elle nous commande de respecter un juste racheté du sang de Jésus-Christ, et qui, d'une condition obscure et misérable, vient de monter à un trône céleste : c'est ainsi que le grand nom de chrétien met tout de niveau dans la mort ; et l'orgueil du plus puissant potentat ne peut arracher à la religion d'autre prière que celle-là même qu'elle offre pour le dernier manant de la cité.

Mais quelles sont admirables ces prières! Tantôt ce sont des cris de douleur, tantôt des cris d'espérance : le mort se plaint, se réjouit, tremble, se rassure, gémit et supplie.

Exibit spiritus ejus, etc.

« Le jour qu'ils ont rendu l'esprit, ils retournent à leur terre originelle, et toutes leurs vaines pensées périssent [1]. »

Delicta juventutis meœ, etc.

« O mon Dieu, ne vous souvenez ni des fautes de ma jeunesse, ni de mes ignorances [2] ! »

Les plaintes du roi-prophète sont entrecoupées par les soupirs du saint Arabe.

« O Dieu, cessez de m'affliger, puisque mes jours ne sont que néant! Qu'est-ce que l'homme pour mériter tant d'égards, et pour que vous y attachiez votre cœur?...

« Lorsque vous me chercherez le matin, vous ne me trouverez plus [3].

« La vie m'est ennuyeuse ; je m'abandonne aux plaintes et aux regrets... Seigneur, vos jours sont-ils comme les jours des mortels, et vos années éternelles comme les années passagères de l'homme [4]?

« Pourquoi, Seigneur, détournez-vous votre visage, et me traitez-vous comme votre ennemi? Devez-vous employer toute votre puissance contre une feuille que le vent emporte, et poursuivre une feuille séchée [5]?

« L'homme né de la femme vit peu de temps, et il est rempli

---

[1] *Office des Morts*, ps. CLIV.
[2] *Ibid.*, ps. XXIV.
[3] *Ibid.*, Ire leçon.
[4] *Ibid.*, IIe leçon.
[5] *Ibid.*, IVe leçon.

de beaucoup de misère; il fuit comme une ombre qui ne demeure jamais dans un même état.

« Mes années coulent avec rapidité, et je marche par une voie par laquelle je ne reviendrai jamais [1].

« Mes jours sont passés, toutes mes pensées sont évanouies, toutes les espérances de mon cœur dissipées.... Je dis au sépulcre : Vous serez mon père ; et aux vers : Vous serez ma mère et mes sœurs. »

De temps en temps le dialogue du prêtre et du chœur interrompt la suite des cantiques.

Le Prêtre. « Mes jours se sont évanouis comme la fumée ; mes os sont tombés en poudre. »

Le Chœur. « Mes jours ont décliné comme l'ombre. »

Le Prêtre. « Qu'est-ce que la vie ? Une petite vapeur. »

Le Chœur. « Mes jours ont décliné comme l'ombre. »

Le Prêtre. « Les morts sont endormis dans la poudre. »

Le Chœur. « Ils se réveilleront, les uns dans l'éternelle gloire, les autres dans l'opprobre, pour y demeurer à jamais. »

Le Prêtre. « Ils ressusciteront tous, mais non pas tous comme ils étaient. »

Le Chœur. « Ils se réveilleront. »

A la Communion de la messe, le prêtre dit :

« Heureux ceux qui meurent dans le Seigneur ; ils se reposent dès à présent de leurs travaux, car les bonnes œuvres les suivent. »

Au lever du cercueil, on entonne le psaume des douleurs et des espérances. « Seigneur, je crie vers vous du fond de l'abîme ; que mes cris parviennent jusqu'à vous. »

En portant le corps, on recommence le dialogue : *Qui dormiunt;* « Ils dorment dans la poudre ; — ils se réveilleront. »

Si c'est pour un prêtre, on ajoute : « Une victime a été immolée avec joie dans le tabernacle du Seigneur. »

---

[1] *Office des Morts*, VIIe leçon.

En descendant le cercueil dans la fosse : « Nous rendons la terre à la terre, la cendre à la cendre, la poudre à la poudre. »

Enfin, au moment où l'on jette la terre sur la bière, le prêtre s'écrie, dans les paroles de l'Apocalypse : *Une voix d'en haut fut entendue qui disait : Bienheureux sont les morts !*

Et cependant ces superbes prières n'étaient pas les seules que l'Église offrît pour les trépassés : de même qu'elle avait des voiles sans tache et des couronnes de fleurs pour le cercueil de l'enfant, de même elle avait des raisons analogues à l'âge et au sexe de la victime. Si quatre vierges, vêtues de lin et parées de feuillages, apportaient la dépouille d'une de leurs compagnes dans une nef tendue de rideaux blancs, le prêtre récitait à haute voix, sur cette jeune cendre, une hymne à la virginité. Tantôt c'était l'*Ave, maris stella*, cantique où il règne une grande fraîcheur, et où l'heure de la mort est représentée comme l'accomplissement de l'espérance ; tantôt c'étaient des images tendres et poétiques, empruntées de l'Écriture : *Elle a passé comme l'herbe des champs ; ce matin elle fleurissait dans toute sa grâce, le soir nous l'avons vue séchée.* N'est-ce pas là la fleur *qui languit touchée par le tranchant de la charrue ; le pavot qui penche sa tête abattue par une pluie d'orage ?* PLUVIA CUM FORTE GRAVANTUR.

Et quelle oraison funèbre le pasteur prononçait-il sur l'enfant décédé, dont une mère en pleurs lui présentait le petit cercueil ? Il entonnait l'hymne que les trois enfants hébreux chantaient dans la fournaise, et que l'Église répète le dimanche au lever du jour : *Que tout bénisse les œuvres du Seigneur !* La religion bénit Dieu d'avoir couronné l'enfant par la mort, d'avoir délivré ce jeune ange des chagrins de la vie. Elle invite la nature à se réjouir autour du tombeau de l'innocence : ce ne sont point des cris de douleur, ce sont des cris d'allégresse qu'elle fait entendre. C'est dans le même esprit qu'elle chante encore le *Laudate, pueri, Dominum*, qui finit par cette strophe : *Qui habitare facit sterilem in domo : matrem filiorum lætantem.* « Le Seigneur qui rend féconde une maison stérile, et qui fait que la mère se réjouit dans ses fils. » Quel cantique pour des parents affligés ! l'Église leur montre l'enfant qu'ils viennent de perdre vivant au bienheureux séjour, et leur promet d'autres enfants sur la terre !

Enfin, non satisfaite d'avoir donné cette attention à chaque cercueil, la religion a couronné les choses de l'autre vie par une cérémonie générale, où elle réunit la mémoire des innombrables habitants du sépulcre ; vaste communauté de morts, où le grand est couché auprès du petit ; république de parfaite égalité, où l'on n'entre point sans ôter son casque ou sa couronne, pour passer par la porte abaissée du tombeau.

(Génie, liv. 6, chap. xii.)

XIV

L'homme à son entrée dans la vie, reçoit l'itinéraire de son trajet. Mais au milieu des écueils de la plage, souvent il s'égare ; il glisse sur la pente et sa main n'a pas la force de se lever pour saisir la racine qui le retiendrait.

Au-dessus de ces voyageurs au pied vacillant, marchent ceux qui consultent leur feuille de route ; leur regard suit la boussole qui les conduit au port, Chateaubriand leur fait entrevoir le bonheur des justes comme terme de leur pélerinage.

BONHEUR DES JUSTES.

On demande quelle est cette plénitude de bonheur céleste promise à la vertu par le christianisme ; on se plaint de sa trop grande mysticité : « Du moins dans le système mythologique, dit-on, on pouvait se former une image des plaisirs des ombres heureuses ; mais comment comprendre la félicité des élus ? »

Fénelon l'a cependant devinée, cette félicité, lorsqu'il fait descendre Télémaque au séjour des mânes : son Élysée est visiblement un paradis chrétien. Comparez sa description à l'Élysée de l'Énéide, et vous verrez quel progrès le christianisme a fait faire à la raison et au cœur de l'homme.

« Une lumière pure et douce se répand autour du corps de ces hommes justes, et les environne de ses rayons comme d'un vêtement : cette lumière n'est point semblable à la lumière sombre qui éclaire les yeux des misérables mortels, et qui n'est que ténèbres ; c'est plutôt une gloire céleste qu'une lumière : elle pénètre plus subtilement les corps les plus épais que les rayons du soleil ne pénètrent le plus pur cristal : elle n'éblouit jamais ; au contraire, elle fortifie les yeux et porte dans le fond de l'âme je ne sais quelle sérénité : c'est d'elle seule que les hommes bienheureux sont nourris ; elle sort d'eux et elle y entre : elle les pénètre, et s'incorpore à eux comme les aliments s'incorporent à nous. Ils la voient, ils la sentent, ils la respirent ; elle fait naître en eux une source intarissable de paix et de joie : ils sont plongés dans cet abime de délices comme les poissons dans la mer ; ils ne veulent plus rien ; ils ont tout sans rien avoir ; car le goût de lumière pure apaise la faim de leur cœur. . . . .

. . . .
Une jeunesse éternelle, une félicité sans fin, une gloire toute divine est peinte sur leur visage ; mais leur joie n'a rien de folâtre ni d'indécent : c'est une joie douce, noble, pleine de majesté : c'est un goût sublime de la vérité et de la vertu qui les transporte : ils sont sans interruption, à chaque moment, dans le même saisissement de cœur où est une mère qui revoit son cher fils qu'elle avait cru mort ; et cette joie, qui échappe bientôt à la mère, ne s'enfuit jamais du cœur de ces hommes [1]. »

Les plus belles pages du *Phédon* sont moins divines que cette peinture ; et cependant Fénelon, resserré dans les bornes de sa

---

[1] Liv. xiv.

fiction, n'a pu attribuer aux ombres tout le bonheur qu'il eût retracé dans les véritables élus [1].

Le plus pur de nos sentiments dans ce monde, c'est l'admiration ; mais cette admiration terrestre est toujours mêlée de faiblesse, soit dans l'objet qui admire, soit dans l'objet admiré. Qu'on imagine donc un être parfait, source de tous les êtres, en qui se voit clairement et saintement tout ce qui fut, est et sera ; que l'on suppose en même temps une âme exempte d'envie et de besoins, incorruptible, inaltérable, infatigable, capable d'une attention sans fin ; qu'on se la figure contemplant le Tout-Puissant, découvrant sans cesse en lui de nouvelles connaissances et de nouvelles perfections, passant d'admiration en admiration, et ne s'apercevant de son existence que par le sentiment prolongé de cette admiration même ; concevez de plus Dieu comme souveraine beauté, comme principe universel d'amour ; représentez-vous toutes les amitiés de la terre venant se perdre ou se réunir dans cet abîme de sentiments, ainsi que des gouttes d'eau dans la mer, de sorte que l'âme fortunée aime Dieu uniquement, sans pourtant cesser d'aimer les amis qu'elle eut ici-bas ; persuadez-vous enfin que le prédestiné a la conviction intime que son bonheur ne finira point [2] : alors vous aurez une idée, à la vérité très-imparfaite, de la félicité des justes ; alors vous comprendrez que tout ce que le chœur des bienheureux peut faire entendre, c'est ce cri : Saint ! Saint ! Saint ! qui meurt et renaît éternellement dans l'extase éternelle des cieux.

(Génie, chap. VIII.)

[1] Voyez aussi le *Sermon sur le ciel*, par l'abbé POULLE.
[2] SAINT AUGUSTIN.

X. Y

Les monuments sont les pages en relief des annales des nations et de la renommée de ceux qui les illustrent ; lorsque les siècles les ont affaissés on s'incline encore devant leurs ruines ; ils restent grands par le sceau que la gloire y apposa.

Mais, au niveau du sol il est des inscriptions plus augustes que celles qui dépassent la tête de l'homme, ce sont les noms inscrits sur les tombeaux ; qu'ils soient incrustés dans le marbre, ou tracés sur une croix de bois, ils parlent à l'âme ; on sent en soi l'appel d'une patrie commune, et l'humidité d'une terre bénite est pour l'espérance chrétienne la rosée du ciel.

TOMBEAUX CHRÉTIENS.

En parlant du sépulcre dans notre religion, le ton s'élève et la voix se fortifie : on sent que c'est là le vrai tombeau de l'homme. Le monument de l'idolâtre ne vous entretient que du passé ; celui du chrétien ne vous parle que de l'avenir. Le christianisme a toujours fait en tout le mieux possible ; jamais il n'a eu de ces demi-conceptions, si fréquentes dans les autres cultes. Ainsi, par rapport aux sépulcres, négligeant les idées intermédiaires qui tiennent aux accidents et aux lieux, il s'est distingué des autres religions par une coutume sublime ; il a placé la cendre des fidèles dans l'ombre des temples du Seigneur, et déposé les morts dans le sein du Dieu vivant.

Lycurgue n'avait pas craint d'établir les tombeaux au milieu de Lacédémone ; il avait pensé, comme notre religion, que la cendre des pères, loin d'abréger les jours des fils, prolonge en effet leur existence, en leur enseignant la modération et la vertu, qui conduisent à une heureuse vieillesse. Les raisons humaines qu'on a opposées à ces raisons divines sont bien loin d'être convaincantes.

Meurt-on moins en France que dans le reste de l'Europe, où les cimetières sont encore dans les villes ?

Lorsque autrefois parmi nous on sépara les tombeaux des églises, le peuple qui n'est pas si prudent que les beaux esprits ; qui n'a pas les mêmes raisons de craindre le bout de la vie ; le peuple s'opposa à l'abandon des antiques sépultures. Et qu'avaient en effet les modernes cimetières qui pût le disputer aux anciens ? Où étaient leurs lierres, leurs ifs, leurs gazons nourris depuis tant de siècles des biens de la tombe ? pouvaient-ils montrer les os sacrés des aïeux, le temple, la maison du médecin spirituel, enfin cet appareil de religion qui promettait, qui assurait même une renaissance très-prochaine ? Au lieu de ces cimetières fréquentés, on nous assigna dans quelque faubourg un enclos solitaire abandonné des vivants et des souvenirs, et où la mort, privée de tout signe d'espérance, semblait devoir être éternelle.

Qu'on nous en croie : c'est lorsqu'on vient à toucher à ces bases fondamentales de l'édifice que les royaumes trop remués s'écroulent. Encore si l'on s'était contenté de changer simplement le lieu des sépultures ! mais non satisfait de cette première atteinte portée aux mœurs, on fouilla les cendres de nos pères, on enleva leurs restes, comme le manant enlève dans son tombereau les boues et les ordures de nos cités.

Il fut réservé à notre siècle de voir ce qu'on regardait comme le plus grand malheur chez les anciens, ce qui était le dernier supplice dont on punissait les scélérats, nous entendons la dispersion des cendres ; de voir, disons-nous, cette dispersion applaudie comme le chef-d'œuvre de la philosophie. Et où était donc le crime de nos aïeux, pour traiter ainsi leurs restes, sinon d'avoir mis au jour des fils tels que nous ?

(Génie, liv. 6, chap. vi.)

XVI

Près des ossements, le cœur pense, on se recueille et au dedans de soi on entend la vibration de l'éternité.

Là, les fleurs sont au niveau de la pourpre ; la poussière du sépulcre est tamisée de la même main !...

Le sanctuaire de la mort est apparu aux yeux de Chateaubriand, au milieu des sceptres broyés ; *les tombes de Saint-Denis* ont reçu le tribut de sa plume.

La méditation a des teintes diverses, selon qu'elle s'incline sur une croix en bois, ou sur une pierre surmontée d'une couronne.

SAINT-DENIS.

On voyait autrefois, près de Paris, des sépultures fameuses entre les sépultures des hommes. Les étrangers venaient en foule visiter les merveilles de Saint-Denis. Ils y puisaient une profonde vénération pour la France, et s'en retournaient en disant en dedans d'eux-mêmes, comme saint Grégoire : *Ce royaume est réellement le plus grand parmi les nations ;* mais il s'est élevé un vent de la colère autour de l'édifice de la Mort ; les flots des peuples ont été poussés sur lui, et les hommes étonnés se demandent encore : *Comment le temple d'*Ammon *a disparu sous les sables des déserts?*

L'abbaye gothique où se rassemblaient ces grands vassaux de la mort, ne manquait point de gloire : les richesses de la France étaient à ses portes ; la Seine passait à l'extrémité de sa plaine ; cent endroits célèbres remplissaient, à quelque distance, tous les sites de beaux noms, tous les champs de beaux souvenirs ; la ville de Henri IV et de Louis le Grand était assise dans le voisinage ; et la sépulture royale de Saint-Denis se trouvait au centre de notre puissance et de notre luxe, comme un trésor où l'on déposait les débris du temps, et la surabondance des grandeurs de l'empire français.

C'est là que venaient, tour à tour, s'engloutir les rois de la France. Un d'entre eux, et toujours le dernier descendu dans ces abîmes, restait sur les degrés du souterrain, comme pour inviter sa postérité à descendre. Cependant Louis XIV a vainement attendu ses deux derniers fils : l'un s'est précipité au fond de la voûte, en laissant son ancêtre sur le seuil ; l'autre, ainsi qu'OEdipe, a disparu dans une tempête. Chose digne de méditation ! le premier monarque que les envoyés de la justice divine rencontrèrent fut ce Louis si fameux par l'obéissance que les nations lui portaient. Il était encore tout entier dans son cercueil. En vain, pour défendre son trône, il parut se lever avec la majesté de son siècle, et une arrière-garde de huit siècles de rois ; en vain son geste menaçant épouvanta les ennemis des morts, lorsque, précipité dans une fosse commune, il tomba sur le sein de Marie de Médicis : tout fut détruit. Dieu, dans l'effusion de sa colère, avait juré par lui-même de châtier la France : ne cherchons point sur la terre les causes de pareils événements ; elles sont plus haut.

Dès le temps de Bossuet, dans le souterrain *de ces princes anéantis*, on pouvait à peine déposer madame Henriette, « *tant les rangs y sont pressés! s'écrie le plus éloquent des orateurs ; tant la mort est prompte à remplir ces places!* » En présence des âges, dont les flots écoulés semblent gronder encore dans ces profondeurs, les esprits sont abattus par le poids des pensées qui les oppressent. L'âme entière frémit en contemplant tant de néant et tant de grandeur. Lorsqu'on cherche une expression assez magnifique pour peindre ce qu'il y a de plus élevé, l'autre moitié de l'objet sollicite le terme le plus bas, pour exprimer ce qu'il y a de plus vil. Ici, les ombres des vieilles voûtes s'abaissent, pour se confondre avec les ombres des vieux tombeaux, là, des grilles de fer entourent inutilement ces bières, et ne peuvent défendre la mort des empressements des hommes. Écoutez le sourd travail du sépulcre, qui semble filer dans ces cercueils, les indestructibles réseaux de la mort! Tout annonce qu'on est descendu à l'empire des ruines ; et, à je ne sais quelle odeur de vétusté répandue sous ces arches funèbres, on croirait, pour ainsi dire, respirer la poussière des temps passés.

Lecteurs chrétiens, pardonnez aux larmes qui coulent de nos yeux en errant au milieu de cette famille de saint Louis et de Clovis. Si tout à coup, jetant à l'écart le drap mortuaire qui les couvre, ces monarques allaient se dresser dans leurs sépulcres, et fixer sur nous leurs regards, à la lueur de cette lampe !.... Oui, nous les voyons tous se lever à demi, ces sceptres des rois; nous les reconnaissons, nous osons interroger ces majestés du tombeau. Hé bien, peuple royal de fantômes, dites-le-nous : voudriez-vous revivre maintenant au prix d'une couronne? Le trône vous tente-t-il encore?.... Mais d'où vient ce profond silence? D'où vient que vous êtes tous muets sous ces voûtes? Vous secouez vos têtes royales, d'où tombe un nuage de poussière; vos yeux se referment, et vous vous recouchez lentement dans vos cercueils !

Ah! si nous avions interrogé ces morts champêtres, dont naguère nous visitions les cendres, ils auraient percé le gazon de leurs tombeaux; et, sortant du sein de la terre comme des vapeurs brillantes, ils nous auraient répondu : « Si Dieu l'ordonne ainsi, pourquoi refuserions-nous de revivre? Pourquoi ne passerions-nous pas encore des jours résignés dans nos chaumières? Notre hoyau n'était pas si pesant que vous le pensez; nos sueurs mêmes avaient leurs charmes, lorsqu'elles étaient essuyées par une tendre épouse, ou bénies par la religion. »

Mais où nous entraîne la description de ces tombeaux déjà effacés de la terre? Elles ne sont plus, ces sépultures! Les petits enfants se sont joués avec les os des puissants monarques : Saint-Denis est désert; l'oiseau l'a pris pour passage, l'herbe croît sur ses autels brisés; et au lieu du cantique de la mort, qui retentissait sous ses dômes, on n'entend plus que les gouttes de pluie qui tombent par son toit découvert, la chute de quelque pierre qui se détache de ses murs en ruine, ou le son de son horloge, qui va roulant dans les tombeaux vides et les souterrains dévastés.

(Génie, liv. 2. chap. ix.)

SYMPATHIES

APPENDICE

APPENDICE

Le sépulcre ne reçoit que des larmes qu'une stérile poussière absorbe ; il n'y a plus de veillée près de l'Eternel, et le cœur qui a battu, ne retrouve plus d'impulsion pour aimer.

Les débris humains qui ont été le péage de la nature, sont sacrés, car ils doivent renaître !... Quand on nie la puissance suprême, il n'y a plus ni intelligence, ni affection, ni conscience.

Toutes les hécatombes, toutes les croix, la foi qui mûrit le devoir, la charité qui l'étend ; tous ces insignes, tous ces dons n'arrivent plus ni avec le sourire du printemps ni avec le sourire du Ciel.

Chateaubriand a trouvé des pages brillantes de l'inspiration du cœur ; elles donnent à l'*émulation* une teinte ; quand ce reflet peut être conservé, il est l'étincelle qui avant de s'éteindre dit : « Le foyer est là. »

LES SAISONS DE LA TOMBE.

Le voyageur dont les cheveux ont blanchi loin du sol natal, doit aux tombes son premier salut, en revenant à son foyer. En contemplant la croix du cimetière, il s'aperçoit que les ans se sont accumulés. Le vieillard, près des tombeaux, s'incline vers le sépulcre qui semble lui ouvrir la couche du repos.

Dans cette dernière halte de la vie, il raconte, car il a beaucoup vu. Un champ funèbre paraît l'hoirie de son domaine. « Paix aux morts ! » c'est sa devise. Il narre près des obélisques qui surmontent les fosses ; il connaît la chronologie des générations. L'histoire est dans les souvenirs ; les traditions se lèguent sur les sarcophages.

La mémoire des doyens du village forme la chronique orale des familles.

C'était à la fin d'octobre ; les feuilles se penchaient vers la terre, comme la vie du malade. Un jeune voyageur, dans ses excursions, avait visité les cimetières des villages; revenu au clocher de *Néronde* [1], il racontait ses impressions.

Les Catacombes et la vaste sépulture de *Clamart*, cette fosse commune des suppliciés, faisaient contraste avec le champ de repos du hameau. Ce contraste faisait tableau dans son récit animé; il mettait en scène tous les personnages qu'il avait rencontrés dans son pélerinage des tombeaux.

On était ému, car tout ce qui touche à la dernière demeure de l'homme impressionne.

Voici le récit du voyageur, on l'écoutait :

« Rien ne peint mieux la vie et la mort, que le tumulte d'une grande ville et le silence imposant qui l'environne. Représentez-vous Paris. La nuit est venue : quelle est cette cloche qui sonne?... c'est la barre d'airain qui sépare en deux lots la population de la capitale..., celle qui a gagné le repos et celle qui veille oisive.

« Cette foule laborieuse qui s'écoule va chercher la paix du foyer. Alors commence à bourdonner cet autre essaim qui court après les heures, pour remplir le vide d'une existence que le temps emporte, à mesure qu'il la jette toute limée sur son aile.

« Et toujours la cloche de la prière vibre au-dessus des sons frivoles. L'oreille de ceux qui savent écouter les révélations d'avenir qui retentissent au dedans de l'âme, retient seule ces admonitions sonores.

« Fatigué de la cohue des boulevards, je me jette au centre d'un mouvement moins futile; tout faisait entrave à ma pensée. Je passe sur l'autre rive de la Seine, le bruit du monde marche avec moi.

« Dans le faubourg de l'opulence, des équipages se croisent en tous sens; des bouquets, des plumes légères folâtrent dans l'espace que fend le rapide tilbury, et passent comme mille papillons; le pavé retentit, je le sens bondir.

« Peu à peu le bruit s'affaiblit; bientôt il n'est plus qu'un murmure lointain; ainsi que l'image du passé, il se mêle à de vagues rêveries.

« J'ai franchi la barrière d'Enfer; je sens l'air libre qui va raréfier l'atmosphère de la grande cité.

« Là, je puis méditer, là, je puis sentir les pensées qui se pressent en moi.

« Comme les flots ridés, les âges se replient les uns sur les autres, puis ils roulent écumants, pour envahir le présent..... Ils viennent se briser contre la digue d'un siècle gigantesque.

« Un faible crépuscule éclairait encore l'horizon; les fanaux lumineux

[1] Loire.

qui guident le citadin scintillaient sur Paris; tous ces yeux de nuit semblaient darder sur les miens et répondre à mes idées.

« Je fus tiré de cette méditation fantastique par la vue d'une sentinelle qu'on relevait.

« Quel est ce poste au bord de la route, dans un champ, auprès d'une ouverture presque à fleur de terre?... C'est l'entrée d'une solennelle demeure, c'est l'empire des morts qui ont peuplé les temps... Ce sont les Catacombes!...

« Un instant après, j'étais au milieu de cette population silencieuse ; au-dessus de ma tête retentissait le tumulte des vivants, qui tous devaient agrandir la ville souterraine.

« Tout à coup mes souvenirs s'animèrent; les colonnes d'ossements se démantelèrent, les parois vinrent rattacher à ces troncs des bras armés. Les chapelles, les catafalques, les obélisques déployèrent leurs flancs desséchés; les siècles se mirent à bruire autour de moi... « Aux armes!... Bourgogne!... Armagnac!... » criaient ceux du Charnier des Innocents, s'élançant la dague en main.

« Guise!... Vive la ligue!... Aux barricades!... A vous, bourgeois de Paris!... » Et les archers d'Henri III entrechoquaient leurs piques contre l'arquebuse du citadin...

« Le cliquetis s'éteignit... des flots de peuple s'ébranlèrent... Ce peuple courait à des fêtes; il portait sur des piédestaux la statue d'un roi conquérant...

« Des processions se croisèrent de toutes parts, des chants de gloire retentirent... La foule s'ouvrit pour laisser passer un cortége majestueux... C'était Louis XIV et son siècle...

« Puis, comme un orage, d'immenses piliers s'entr'ouvrirent, des masses de peuple se ruèrent en criant : Liberté, fraternité ou la mort!...

« Puis, des têtes roulèrent; puis, des millions de soldats, marchant au pas de charge, battirent la terre!...

« Une voix m'appela, je tressaillis... c'était le guide des Catacombes, dont le flambeau allait s'éteindre comme la lampe de la vie.

« Ma vision s'évanouit... tous les ossements reparurent à mes yeux en blanches murailles... Je m'élançai dans la campagne.

« Vers une enceinte où s'élevait une butte et une croix noire, s'acheminait une foule composée de femmes et de jeunes gens : je la suivis, et je me trouvai près d'un autre ossuaire...

« J'étais au milieu du cimetière de Clamart; là, je vis se dérouler un des mystères des nuits de Paris.

« Dans ce champ funéraire, il n'y a point de monuments; la terre des fosses n'est jamais durcie par les années, les morts n'y dorment pas en paix! on remue leur poussière pour en faire jaillir un peu d'argent et pour la distiller au creuset de la science.

« Il y a deux portions dans ce patrimoine: l'asile livré aux suppliciés et le dernier don de charité jeté aux pauvres... Le tombereau de l'échafaud vient épancher dans ce sol sa charge sanglante; la civière des hôpitaux y déverse son fardeau de souffrance. Sur ces derniers cadavres, le scalpel a déjà levé la dîme de l'amphithéâtre...

« Jamais l'image du pauvre ainsi abreuvé d'amertume jusqu'au fond de sa tombe, ne s'était présentée à moi... c'était comme une scène de Sabbat.

« Les fossoyeurs, debout, entourés de débris d'hommes, soulevaient des têtes, des membres, et ouvraient une vente à voix basse. Des femmes mettaient l'enchère; elles s'étaient arrogé le privilége du monopole des cercueils!... Leurs mains avides disputaient les chairs à l'insecte des tombeaux; les crânes et les charpentes osseuses étaient mesurés au compas, et mieux payés lorsqu'ils paraissaient des boussoles sûres pour l'étude.

« Dans ce bazar, de jeunes émules d'Hippocrate enchérirent à leur tour; chacun assortissait avec des cris de joie son ossuaire domestique. Les uns cachaient sous leur manteau la tête qu'ils venaient de dérober à la terre; les autres démontaient les jointures du mécanisme humain, et entassaient dans de petits sacs des hommes réduits en parcelles.

« Le bruit de la monnaie se mêlait au cliquetis des os, et, au milieu de cette scène de ténèbres, on parlait d'art et de philosophie!...

« Le jour commençait à poindre; le cortége d'Esculape redescendit vers le faubourg Saint-Jacques, et les hommes qui avaient reçu le prix des morts remplirent, avec quelques pelletées de terre, le vide des exhumés.

« Les femmes allèrent approvisionner leur ménage avec l'impôt levé sur les trépassés. Moi, je pensais à tous ces ossements dont la destinée est aussi différente que celle des hommes!

« Assis sur un tertre, près du moulin de la Glacière, je regardais le soleil se lever radieux, comme s'il souriait de dédain aux petitesses de la terre. Cette nuit passée au milieu des morts m'avait impressionné comme un cauchemar : les âges de la tombe m'apparaissaient mêlés à ceux de la vie. »

La sépulture a aussi son harmonie; dans la nature, tout s'enchaîne; le ver mesure le corps humain, il rampe sur les pieds musculaires qui souvent ont fléchi devant les grandeurs, et qui ont glissé des plaisirs du monde dans la terre du sépulcre.

Là gît, fanée, cette peau qui fut suave; quelques heures l'ont rendue livide...

Le printemps va paraître sur la surface de cette dépouille de jeune femme; elle semble sourdre encore dans le sol qui va porter des rameaux en fleurs.

La nature laisse entrevoir, même sur la tombe, les trésors qu'elle destine à l'homme; c'est une leçon des biens qui passent, c'est un pressentiment de ceux qui lui sont réservés.

La dissolution est un mystère des tombeaux; bientôt tout se dessèche, il ne reste plus que des ossements grisâtres. Toute la sève des débris humains s'est communiquée à la terre, un principe vital se répand et soutient la plante dans sa force végétale; c'est l'été de la nature, c'est l'époque de la moisson et celle des orages. L'homme qui foule le sol des morts est fort des sentiments dont la création mit le germe en son cœur. Si la tombe est la décevance de la vie, au-dessus d'elle est l'espoir.

Ainsi le cultivateur, dans l'été de sa carrière, assure sa richesse par la semence qu'il dépose en son champ; c'est le choix qui décide l'abondance ou la stérilité. Parfois, la plante parasite croît à la place de l'épi; c'est l'image de l'existence sans vertu.

L'automne des tombeaux est, comme celui de l'homme, l'affaiblissement des joies terrestres; tout y est morne, les feuilles jaunies les jonchent, c'est un lieu de repos couvert de débris; l'enveloppe humaine apparaît dépouillée de ses derniers vestiges... La terre est devenue, par le contact des linceuls, une pétrification animalisée; elle vient, ainsi saupoudrée, se mêler à la science. Le corps qui a usé sa vie au souffle des passions, fuse plus vite au sein de la terre.

Celui qui a joui sans prodigalité de son souffle vital, se retrouve encore sous un aspect de vie au fond de son cercueil; les âges ont foulé le sol sur sa tête sans rider ses traits; le temps semble respecter la dépouille de celui qui a mesuré son vol avec sagesse.

L'hiver, une infiltration froide et liquide arrive dans l'intérieur de l'asile mortuaire; les neiges, au travers des feuilles desséchées, se dilatent et tombent goutte à goutte; ce double linceul annonce à l'homme que l'abondance de son automne le mène aux glaces du trépas. L'hiver des tombeaux est comme celui de la vie; la terre cadavéreuse s'échauffe d'une sève invisible, pendant que sa surface est durcie... On n'entend plus murmurer les eaux, les glaçons brillent aux pâles rayons de la lune, et pendent à l'if toujours vert. Mais cette physionomie stagnante conduit à un nouveau printemps.

Lorsque la neige des ans couvre la tête de l'homme, c'est un appel au sépulcre, mais c'est aussi un pas vers une régénération éternelle.

Ainsi, les saisons de la nature se lient aux saisons de la tombe; l'homme est inhérent à la terre, dont il est sorti et où il faut qu'il retourne!...

Fatigué de toutes ces images de mort, je cherchais à les chasser; elles me donnaient des vertiges!... Un groupe qui fit halte près de mon tertre, m'y ramena malgré moi.

Quatre passants suivaient le sentier, ils se dirigeaient vers le boulevard extérieur ; un vieux pâtre, un invalide et un jeune couple. Ces derniers se pressaient le bras, le vétéran s'appuyait sur sa fille, le pâtre cheminait derrière eux ; il frappait la terre avec son bâton noueux, il y frappait comme à sa dernière demeure... Sa chevelure, tombant sur son front ridé, sillonnait le bandeau que la mort plisse. Ils avaient aussi passé à Clamart ; ils parlaient tous d'ossements.

« Des charpentes de braves ! » disait l'invalide. « Friedland, Smolensk, « la Bérésina !... Il y en avait de ces matériaux humains ! Le bras qui était « là... absent !... » Et il frappait sur son épaule... Mais avant de tomber, il avait fait son devoir !...

La jeune fiancée avait vu le sourire du printemps sur un champ d'inhumation ; elle avait vu croître la primevère sur la cendre des morts ;... elle pensait aussi à un ossuaire.

Celui d'un cimetière de village n'a rien d'effrayant ; tout y est mélancolique et doux. La plante qui croît en se penchant vers la tombe, ne laisse au cœur que les images d'une vie pure, balancée par une brise ; c'est le jeune âge qui espère. Sa feuille tombe, la déception dit tout bas : « Il faut mourir ! »

La description d'un champ semé de croix, faite par une bouche fraîche et souriante, émeut l'âme sans l'attrister.

J'écoutais la jeune fille, elle disait :

« Il n'y a qu'au village, loin des murs de Paris, qu'on connaît le respect dû aux morts ; leur âme nous voit !... Là, on ne remue pas les cadavres pour établir un trafic dans leurs entrailles ! Dans nos hameaux, on ne voit pas les fossoyeurs tenir des boutiques de trépassés ; on ne touche les ossements chrétiens que pour les ensevelir en terre, lorsqu'ils sont aperçus exposés au vent et à la foulure.

« Moi, je n'ai pas peur dans les cimetières ; je me suis agenouillée, même la nuit, sur les tombes de ceux qui sont près de Dieu.

« Un soir de la dernière moisson, en relevant une gerbe pour retourner au logis, la faucille d'un travailleur se choqua contre quelque chose de dur ; elle en fut ébréchée.

« Le moissonneur saisit avec colère ce qu'il avait heurté, il allait le lancer loin, comme on fait d'une pierre ; tout à coup il s'arrêta et pâlit !... C'était un os de mort !

« Ça n'est pas étonnant, » dit une vieille mère, « ce champ a été un charnier, il y a plusieurs cent ans. »

« Chacun fit le signe de la croix et s'approcha pour voir l'os, puis on dit : Il faut le porter en terre bénite.

« Le berger passait en ce moment. « C'est un bras de jeunesse, » dit-il.

« Le pâtre était savant. Il n'y avait que moi de fille parmi les moissonneurs, c'était mon devoir d'aller, selon l'usage de chez nous, creuser une fosse pour la relique mortuaire, et faire seule une veillée d'une heure dans le clos des morts.

« Je détachai mon fichu blanc, j'en fis un suaire et je m'acheminai. On ne s'inquiéta pas de moi, on savait que je ne tremblais pas. Chacun prit sa gerbe et partit en chantant le psaume des convois.

« Je suivis, en priant, le murmure plaintif d'un ruisselet et le parfum des fleurs; c'était le sentier du cimetière.

« Après avoir rempli la tâche du tombeau, je commençai la veillée en faisant par trois fois le tour du champ de sépulture, tout en pensant aux défunts qui y reposaient.

« Tout à coup je me heurtai contre un petit monticule; je me retins à l'appui qui le surmontait. Dans ce moment, un nuage qui voilait la lune se dissipa, et sa lueur éclaira l'enceinte.

« Le tertre auprès duquel j'étais recouvrait une bière; ma main reposait sur la croix qu'un soin pieux y avait élevée. Le son mélancolique que j'entendais vibrer était celui de la brise du soir, passant à travers les arbustes. L'odeur suave que j'aspirais était celle de l'églantine qui s'effeuillait au vent.

« C'était la tombe d'un jeune enfant; il avait passé comme les fleurs, mais, comme elles, il n'avait pas souffert de la bise d'hiver. Placé, en naissant, sur le sein de sa mère, il s'y était endormi doucement, pour ne plus s'éveiller. La durée de son existence avait été si courte, que les pleurs de la joie et ceux de la douleur s'étaient confondus dans son premier et dernier sommeil.

« Tout près de lui le sycomore, et à ses pieds le lychnis, se balançaient sur une cendre; c'était celle d'un vieillard. Son premier printemps et son dernier hiver s'étaient écoulés sous le même chaume; il avait été l'ami, le conseil et l'exemple du hameau. Le temps avait été son seul maître, l'expérience lui avait tenu lieu de savoir. Chacune de ses années avait été remplie par le travail et la prière. On le pleurait doucement, car sa vie avait assuré son avenir.

« Au milieu de cette plage funèbre s'élevait une voûte de verdure; une pierre tumulaire distinguait cette tombe isolée, c'était celle du dernier seigneur du village. Tandis que les hommes du temps où l'on n'aimait pas Dieu renversaient la somptueuse sépulture de ses ancêtres, que la poussière de leurs créneaux démolis se mêlait à leurs ossements dispersés, ses vassaux, qui n'avaient oublié ni ses bienfaits ni sa bonté, lui assuraient ce dernier asile... Ses mânes y reposent en paix.

« A quelques toises de lui, dormait une jeune victime de la gloire. Après avoir vaillamment combattu, couvert de nombreuses blessures, Julien voulut finir ses jours sous le toit paternel... Chez nous on aime bien son pays. Son vieux père et sa sœur venaient, à chaque saison, renouveler le ruban de la croix d'honneur et les fleurs qui paraient sa tombe.

« Tout près de là, une jeune fiancée à qui une mort imprévue avait enlevé l'époux de son choix, reposait, victime de sa douleur. Les blanches fleurs s'enlaçaient à la couronne de deuil, offrande de ses compagnes.

« Tous ces monuments de regrets attestaient qu'il faut se tenir prêt à mourir!... Cette pensée de la veillée des morts n'avait rien d'effrayant pour mon âme... Je n'étais pas encore fiancée!...

« Mes yeux se fixèrent sur une tombe dont la croix dominait toutes les autres : nous étions tous habitués à venir y prier.

« Là était inhumé le dernier pasteur du village. Pendant près d'un demi-siècle, il avait vécu au milieu de ses paroissiens, leur prêchant le bien par ses exemples comme par ses exhortations. Ses mains vénérables avaient béni la plupart de ces fosses; à son tour, son heure suprême retentit. Sa mort avait été sainte comme sa vie, et nous l'invoquions comme un protecteur auprès de Dieu.

« L'horloge du clocher sonna : ma veillée était close... J'ai vu les cimetières des villes, je remercie Dieu de m'avoir fait naître au hameau.

« Là, dans la terre bénite où reposent l'aïeul et les enfants, les dépouilles humaines ne viennent pas se resserrer et se confondre. On ne dispute point à l'homme des champs le coin qui doit le recevoir, et la mort, qui enlève tout à l'opulent, semble, au village, étendre le domaine du pauvre en léguant à ses restes un plus grand espace de terre qu'il n'en posséda pendant sa vie. »

La jeune fille se tut; sa voix vibrait encore en moi...

Les quatre passants avançaient; ils racontaient toujours.

Le jeune homme, qui était accouru de ses montagnes pour épouser la fille du vieux soldat, écoutait : il avait frissonné au souvenir d'un ossuaire... Il savait le mystère de celui de Rang-Taloup; il venait de voir la fosse creusée à Peyrebelle, pour recevoir les tributs du trépas : les chroniques des cours d'assises lui étaient connues, il avait lu sur les registres du greffe de la justice criminelle de sa province, ce rapprochement :

« Midi, 12 aoust 1770.

« Les juges de la sénéchaussée de Fœurs prononcent, contre les meur-
« triers de Rang-Taloup, la peine du gibet. »

« Midi, 12 août 1833.

« La Cour de cassation rejette le pourvoi des assassins de Peyrebelle,
« condamnés à mort.

« Ils étaient de même lignée!... Les victimes, les criminels, tout était nivelé sous un peu de terre... A la justice de Dieu il est donné de séparer cette poussière du bien et du mal... Mais l'œil humain !...

— « Silence, jeune homme, » interrompit le pâtre, « laissez aux vieillards le récit des morts!... Moi, j'ai recueilli la chronique de deux générations. Je vous conterai cela aux veillées... »

Quand vint la veillée, le vieillard n'était plus!... L'homme tombe, et toujours le temps va.

D. de St.-E.

LIVRE IV

IMPRESSIONS

LIVRE IV

IMPRESSIONS

I

Le choc de la pensée est l'unité des temps, sous le rayonnement de la nature; les limites des mondes tirant leur principe d'un pouvoir qui n'a point de bornes, voilà Dieu dans ses conceptions; c'est un empire qui s'établit au milieu des empires fabuleux; c'est Rome chrétienne qui s'élève sur les débris de Rome païenne; c'est la régération qui prend cours avec le sang divin, mêlé à un breuvage d'amertume; c'est la nouvelle alliance du Très-Haut avec le monde.

Les preuves de toutes les grandes vérités jaillissent de la *constitution primitive de l'homme*, c'est ce domaine que Chateaubriand se plaît à cultiver. Oh! que de lumières viennent réchauffer ce sol! L'intelligence terrestre touche à l'intelligence suprême; c'est le miroir qui réfléchit les œuvres de la puissance éternelle, ce sont les impressions du trajet ascendant.

CONSTITUTION PRIMITIVE DE L'HOMME.

« Le nœud de notre condition », dit Pascal, « prend ses retours et ses replis dans cet abîme; de sorte que l'homme est plus inconcevable sans ce mystère, que ce mystère n'est inconcevable à l'homme [1]. »

Il nous semble qu'on peut tirer de l'ordre de l'univers une preuve nouvelle de notre dégénération primitive.

---

[1] *Pensées* de Pascal, chap. III, pens. 8.

Si l'on jette un regard sur le monde, on remarquera que, par une loi générale et en même temps particulière, les parties intégrantes, les mouvements intérieurs ou extérieurs, et les qualités des êtres, sont en un rapport parfait. Ainsi, les corps célestes accomplissent leurs révolutions dans une admirable unité, et chaque corps, sans se contrarier soi-même, décrit en particulier la courbe qui lui est propre. Un seul globe nous donne la lumière et la chaleur : ces deux accidents ne sont point repartis entre deux sphères : le soleil les confond dans son orbe, comme Dieu, dont il est l'image, unit au principe qui féconde le principe qui éclaire.

Dans les animaux même loi : leurs *idées*, si on peut les appeler ainsi, sont toujours d'accord avec leurs *sentiments*, leur *raison* avec leurs *passions*. C'est pourquoi il n'y a chez eux ni accroissement, ni diminution d'intelligence. Il sera aisé de suivre cette règle des accords dans les plantes et dans les minéraux.

Par quelle incompréhensible destinée l'homme seul est-il excepté de cette loi, si nécessaire à l'ordre, à la conservation, à la paix, au bonheur des êtres ? Autant l'harmonie des qualités et des mouvements est visible dans le reste de la nature, autant leur désunion est frappante dans l'homme. Un choc perpétuel existe entre son entendement et son désir, entre sa raison et son cœur. Quand il atteint au plus haut degré de civilisation, il est au dernier échelon de la morale : s'il est libre, il est grossier ; s'il polit ses mœurs, il se forge des chaînes. Brille-t-il par les sciences, son imagination s'éteint ; devient-il poëte, il perd sa pensée : son cœur profite aux dépens de sa tête, et sa tête aux dépens de son cœur. Il s'appauvrit en idées à mesure qu'il s'enrichit en sentiments ; il se resserre en sentiments à mesure qu'il s'étend en idées. La force le rend sec et dur ; la faiblesse lui amène les grâces. Toujours une vertu lui conduit un vice, et toujours, en se retirant, un vice lui dérobe une vertu. Les nations, considérées dans leur ensemble, présentent les mêmes vicissitudes : elles perdent et recouvrent tour à tour la lumière. On dirait que le génie de l'homme, un flambeau à la main, vole incessamment autour de ce globe, au milieu de la nuit qui nous couvre ; il se montre aux quatre parties de la terre, comme cet astre nocturne qui, croissant et décroissant sans cesse, diminue à chaque pas pour un peuple la clarté qu'il augmente pour un autre.

Il est donc raisonnable de soupçonner que l'homme, dans sa constitution primitive, ressemblait au reste de la création, et que cette constitution se formait du parfait accord du sentiment et de la pensée, de l'imagination et de l'entendement. On en sera peut-être convaincu si l'on observe que cette réunion est encore nécessaire aujourd'hui pour goûter une ombre de cette félicité que nous avons perdue. Ainsi, par la seule chaîne de raisonnement et les probabilités de l'analogie, le péché originel est retrouvé, puisque l'homme tel que nous le voyons, n'est vraisemblablement pas l'homme primitif. Il contredit la nature : déréglé quand tout est réglé, double quant tout est simple, mystérieux, changeant, inexplicable, il est visiblement dans l'état d'une chose qu'un accident a bouleversé : c'est un palais écroulé et rebâti avec ses ruines : on y voit des parties sublimes et des parties hideuses, de magnifiques péristyles qui n'aboutissent à rien, de hauts portiques et des voûtes abaissées, de fortes lumières et de profondes ténèbres : en un mot, la confusion, le désordre de toutes parts, surtout au sanctuaire.

Or, si la constitution primitive de l'homme consistait dans les accords, ainsi qu'ils sont établis dans les autres êtres, pour détruire un état dont la nature est l'harmonie, il suffit d'en altérer les contre-poids. La partie aimante et la partie pensante formaient en nous cette balance précieuse. Adam était à la fois le plus éclairé et le meilleur des hommes, le plus puissant en pensée et le plus puissant en amour. Mais tout ce qui est créé a nécessairement une marche progressive. Au lieu d'attendre de la révolution des siècles des *connaissances* nouvelles, qu'il n'aurait reçues qu'avec des *sentiments* nouveaux, Adam voulut tout connaître à la fois. Et remarquez une chose importante : l'homme pouvait détruire l'harmonie de son être de deux manières, ou en voulant trop *aimer*, ou en voulant trop *savoir*. Il pécha seulement par la seconde : c'est qu'en effet nous avons beaucoup plus l'orgueil des sciences que l'orgueil de l'amour : celui-ci aurait été plus digne de pitié que de châtiment ; et si Adam s'était rendu coupable pour avoir voulu trop *sentir* plutôt que de trop *concevoir*, l'homme peut-être eût pu se racheter lui-même, et le Fils de l'Éternel n'eût point été obligé de s'immoler. Mais il en fut autrement : Adam chercha à comprendre l'univers, non avec le sentiment, mais avec la pensée, et, touchant à l'arbre de science, il admit dans son entendement un rayon trop fort de lumière. A l'instant l'équilibre se rompt, la confusion s'empare de l'homme. Au lieu de la clarté qu'il s'était promise, d'épaisses ténèbres couvrent sa vue : son péché s'étend comme un voile entre lui et l'univers. Toute son âme se trouble et se soulève ; les passions combattent le jugement, le jugement cherche à anéantir les passions, et dans cette tempête effrayante, l'écueil de la mort vit avec joie le premier naufrage.

Tel fut l'accident qui changea l'harmonieuse et immortelle constitution de l'homme. Depuis ce jour, les éléments de son être sont restés épars, et n'ont pu se réunir. L'habitude, nous dirions presque l'amour du tombeau, que la matière a contractée, détruit tout projet de réhabilitation dans ce monde, parce que nos années ne sont pas assez longues pour que nos efforts vers la perfection première puissent jamais nous y faire remonter.

Mais comment le monde aurait-il pu contenir toutes les races, si elles n'avaient point été sujettes à la mort? Ceci n'est plus qu'une affaire d'imagination ; c'est demander à Dieu compte de ses moyens, qui sont infinis. Qui sait si les hommes eussent été aussi multipliés qu'ils le sont de nos jours? Qui sait si la plus grande partie des générations ne fût point demeurée vierge, ou si ces millions d'astres qui roulent sur nos têtes ne nous étaient point réservés comme des retraites délicieuses où nous eussions été transportés par les anges ? On pourrait même aller plus loin : il est impossible de calculer à quelle hauteur d'arts et de sciences l'homme parfait et toujours vivant sur la terre eût pu atteindre. S'il s'est rendu maître de bonne heure de trois éléments ; si, malgré les plus grandes difficultés, il dispute aujourd'hui l'empire des airs aux oiseaux, que n'eût-il point tenté dans sa carrière immortelle? La nature de l'air, qui forme aujourd'hui un obstacle invincible au changement de planète, était peut être différente avant le déluge. Quoiqu'il en soit, il n'est pas indigne de la puissance de Dieu et de la grandeur de l'homme de supposer que la race d'Adam fut destinée à parcourir les espaces et à animer tous ces soleils, qui, privés de leurs habitants par le péché, ne sont restés que d'éclatantes solitudes.

(Génie, liv. 3, chap. III.)

II

Les phases de la naissance du monde sont incrustées dans la création en caractères ineffaçables.

Le serpent condamné à ramper ne peut lever la tête au ciel, il signale dans ses bonds tortueux la conscience qui se replie sur elle-même, le mal a engendré le mal; c'est l'image de la créature qu'une chute a rivée à la terre.

La miséricorde divine a accordé un rédempteur à l'homme, c'est l'insigne de la puissance de Dieu. La créature déchue, en cherchant un point d'appui pour remonter, a trouvé le repentir sur sa route; elle y a rencontré aussi les mauvaises passions. Fausses conseillères, comme le *serpent* elles altèrent les germes de la vie.

Chateaubriand a fait voir dans le péché originel, dans cette tradition de la désobéissance primitive, toute l'application des saines doctrines du christianisme. Il n'a rien évincé, il a tout embrassé, pour avoir plus de force en parlant à Dieu; il est allé chercher dans le reptile hideux, qui jette son venin sur les sourires de l'univers, toutes les traces des vérités incommensurables. Il a rapproché les temps, il a donné au mouvement des siècles la fixité; comme deux ruisseaux qui se rencontrent pour s'unir et grandir ensemble, il a purifié la morale par le contact des préceptes divins.

Les sciences comme le sentiment trouvent un fanal dans les pages du moraliste de notre ère.

Le fascinateur rampant, se fraie route dans les forêts vierges; il écoute le ramage des oiseaux et le rugissement du lion, puis sous la feuille tombée ou sous le gazon, il se cache sous la fleur et apparaît pour saisir sa proie.

LE SERPENT.

Les mouvements du serpent diffèrent de ceux de tous les autres animaux; on ne saurait dire où gît le principe de son déplacement, car il n'a ni nageoires, ni pieds, ni ailes, et cependant il fuit comme une ombre, il s'évanouit magiquement, il reparaît, disparaît ensuite, semblable à une petite fumée d'azur, et aux éclairs d'un glaive dans les ténèbres. Tantôt il se forme en cercle, et darde une langue de feu; tantôt, debout sur l'extrémité de sa queue, il marche dans une attitude perpendiculaire, comme par enchantement. Il se jette en orbe, monte et s'abaisse en spirale, roule ses anneaux comme une onde, circule sur les branches des arbres, glisse sous l'herbe des prairies, ou sur la surface des eaux. Ses couleurs sont aussi peu déterminées que sa marche : elles changent aux divers aspects de la lumière, et, comme ses mouvements, elles ont le faux brillant et les variétés trompeuses de la séduction.

Plus étonnant encore dans le reste de ses mœurs, il sait, ainsi qu'un homme souillé de meurtre, jeter à l'écart sa robe tachée de sang, dans la crainte d'être reconnu. Par une étrange faculté, il peut faire rentrer dans son sein les petits monstres que l'amour en a fait sortir. Il sommeille des mois entiers, fréquente les tombeaux, habite des lieux inconnus, compose des poisons qui glacent, brûlent ou tachent le corps de sa victime des couleurs dont il est lui-même marqué. Là, il lève deux têtes menaçantes ; ici, il fait entendre une sonnette : il siffle comme un aigle de montagne ; il mugit comme un taureau. Il s'associe naturellement aux idées morales ou religieuses, comme par une suite de l'influence qu'il eut sur nos destinées : objet d'horreur ou d'admiration, les hommes ont pour lui une haine implacable, ou tombent devant son génie ; le mensonge l'appelle, la prudence le réclame, l'envie le porte dans son cœur, et l'éloquence à son caducée. Aux enfers, il arme les fouets des furies ; au ciel, l'éternité en fait son symbole. Il possède encore l'art de séduire l'innocence ; ses regards enchantent les oiseaux dans les airs ; et sous la fougère de la crèche, la brebis lui abandonne son lait.

(Génie, liv. 3, chap. 2.)

III

En plaçant la main sur son cœur, et en le sentant battre, comme en ouvrant les yeux pour mesurer la lumière, l'homme trouve en lui la conviction de l'infini.

La révélation, cette page d'éternité, a dans le génie de Chateaubriand, un interprète et un écho pour les siècles : écoutons cette voix, qui n'a jamais faibli dans le langage du ciel.

LA RÉVÉLATION.

« Nos gouvernements modernes doivent incontestablement au christianisme leur plus solide autorité, et leurs révolutions moins fréquentes : il les a rendus eux-mêmes moins sanguinaires ; cela se prouve par le fait, en les comparant aux gouvernements anciens. La religion, mieux connue, écartant le fanatisme, a donné plus de douceur aux mœurs chrétiennes. *Ce changement n'est point l'ouvrage des lettres ;* car, partout où elles ont brillé, l'humanité n'en a pas été plus respectée : les cruautés des Athéniens, des Égyptiens, des empereurs de Rome, des Chinois, en font foi. Que d'œuvres de miséricorde sont l'ouvrage de l'Évangile ! »

Pour nous, nous sommes convaincu que le christianisme sortira triomphant de l'épreuve terrible qui vient de le purifier ; ce qui nous le persuade, c'est qu'il soutient parfaitement l'examen de la raison, et que, plus on le sonde, plus on y trouve de profondeur. Ses mystères expliquent l'homme et la nature ; ses œuvres appuient ses préceptes : sa charité, sous mille formes, a remplacé la cruauté des anciens ; il n'a rien perdu des pompes antiques, et son culte satisfait davantage le cœur et la pensée ; nous lui devons tout, lettres, sciences, agriculture, beaux-arts ; il joint la morale à la religion et l'homme à Dieu : Jésus-Christ, sauveur de l'homme moral, l'est encore de l'homme physique; il est arrivé comme un grand événement heureux pour contre-balancer le déluge des Barbares et la corruption générale des mœurs. Quand on nierait même au christianisme ses preuves surnaturelles, il resterait encore dans la sublimité de sa morale, dans l'immensité de ses bienfaits, dans la beauté de ses pompes, de quoi prouver suffisamment qu'il est le culte le plus divin et le plus pur que jamais les hommes aient pratiqué.

« A ceux qui ont de la répugnance pour la religion, dit Pascal, il faut commencer par leur montrer qu'elle n'est point contraire à la raison; ensuite qu'elle est vénérable et en donner respect; après, la rendre aimable et faire souhaiter qu'elle fût vraie; et puis montrer par des preuves incontestables qu'elle est vraie; faire voir son antiquité et sa sainteté par sa grandeur et son élévation. »

Telle est la route que ce grand homme a tracée, et que nous avons essayé de suivre. Nous n'avons pas employé les arguments ordinaires des apologistes du christianisme, mais un autre enchaînement de preuves nous amène toutefois à la même conclusion : elle sera le résultat de cet ouvrage :

Le christianisme est parfait : les hommes sont imparfaits.

Or, une conséquence parfaite ne peut sortir d'un principe imparfait.

Le christianisme n'est donc pas venu des hommes.

S'il n'est pas venu des hommes, il ne peut être venu que de Dieu.

S'il est venu de Dieu, les hommes n'ont pu le connaître que par révélation.

Donc le christianisme est une religion révélée.

(Génie.)

IV

Le monde se partage en deux lots : le bien et le mal, ils se condensent dans le cœur de l'homme ; c'est à la raison écrite, comme à la logique de la conscience à rectifier l'entraînement pour laisser voie à la maturité de la morale, c'est le fruit qui doit dominer la fleur, c'est l'expérience apportée sur l'aile du temps qui vient refouler les plaisirs de la frivolité.

Les vices et les vertus ouvrent un champ à l'étude ; cette distinction se sent, elle s'établit ; c'est une cause qui a deux défenseurs ; l'un s'empare de l'attrait des déceptions ; l'autre de l'autorité de la foi.

Cette arène est parcourue par Chateaubriand ; le nommer, c'est dire que son choix assure le triomphe du vrai, elle civilise les peuples, et les rapproche de Dieu.

VICÉS ET VERTUS.

La plupart des anciens philosophes ont fait le partage des vices et des vertus ; mais la sagesse de la religion l'emporte encore ici sur celle des hommes.

Ne considérons d'abord que l'orgueil, dont l'Église fait le premier des vices. C'est le péché de Satan, c'est le premier péché du monde. L'orgueil est si bien le principe du mal, qu'il se trouve mêlé aux diverses infirmités de l'âme : il brille dans le souris de l'envie, il éclate dans les débauches de la volupté, il compte l'or de l'avarice, il étincelle dans les yeux de la colère, et suit les grâces de la mollesse.

C'est l'orgueil qui fit tomber Adam ; c'est l'orgueil qui arma Caïn de la massue fratricide ; c'est l'orgueil qui éleva Babel et renversa Babylone. Par l'orgueil, Athènes se perdit avec la Grèce ; l'orgueil brisa le trône de Cyrus, divisa l'empire d'Alexandre, et écrasa Rome enfin sous le poids de l'univers.

Dans les circonstances particulières de la vie l'orgueil a des effets encore plus funestes. Il porte ses attentats jusque sur Dieu.

En recherchant les causes de l'athéisme, on est conduit à cette triste observation, que la plupart de ceux qui se révoltent contre le ciel ont à se plaindre en quelque chose de la société ou de la nature (excepté toutefois des jeunes gens séduits par le monde, ou des écrivains qui ne veulent faire que du bruit). Mais comment ceux qui sont privés des frivoles avantages que le hasard donne ou ravit dans ses caprices, ne savent-ils pas trouver le remède à ce léger malheur, en se rapprochant de la Divinité ? Elle est la véritable source des grâces : Dieu est si bien la beauté par excellence, que son nom seul prononcé avec amour suffit pour donner quelque chose de divin à l'homme le moins favorisé de la nature, comme on l'a remarqué de Socrate. Laissons l'athéisme à ceux qui, n'ayant pas assez de noblesse pour s'élever au-dessus des injustices du sort, ne montrent dans leurs blasphèmes que le premier vice de l'homme chatouillé dans sa partie la plus sensible.

Si l'Église a donné la première place à l'orgueil dans l'échelle des dégradations humaines, elle n'a pas classé moins habilement les six autres vices capitaux. Il ne faut pas croire que l'ordre où nous les voyons rangés soit arbitraire : il suffit de l'examiner pour s'apercevoir que la religion passe excellemment, de ces crimes qui attaquent la société en général, à ces délits qui ne retombent que sur le coupable. Ainsi, par exemple, l'envie, la luxure, l'avarice et la colère suivent immédiatement l'orgueil, parce que ce sont des vices qui s'exercent sur un sujet étranger, et qui ne vivent que parmi les hommes ; tandis que la gourmandise et la paresse, qui viennent les dernières, sont des inclinations solitaires et honteuses, réduites à chercher en elles-mêmes leurs principales voluptés.

Dans les vertus préférées par le christianisme, et dans le rang qu'il leur assigne, même connaissance de la nature. Avant Jésus-

Christ, l'âme de l'homme était un chaos ; le Verbe se fit entendre, aussitôt tout se débrouilla dans le monde intellectuel, comme à la même parole tout s'était jadis arrangé dans le monde physique : ce fut la création morale de l'univers. Les vertus montèrent comme des feux purs dans les cieux : les unes, soleils éclatants, appelèrent les regards par leur brillante lumière ; les autres, modestes étoiles, cherchèrent la pudeur des ombres, où cependant elles ne purent se cacher. Dès lors on vit s'établir une admirable balance entre les forces et les faiblesses ; la religion dirigea ses foudres contre l'orgueil, vice qui se nourrit de vertus : elle le découvrit dans les replis de nos cœurs, elle le poursuivit dans ses métamorphoses ; les sacrements marchèrent contre lui en une armée sainte, et l'Humilité vêtue d'un sac, les reins ceints d'une corde, les pieds nus, le front couvert de cendre, les yeux baissés et en pleurs, devint une des premières vertus du fidèle.

(Génie, liv. 2, chap. 1.).

V

Les sujets dont la suavité est toute poétique sont des feuilles qui se détachent des palmes littéraires de Chateaubriand. Cymodocée allant seule avec sa nourrice à la fête de Diane-Limnatide, est un tableau aussi riche de pensées que pur de sentiment ; c'est la fécondité de l'âme près du culte des fictions, ce sont les vertus du ciel à côté des hommages de la terre ; c'est la redevance du paganisme dont les feux factices s'éteignent devant un rayon divin.

Les déceptions antiques de l'argile pétri par la main de l'homme, ont eu pour voile des guirlandes ; mais, sous la mousse flétrie, il n'est resté qu'une pierre brisée. La terre du tombeau chrétien recèle l'enveloppe de l'âme qui est montée à sa destinée.

C'est le mensonge déifié à côté des solennités vivantes de la croix.

CYMODOCÉE A LA FÊTE DE DIANE-LIMNATIDE.

La fête de Diane-Limnatide approchait, et l'on se preparait à conduire la pompe accoutumée sur les confins de la Messénie et de la Laconie. Cette pompe, cause funeste des guerres antiques de Lacédémone et de Messène, n'attirait plus que de paisibles spectateurs. Cymodocée fut choisie des vieillards pour conduire le chœur des jeunes filles qui devaient présenter les offrandes à la chaste sœur d'Apollon. Dans la naïveté de sa joie, elle s'applaudissait de ces honneurs, parce qu'ils rejaillissaient sur son père : pourvu qu'il entendît les louanges qu'on donnait à sa fille, qu'il touchât les couronnes qu'elle avait gagnées, il ne demandait pas d'autre gloire ni d'autre bonheur.

Démodocus, retenu par un sacrifice qu'un étranger était venu offrir à Homère, ne put accompagner sa fille à Limné. Elle se rendit seule à la fête avec sa nourrice Euryméduse, fille d'Alcimédon de Naxos. Le vieillard était sans inquiétude, parce que le proconsul d'Achaïe se trouvait alors à Rome auprès de César Galérius. Le temple de Diane s'élevait à la vue du golfe de Messénie, sur une croupe du Taygète, au milieu d'un bois de pins, aux branches desquels les chasseurs avaient suspendu la dépouille des bêtes sauvages. Les murs de l'édifice avaient reçu du temps cette couleur de feuilles séchées que le voyageur observe encore aujourd'hui dans les ruines de Rome et d'Athènes. La statue de Diane, placée sur un autel au milieu du temple, était le chef-d'œuvre d'un sculpteur célèbre. Il avait représenté la fille de Latone debout, un pied en avant, saisissant de la main droite une flèche dans son carquois suspendu à ses épaules, tandis que la biche Cérynide, aux cornes d'or et aux pieds d'airain, se réfugiait sous l'arc que la déesse tenait dans sa main gauche abaissée.

Au moment où la lune, au milieu de sa course, laissa tomber ses rayons sur le temple, Cymodocée, à la tête de ses compagnes égales en nombre aux nymphes Océanies, entonna l'hyme à la Vierge Blanche. Une troupe de chasseurs répondait à la voix des jeunes filles :

« Formez, formez la danse légère ! Doublez, ramenez le chœur, le chœur sacré !

« Diane, souveraine des forêts, recevez les vœux que vous
« offrent des vierges choisies, des enfants chastes, instruits par
« les vers de la Sibylle. Vous naquîtes sous un palmier, dans la
« flottante Délos. Pour charmer les douleurs de Latone, des cygnes
« firent sept fois en chantant le tour de l'île harmonieuse. Ce fut
« en mémoire de leurs chants que votre divin frère inventa les
« cordes de la lyre.

« Formez, formez la danse légère ! Doublez, ramenez le chœur,
« le chœur sacré !

« Vous aimez les rives des fleuves, l'ombrage des bois, les
« forêts du Cragus verdoyant, du frais Algide et du sombre
« Érymanthe. Diane, qui portez l'arc redoutable ; Lune, dont la
« tête est ornée du croissant ; Hécate, armée du serpent et du
« glaive, faites que la jeunesse ait des mœurs pures, la vieillesse,

« du repos, et la race de Nestor, des fils, des richesses et de la
« gloire !

« Formez, formez la danse légère ! Doublez, ramenez le chœur,
« le chœur sacré ! »

En achevant cet hymne, les jeunes filles ôtèrent leurs couronnes de laurier, et les suspendirent à l'autel de Diane, avec les arcs des chasseurs. Un cerf blanc fut immolé à la reine du silence. La foule se sépara, et Cymodocée, suivie de sa nourrice, prit un sentier qui la devait conduire chez son père.

(Mart., liv. 1.)

VI

La vie immortelle et la vie des temps se dessinent : c'est le passé, c'est le présent, c'est la matière, c'est le spiritualisme, les jeux de la cruauté et de la douceur du cœur ; le mensonge et le vrai, tout ce qui abaisse l'âme, tout ce qui la relève ; voilà les lois de l'esclavage, voilà les lois de la morale qui crient : Liberté ! devant le supplice.

Oh ! que les persécutions et la mort deviennent odieuses, devant la lumière du Calvaire ! Elle soulage les maux aux cris de la souffrance et ne permet point qu'on enlace l'innocence au crime !

L'expiration de la foi ne peut reposer sur la terre, le néant s'en empare.

Les amphithéâtres païens, ce lieu des orgies du sang des justes, ont été stigmatisés par l'éloquence chrétienne ; Chateaubriand a parlé devant les grands souvenirs, qui avaient ameuté les Césars contre les adeptes de l'Evangile, et a peint l'anxiété du peuple quand l'empereur avait prononcé ; et devant cette anxiété, il a fait reconnaître que le Dieu qui reste devant les dieux qui tombent, est le vrai Dieu.

LES ARÈNES.

Cependant le peuple s'assemblait à l'amphithéâtre de Vespasien : Rome entière était accourue pour boire le sang des martyrs. Cent mille spectateurs, les uns voilés d'un pan de leur robe, les autres portant sur la tête une ombrelle, étaient répandus sur les gradins. La foule, vomie par les portiques, descendait et montait le long des escaliers extérieurs, et prenait son rang sur les marches revêtues de marbre. Des grilles d'or défendaient le banc des sénateurs de l'attaque des bêtes féroces. Pour rafraîchir l'air, des machines ingénieuses faisaient monter des sources de vin et d'eau safranée, qui retombaient en rosée odoriférante. Trois mille statues de bronze, une multitude infinie de tableaux, des colonnes de jaspe et de porphyre, des balustres de cristal, des vases d'un travail précieux, décoraient la scène. Dans un canal creusé autour de l'arène nageait un hippopotame et des crocodiles; cinq cents lions, quarante éléphants, des tigres, des panthères, des taureaux, des ours accoutumés à déchirer des hommes, rugissaient dans les cavernes de l'amphithéâtre. Des gladiateurs non moins féroces essayaient çà et là leurs bras ensanglantés. Auprès des antres du trépas s'élevaient des lieux de dégradation cyniques : des courtisanes nues et des femmes romaines du premier rang augmentaient, comme aux jours de Néron, l'horreur du spectacle, et venaient, rivales de la mort, se disputer les faveurs d'un prince mourant. Ajoutez les derniers hurlements des Ménades couchées dans les rues, et expirant sous l'effort de leur dieu, et vous connaîtrez toutes les pompes et tout le déshonneur de l'esclavage.

Les prétoriens, chargés de conduire les confesseurs au martyre, assiégeaient déjà les portes de la prison de Saint-Pierre. Eudore, selon les ordres de Galérius, devait être séparé de ses frères, et choisi pour combattre le premier : ainsi, dans une troupe valeureuse, on cherche à terrasser d'abord le héros qui la guide. Le gardien de la prison s'avance à la porte du cachot, et appelle le fils de Lasthénès.

« Me voici, dit Eudore ; que voulez-vous ? »

— « Sors pour mourir, » s'écria le gardien.

— « Pour vivre, » répondit Eudore.

Et il se lève de la pierre où il était couché. Cyrille, Gervais, Protais, Rogatien et son frère, Victor, Genès, Perséus, l'ermite du Vésuve, ne peuvent retenir leurs larmes.

« Confesseurs, leur dit Eudore, nous allons bientôt nous retrouver. Un instant séparés sur la terre, nous nous rejoindrons dans le ciel. »

Eudore avait réservé pour ce dernier moment une tunique blanche, destinée jadis à sa pompe nuptiale; il ajoute à cette tunique un manteau brodé par sa mère; il paraît plus beau qu'un chasseur d'Arcadie qui va disputer le prix des combats de l'arc ou de la lyre, dans les champs de Mantinée.

Le peuple et les prétoriens impatients appellent le fils de Lasthénès à grands cris.

« Allons ! » dit le martyr.

Et surmontant les douleurs du corps par la force de l'âme, il franchit le seuil du cachot. Cyrille s'écrie :

« Fils de la femme, on vous a donné un front de diamant : ne « les craignez point, et n'ayez pas de peur devant eux. »

Les évêques entonnent le cantique des louanges, nouvellement composé à Carthage par Augustin, ami d'Eudore :

« O Dieu, nous te louons ! ô Dieu, nous te bénissons ! Les « cieux, les anges, les Trônes, les Chérubins, te proclament trois « fois saint, Seigneur, Dieu des armées ! »

Les évêques chantaient encore l'hymne de la victoire, et Eudore, sorti de la prison, jouissait déjà de son triomphe : il était livré aux outrages. Le centurion de la garde le poussa rudement et lui dit :

« Tu te fais bien attendre. »

— « Compagnon, répondit Eudore en souriant, je marchais aussi vite que vous à l'ennemi ; mais aujourd'hui, vous le voyez, je suis blessé. »

On lui attacha sur la poitrine une feuille de papyrus, portant ces deux mots :

« Eudore chrétien. »

Le peuple le chargeait d'opprobres.

« Où est maintenant son Dieu ? disaient-ils. Que lui a servi de préférer son culte à la vie ? Nous verrons s'il ressuscitera avec son Christ, ou si le Christ sera assez puissant pour l'arracher de nos mains. »

Et cette foule cruelle rendait mille louanges à ses dieux, et elle se réjouissait de la vengeance qu'elle tirait des ennemis de leurs autels.

Le prince des ténèbres et ses anges, répandus sur la terre et dans les airs, s'enivraient d'orgueil et de joie ; ils se croyaient prêts à triompher de la croix, et la croix allait les précipiter dans l'abîme. Ils excitaient les fureurs des païens contre le nouvel apôtre ; on lui lançait des pierres, on jetait sous ses pieds blessés des débris de vases et des cailloux ; on le traitait comme s'il eût été lui-même le Christ pour lequel ces infortunés avaient tant d'horreur. Il s'avançait lentement du pied du Capitole à l'amphithéâtre, en suivant la voie Sacrée. Au temple de Jupiter Stator, aux Rostres, à l'arc de Titus, partout où se présentait quelque simulacre des dieux, les hurlements de la foule redoublaient : on voulait contraindre le martyr à s'incliner devant les idoles.

« Est-ce au vainqueur à saluer le vaincu ? disait Eudore. Encore quelques instants, et vous jugerez de ma victoire. O Rome, j'aperçois un prince qui met son diadème aux pieds de Jésus-Christ. Le temple des esprits des ténèbres est fermé, ses portes ne s'ouvriront plus, et des verrous d'airain en défendront l'entrée aux siècles à venir ! »

— « Il nous prédit des malheurs, s'écrie le peuple : écrasons, déchirons cet impie. »

Les prétoriens peuvent à peine défendre le prophète martyr de la rage de ces idolâtres.

« Laissez-les faire, dit Eudore. C'est ainsi qu'ils ont souvent traité leurs empereurs ; mais vous ne serez point obligés d'employer la pointe de vos épées pour me forcer à lever la tête. »

On avait brisé toutes les statues triomphales d'Eudore. Une seule était restée, et elle se trouva sur le passage du martyr ; un soldat ému de ce singulier hasard baissa son casque pour cacher l'attendrissement de son visage. Eudore l'aperçut et lui dit :

« Ami, pourquoi pleurez-vous ma gloire ? C'est aujourd'hui que je triomphe ! Méritez les mêmes honneurs ! »

Ces paroles frappèrent le soldat, et quelques jours après il embrassa la religion chrétienne.

Eudore parvient ainsi jusqu'à l'amphithéâtre, comme un noble coursier, percé d'un javelot sur le champ de bataille, s'avance encore au combat sans paraître sentir sa blessure mortelle.

Mais tous ceux qui pressaient le confesseur n'étaient pas des ennemis : un grand nombre étaient des fidèles qui cherchaient à toucher le vêtement du martyr, des vieillards qui recueillaient ses paroles, des prêtres qui lui donnaient l'absolution du milieu de la foule, des jeunes gens, des femmes qui criaient :

« Nous demandons à mourir avec lui. »

Le confesseur calmait d'un mot, d'un geste, d'un regard, ces élans de la vertu, et ne paraissait occupé que du péril de ses frères. L'enfer l'attendait à la porte de l'arène pour lui livrer un dernier assaut. Les gladiateurs, selon l'usage, voulurent revêtir le chrétien d'une robe des prêtres de Saturne.

« Je ne mourrai point, s'écrie Eudore, dans le déguisement d'un lâche déserteur, et sous les couleurs de l'idolâtrie : je déchirerai plutôt de mes mains l'appareil de mes blessures. J'appartiens au peuple romain et à César : si vous les privez par ma mort du combat que je leur dois, vous en répondrez sur votre tête. »

Intimidés par cette menace, les gladiateurs ouvrirent les portes de l'amphithéâtre, et le martyr entra seul et triomphant dans l'arène.

Aussitôt un cri universel, des applaudissements furieux, prolongés depuis le faîte jusqu'à la base de l'édifice, en font mugir les échos. Les lions, et toutes les bêtes renfermées dans les cavernes, répondent dignement aux éclats de cette joie féroce : le peuple lui-même tremble d'épouvante ; le martyr seul n'est point effrayé. Tout à coup il se souvient du pressentiment qu'il eut jadis dans ce même lieu. Il rougit de ses erreurs passées ; il remercie Dieu, qui l'a reçu dans sa miséricorde, et l'a conduit, par un merveilleux conseil, à une fin si glorieuse. Il songe avec attendrissement à son père, à ses sœurs, à sa patrie ; il recommande à l'Éternel Démodocus et Cymodocée : ce fut sa dernière pensée de la terre, il tourne son esprit et son cœur uniquement vers le ciel.

L'empereur n'était point encore arrivé, et l'intendant des jeux n'avait pas donné le signal. Le martyr blessé demande au peuple la permission de s'asseoir sur l'arène, afin de mieux conserver ses forces ; le peuple y consent, dans l'espoir de voir un plus long combat. Le jeune homme, enveloppé de son manteau, s'incline sur le sable qui va boire son sang, comme un pasteur se couche sur la mousse au fond d'un bois solitaire.

Cependant, dans les profondeurs de l'éternité, une plus vive lumière sortait du Saint des saints. Les anges, les Trônes, les Dominations, prosternés, entendaient, saisis de joie, une voix qui disait :

« Paix à l'Église ! Paix aux hommes ! »

L'hostie était acceptée : la dernière goutte du sang du juste allait faire triompher cette religion qui devait changer la face de la terre. La cohorte des martyrs s'ébranle : les divins guerriers s'assemblent au bruit d'une trompette sonnée par l'ange des armées du Seigneur. Là brille Étienne, le premier des confesseurs ; là se montrent l'intrépide Laurent, l'éloquent Cyprien, et vous, honneur de cette pieuse et fidèle cité que le Rhône ravage et que la Saône caresse. Tous portés sur une nuée lumineuse ils descendent pour recevoir l'heureux soldat à qui la grande victoire est réservée. Les cieux s'abaissent et s'entr'ouvrent. Les chœurs des patriarches, des prophètes, des apôtres, des anges, viennent admirer le combat du juste. Les saintes femmes, les veuves, les vierges, environnent et félicitent la mère d'Eudore, qui seule détourne ses yeux de la terre, et les tient attachés sur le trône de Dieu.

Alors Michel arme sa droite de ce glaive qui marche devant le Seigneur, et qui frappe des coups inattendus ; il prend dans sa main gauche une chaîne forgée au feu des éclairs, dans les arsenaux de la colère céleste. Cent archanges en formèrent les anneaux indestructibles, sous la direction d'un ardent Chérubin ; par un travail admirable, l'airain fondu avec l'argent et l'or se façonna sous leurs marteaux pesants ; ils y mêlèrent trois rayons de la vengeance éternelle : le désespoir, la terreur, la malédiction, un carreau de la foudre, et cette matière vivante qui composait les roues du char d'Ézéchiel. Au signal du Dieu fort, Michel s'élance des cieux comme une comète. Les astres effrayés croient toucher à la borne de leur cours. L'archange met un pied sur la mer et l'autre sur la terre. Il crie d'une voix terrible, et sept tonnerres parlent avec lui :

« Le règne du Christ est établi ; l'idolâtrie est passée ; la mort
« ne sera plus. Race perverse, délivrez le monde de votre présence ;
« et toi, Satan, rentre dans le puits de l'abîme où tu seras enchaîné
« pour mille ans. »

A ces accents formidables, les anges rebelles sont saisis d'épouvante. Le prince des enfers veut résister encore, et combattre l'envoyé du Très-Haut : il appelle à lui Astarté et les démons de la fausse sagesse et de l'homicide ; mais déjà précipités dans l'asile des douleurs, ils sont punis par de nouveaux tourments des maux qu'ils viennent de faire aux hommes. Satan, demeuré seul, essaye en vain de résister au guerrier céleste : la force lui est subitement ôtée ; il sent que son sceptre est brisé et sa puissance détruite. Précédé de ses légions éperdues, il se plonge avec un affreux rugissement dans le puits de l'abîme. Les chaînes vivantes tombent avec lui, l'embrassent et le lient sur un rocher enflammé au centre de l'enfer.

Le fils de Lasthénès entend dans les airs des concerts ineffables, et les sons lointains de mille harpes d'or, mêlés à des voix mélodieuses. Il lève la tête, et voit l'armée des martyrs renversant dans Rome les autels des faux dieux, et sapant les fondements de leurs temples parmi les tourbillons de poussière. Une échelle merveilleuse descend d'une nue jusqu'aux pieds d'Eudore. Cette échelle était de jaspe, d'hyacinthe, de saphirs et d'émeraudes, comme les fondements de la Jérusalem céleste. Le martyr contemple la vision de la splendeur, et appelle par ses soupirs l'instant où il pourra suivre ce chemin du ciel.

(Mart., liv. 24.)

VII

Les nations, les rois, tout ce qui a force, puissance, renommée, tout ce qui languit, souffre ou rampe, l'humanité tout entière, marche au même but, passe par la même route... la tombe !

La gloire de la vie n'a souvent qu'une pierre pour monument ; la gloire du trépas devient la tradition de l'âme, on se pénètre de cette pensée en méditant sur le tableau de la mort : tout s'éteint, hors les souvenirs qui s'attachent au ciel.

LA MORT.

Un fantôme s'élance sur le seuil des portes inexorables ; c'est la Mort. Elle se montre comme une tache obscure sur les flammes des cachots qui brûlent derrière elle ; son squelette laisse passer les rayons livides de la lumière infernale entre les creux de ses ossements. Sa tête est ornée d'une couronne changeante, dont elle dérobe les joyaux aux peuples et aux rois de la terre. Quelquefois elle se pare des lambeaux de la pourpre ou de la bure, dont elle a dépouillé le riche et l'indigent. Tantôt elle vole, tantôt elle se traîne ; elle prend toutes les formes, même celles de la beauté. On la croirait sourde, et toutefois elle entend le petit bruit qui décèle la vie ; elle paraît aveugle, et pourtant elle découvre le moindre insecte rampant sous l'herbe. D'une main elle tient une faux comme un moissonneur ; de l'autre elle cache la seule blessure qu'elle ait jamais reçue, et que le Christ vainqueur lui porta dans le sein, au sommet du Golgotha.

C'est le Crime qui ouvre les portes de l'enfer, et c'est la Mort qui les referme.

(Mart., liv. v.ii.)

VIII

L'esprit dans son élan a des bornes ; pour faire incision, il faut qu'il soit compris ; l'image doit avoir une forme que la pensée puisse saisir ; le génie s'élance dans le vide quand il brise les barrières de la logique ; une seule voie, sans bornes et sans fictions, est ouverte à l'inspiration ; l'auteur qui le premier a frappé à la porte du temple fermé par une révolution, montre cette route et y pose une bannière.

L'ÉLOQUENCE CHRÉTIENNE.

Les anciens n'ont connu que l'éloquence judiciaire et politique : l'éloquence morale, c'est-à-dire l'éloquence de tout temps, de tout gouvernement, de tout pays, n'a paru sur la terre qu'avec l'Évangile. Cicéron défend un client ; Démosthènes combat un adversaire, ou tâche de rallumer l'amour de la patrie chez un peuple dégénéré : l'un et l'autre ne savent que remuer les passions, et fondent leur espérance de succès sur le trouble qu'ils jettent dans les cœurs. L'éloquence de la chaire a cherché sa victoire dans une région plus élevée. C'est en combattant les mouvements de l'âme qu'elle prétend la séduire ; c'est en apaisant les passions qu'elle s'en veut faire écouter. Dieu et la charité, voilà son texte, toujours le même, toujours inépuisable. Il ne lui faut ni les cabales d'un parti, ni des émotions populaires, ni de grandes circonstances pour briller : dans la paix la plus profonde, sur le cercueil du citoyen le plus obscur, elle trouvera ses mouvements les plus sublimes ; elle saura intéresser pour une vertu ignorée ; elle fera couler des larmes pour un homme dont on n'a jamais entendu parler. Incapable de crainte et d'injustice, elle donne des leçons aux rois sans les insulter ; elle console le pauvre, mais sans flatter ses vices. La politique et les choses de la terre ne lui sont point inconnues ; mais ces choses, qui faisaient les premiers motifs de l'éloquence antique, ne sont pour elle que des raisons secondaires : elle les voit des hauteurs où elle domine, comme un aigle aperçoit, du sommet de la montagne, les objets abaissés de la plaine.

Ce qui distingue l'éloquence chrétienne de l'éloquence des Grecs et des Romains, *c'est cette tristesse évangélique qui en est l'âme*, selon la Bruyère, cette majestueuse mélancolie dont elle se nourrit. On lit une fois, deux fois peut-être les *Verrines* et les *Catilinaires* de Cicéron, l'Oraison pour la *Couronne* et les *Philippiques* de Démosthènes ; mais on médite sans cesse, on feuillette nuit et jour les *Oraisons funèbres* de Bossuet et les *Sermons* de Bourdaloue et de Massillon. Les discours des orateurs chrétiens sont des livres, ceux des orateurs de l'antiquité ne sont que des discours. Avec quel goût merveilleux les saints docteurs ne réfléchissent-ils point sur les vanités du monde ! « Toute votre vie, disent-ils, n'est qu'une ivresse d'un jour, et vous employez cette journée à la poursuite des plus folles illusions. Vous atteindrez au comble de vos vœux, vous jouirez de tous vos désirs, vous deviendrez roi, empereur, maître de la terre : un moment encore, et la mort effacera ces néants avec votre néant. »

Ce genre de méditations, si grave, si solennel, si naturellement porté au sublime, fut totalement inconnu des orateurs de l'antiquité. Les païens se consumaient *à la poursuite des ombres de la vie*[1] ; ils ne savaient pas que la véritable existence ne commence qu'à la mort. La religion chrétienne a seule fondé cette grande école de la tombe, où s'instruit l'apôtre de l'Évangile : elle ne permet plus que l'on prodigue, comme les demi-sages de la Grèce, l'immortelle pensée de l'homme à des choses d'un moment.

Au reste, c'est la religion qui, dans tous les siècles et dans tous les pays, a été la source de l'éloquence. Si Démosthènes et Cicéron ont été de grands orateurs, c'est qu'avant tout ils était reli-

[1] Job.

gieux. Les membres de la Convention, au contraire, n'ont offert que des talents tronqués et des lambeaux d'éloquence, parce qu'ils attaquaient la foi de leurs pères, et s'interdisaient ainsi les inspirations du cœur.

(Génie, liv. 4, chap. i.)

IX

Cette visiteuse de la pensée, que Montaigne a appelée la *folle du logis*, l'imagination, n'est pas désavouée par la raison, quand elle prend son essor près d'une source pure et qu'elle vole à travers l'espace en suivant la lueur du Ciel.

L'IMAGINATION.

Considérée en elle-même, l'imagination s'applique à tout, et revêt toutes les formes : elle a quelquefois l'air du génie, de l'esprit, de la sensibilité, du talent; elle affecte tout, parle tous les langages; elle sait emprunter, quand elle le veut, jusqu'au maintien austère de la sagesse ; mais elle ne peut être longtemps sérieuse ; elle sourit sous le masque : *Patuit dea*.

Prise séparément, l'imagination est donc peu de chose. Mais c'est un don inestimable lorsqu'elle se joint aux autres facultés de l'esprit ; c'est elle alors qui donne la chaleur et la vie; elle se combine de mille manières avec le génie, l'esprit, la tendresse du cœur, le talent. Elle achève, pour ainsi dire, les heureuses dispositions qu'on a reçues de la nature, et qui, sans l'imagination, resteraient incomplètes et stériles. Elle marche, ou plutôt elle vole, devant les facultés auxquelles elle s'allie ; elle les encourage à la suivre, les appelle sur sa trace, leur découvre des routes nouvelles. Mariée au génie, elle a créé Homère et Milton, Bossuet et Pascal, Cicéron et Démosthène, Tacite et Montesquieu ; unie au talent et à la tendresse de l'âme, elle a formé Virgile et Racine, La Fontaine et Fénelon.

(Mél. littér.)

X

Combien l'entraînement du siècle peut arrêter le progrès de l'art ! La voix de Moïse au Sinaï vibre par la voix de Chateaubriand. Quelle impression profonde ! oui, quelle impression en laissant Moïse devant l'éternité avec les lois de Dieu à la main ! Mais transporter Moïse sur la scène théâtrale où l'esprit de Dieu se perd, où le génie succombe sous le fardeau des vérités chrétiennes, c'est une déception prévue, ces vérités demandent un autre théâtre... l'univers.

Le vrai seul grandit sur le vrai ; c'est là que la magie de la fable ne peut plus avoir d'empire. Chateaubriand ! Oh qu'il fallait de puissance pour ôter à sa plume de la valeur ! Cette puissance, c'est la voix de Dieu qui ne peut être reflétée que par la nature. Allez aux champs et lisez son livre près de l'herbe qui croît, sous le soleil qui darde, mais à la lueur de quelques lampions, vous ne verrez point Moïse, même dans de beaux vers ; les tables de la loi sont figurées par des feuilles de carton, quand le granit des siècles est encore trop faible pour les porter !

MOÏSE.

ACTE II, SCÈNE II.

NADAB.

Elle est rentrée au camp... Oui, j'aurai trop tardé..
Le retour de Moïse est un bruit hasardé,

D'un Arabe menteur la nouvelle incertaine.
(Il avance au bord de la scène, et demeure quelque temps en silence.)
Que mon sein oppressé se soulève avec peine !
Que cet air est brûlant ! Pour achever son tour,
La nuit semble emprunter le char ardent du jour.
Image de mon cœur cette arène embrasée
Reçoit en vain du ciel la bénigne rosée.
(Autre silence.)
Ici de la beauté j'entendis les accents.
Sur sa trace de feu qu'on répande l'encens !
Qu'on l'adore !... Où m'emporte une imprudente ivresse ?
On n'a point jusqu'ici couronné ma tendresse :
Si j'étais le jouet de quelque illusion ?
Connaissons notre sort.
(Il va pour rentrer au camp : en passant devant le bocage de palmiers il aperçoit Moïse.)
O sainte vision !
N'est-ce pas de Joseph l'ombre majestueuse ?
Viens-tu me consoler ? Que ta voix vertueuse
Des chagrins de mon cœur adoucisse le fiel,
Et donne-moi la paix que tu goûtes au ciel !

MOÏSE, *sans quitter le tombeau.*
Le ciel des passions n'entend point la prière.

NADAB.
Moïse !

MOÏSE, *descendant du tombeau.*
C'est lui-même.

NADAB.
En touchant la poussière,
Prophète du Seigneur, je m'incline à vos pieds,
Et baisse devant vous mes yeux humiliés.

MOÏSE.
De quelque noir chagrin votre âme est agitée.

NADAD.

Le camp, qui déplorait votre mort racontée,
Voulait mettre en mes mains un dangereux pouvoir.

MOÏSE.

Eh bien ! qu'avez-vous fait ?

NADAB.

J'espérais vous revoir.

MOÏSE.

Et n'avez-vous, Nadab, rien de plus à m'apprendre?

NADAB.

Sans doute ici bientôt les vieillards se vont rendre.

(On entend la musique du camp.)

MOÏSE.

Vous me dites, Nadab, que les tribus en deuil
Gémissent sur le sort de Moïse au cercueil ;
Et j'entends les concerts, horribles ou frivoles,
Dont les fils de Baal fatiguent leurs idoles.
Qui produit ces clameurs ? qui peut y prendre part ?

NADAB.

Nos captives souvent, assises à l'écart,
Aiment à répéter les hymnes de leurs pères.

MOÏSE.

Des captives ici? des femmes étrangères ?
Arzane n'a donc pas satisfait au Seigneur ?
Elle vit; et peut-être, écoutant votre ardeur,
Elle reçoit ces vœux sortis d'une âme impure,
Dont le vent de la nuit m'apportait la souillure
Jusqu'au chaste tombeau du pudique Joseph ?

NADAB.

Des Hébreux triomphants le magnanime chef
Craindrait-il une femme esclave de nos armes,
Qui mange un pain amer détrempé de ses larmes
Sur le compte des grands je ne suis pas suspect :
Leurs malheurs seulement attirent mon respect.
Je hais le Pharaon que l'éclat environne ;
Mais s'il tombe, à l'instant j'honore sa couronne ;
Il devient à mes yeux roi par l'adversité.
Des pleurs je reconnais l'auguste autorité.
Courtisan du malheur, flatteur de l'infortune,
Tel est de mon esprit la pente peu commune :
Je m'attache au mortel que mon bras a perdu,
Et je voudrais sauver la race d'Ésaü.

MOÏSE.

Vous, sauver d'Astarté la nation flétrie !
Regarder sans horreur l'infâme idolâtrie,
Quand j'apporte aux Hébreux les lois de Jéhovah !
Sur ce marbre sacré lui-même les grava ;
Lisez : l'astre des nuits vous prête sa lumière.

NADAB, *lisant*.

N'ADORE QU'UN SEUL DIEU.

MOÏSE.

                     Telle est la loi première.
Et vous seul, immolant l'avenir d'Israël,
De cet unique Dieu renversez-vous l'autel ?
Jacob, trahirais-tu tes hautes destinées ?
Ne veux-tu point, courbé sous le poids des années,
T'avancer sur la terre, antique voyageur,
Pour apprendre aux humains le grand nom du Seigneur ?
Tu portes dans tes mains ce livre salutaire

Où je traçai de Dieu le sacré caractère :
Contrat original, titre où l'homme enchanté
Retrouvera ses droits à l'immortalité.
L'infidèle Jacob perdrait son rang suprême !
Mais entrons dans ce camp ; voyons tout par nous-même.

NADAB.

Arrêtez !

MOÏSE.

Et pourquoi ?

NADAB.

Pour soustraire au danger
Des jours qu'au prix des miens je voudrais protéger.

MOÏSE.

Vous !

NADAB.

Je dois l'avouer...

MOÏSE.

Eh bien !

NADAB.

Dans votre absence
Le camp, s'abandonnant à l'aveugle licence,
A rejeté vos lois.

MOÏSE.

Par Jacob annoncé,
Dieu ne retranche point l'avenir menacé !

NADAB.

Écoutez un moment.

MOÏSE.

Laisse-moi, téméraire !

J'ai prévu ta faiblesse, Aaron ! Malheureux frère,
Qu'as-tu fait ?

NADAB.

Permettez que je guide vos pas.

MOÏSE.

Non : j'affronterai seul tes coupables soldats ;
Demeure, ou va plutôt (car j'entrevois ton crime),
Dans son bercail impur va chercher la victime
Dont le sang répandu peut encor te sauver.

NADAB.

Ne vous obstinez pas, Moïse, à tout braver.
J'irai vous annoncer aux troupes alarmées.

MOÏSE.

Tu n'es plus le soldat du Seigneur des armées,

NADAB.

Vous repoussez mon bras ?

MOÏSE.

Qu'ai-je besoin de toi ?
L'ange exterminateur marchera devant moi.

(Moïse sort.)

XI

Les grandes pensées civilisent les nations : Léon X avec la morale du Christ et cet esprit d'élévation qui embrassait le goût du beau, a caractérisé son passage sur la terre. Il a fait école pour la chrétienté, il a fait école pour tous les tributs de l'intelligence.

Sous ses inspirations, l'Italie et le monde catholique se sont empreints d'une splendeur qui a doté un siècle. Le souvenir en est resté et tous les arts sont venus, tour à tour, lui offrir des guirlandes.

Quelle supériorité pour les âges qui contemplent; ils vont puiser leurs modèles aux sources de l'élan chrétien. Cet élan a fait naître le génie, et donné une couronne aux vertus, et des palmes à l'esprit humain.

LE SIÈCLE DE LÉON X.

Rappelons ce que les papes ont fait pour les sciences et les beaux-arts. Tandis que les ordres supérieurs travaillaient dans toute l'Europe à l'éducation de la jeunesse, à la découverte des manuscrits, à l'explication de l'antiquité, les pontifes romains, prodiguant aux savants les récompenses et jusqu'aux honneurs du sacerdoce, étaient le principe de ce mouvement général vers les lumières. Certes, c'est une grande gloire pour l'Église qu'un pape ait donné son nom au siècle qui commence l'ère de l'Europe civilisée, et qui, s'élevant du milieu des ruines de la Grèce, emprunta ses clartés du siècle d'Alexandre, pour les réfléchir sur le siècle de Louis.

Ceux qui représentent le christianisme comme arrêtant le progrès des lumières contredisent manifestement les témoignages historiques. Partout la civilisation a marché sur les pas de l'Évangile, au contraire des religions de Mahomet, de Brama et de Confucius, qui ont borné les progrès de la société, et forcé l'homme à vieillir dans son enfance.

Rome chrétienne était comme un grand port, qui recueillait tous les débris des naufrages des arts. Constantinople tombe sous le joug des Turcs, aussitôt l'église ouvre mille retraites honorables aux illustres fugitifs de Byzance et d'Athènes. L'imprimerie, proscrite en France, trouve une retraite en Italie. Des cardinaux épuisent leurs fortunes à fouiller les ruines de la Grèce et à acquérir des manuscrits. Le siècle de Léon X avait paru si beau au savant abbé Barthélemy, qu'il l'avait d'abord préféré à celui de Périclès pour sujet de son grand ouvrage : c'était dans l'Italie chrétienne qu'il prétendait conduire un moderne Anacharsis.

. . . . , ...
. . . .

Les successeurs de Léon X ne laissèrent point s'éteindre cette noble ardeur pour les travaux du génie. Les évêques pacifiques de Rome rassemblaient dans leurs *villa* les précieux débris des âges. Dans les palais des Borghèse et des Farnèse le voyageur admirait les chefs-d'œuvre de Praxitèle et de Phidias ; c'était des papes qui achetaient au poids de l'or les statues de l'Hercule et de l'Apollon ; c'était des papes qui, pour conserver les ruines trop insultées de l'antiquité, les couvraient du manteau de la religion. Qui n'admirera la pieuse industrie de ce pontife qui plaça des images chrétiennes sur les beaux débris des Thermes de Dioclétien ? Le Panthéon n'existerait plus s'il n'eût été consacré par le culte des apôtres, et la colonne Trajane ne serait pas debout si la statue de saint Pierre ne l'eût couronnée.

Cet esprit conservateur se faisait remarquer dans tous les ordres de l'Église. Tandis que les dépouilles qui ornaient le Vatican surpassaient les richesses des anciens temples, de pauvres religieux protégeaient dans l'enceinte de leurs monastères les ruines des maisons de Tibur et de Tusculum, et promenaient l'étranger dans les jardins de Cicéron et d'Horace. Un chartreux vous montrait le laurier qui croît sur la tombe de Virgile, et un pape couronnait le Tasse au Capitole.

Ainsi depuis quinze cents ans l'Église protégeait les sciences et les arts ; son zèle ne s'était ralenti à aucune époque. Si dans le huitième siècle le moine Alcuin enseigne la grammaire à Charlemagne, dans le dix-huitième *un autre moine industrieux et patient* trouve un moyen de dérouler les manuscrits d'Herculanum : si en 740 Grégoire de Tours décrit les antiquités des Gaules, en 1754 le chanoine Mozzochi explique les tables législatives d'Héraclée. La plupart des découvertes qui ont changé le système du monde civilisé ont été faites par des membres de l'Église. L'invention de la poudre à canon, et peut-être celle du télescope, sont dues au moine Roger Bacon ; d'autres attribuent la découverte de la poudre au moine allemand Berthold Schwartz : les bombes ont été inventées par Galen, évêque de Munster ; le diacre Flavio de Gioia, Napolitain, a trouvé la boussole ; le moine Despina, les lunettes ; et Pacificus, archidiacre de Vérone, ou le pape Silvestre II, l'horloge à roues. Que de savants, dont nous avons déjà nommé un grand nombre dans le cours de cet ouvrage, ont illustré les cloîtres, ou ajouté de la considération aux chaires éminentes de l'Église ! Que d'écrivains célèbres ! que d'hommes de lettres distingués ! que d'illustres voyageurs ! que de mathématiciens, de naturalistes, de chimistes, d'astronomes, d'antiquaires ! que d'orateurs fameux ! que d'hommes d'État renommés ! Parler de Suger, de Ximenès, d'Alberoni, de Richelieu, de Mazarin, de Fleury, n'est-ce pas rappeler à la fois les plus grands ministres et les plus grandes choses de l'Europe moderne ?

Au moment même où nous traçons ce rapide tableau des bienfaits de l'Église, l'Italie en deuil rend un témoignage touchant d'amour et de reconnaissance à la dépouille mortelle de Pie VI. La capitale du monde chrétien attend le cercueil du pontife infortuné qui, par des travaux dignes d'Auguste et de Marc-Aurèle, a desséché des marais infects, retrouvé le chemin des consuls romains, et réparé les aqueducs des premiers monarques de Rome. Pour dernier trait de cet amour des arts, si naturel aux chefs de l'Église, le successeur de Pie VI, en même temps qu'il rend la paix aux fidèles, trouve encore, dans sa noble indigence, des moyens de remplacer par de nouvelles statues les chefs-d'œuvre que Rome, tutrice des beaux-arts, a cédés à l'héritière d'Athènes.

Après tout, les progrès des lettres étaient inséparables des progrès de la religion, puisque c'était dans la langue d'Homère et de Virgile que les Pères expliquaient les principes de la foi : le sang des martyrs, qui fut la semence des chrétiens, fit croître aussi le laurier de l'orateur et du poëte.

Rome chrétienne a été pour le monde moderne ce que Rome païenne fut pour le monde antique, le lien universel ; cette capitale des nations remplit toutes les conditions de sa destinée, et semble véritablement la *Ville éternelle*.

(Génie, liv. 6, chap. VI.)

XII

L'Église est le legs du Christ au monde rédimé ; sa première pierre fut posée par la main divine, et sur cette base s'éleva le dôme immuable qui recèle la loi de l'Évangile.

La ferveur s'incline avec recueillement devant le successeur des apôtres ; Chateaubriand au Vatican, a inscrit la station d'ouverture de son pèlerinage, inspiré des vérités saintes ; il a écrit, et le temps n'a point affaibli ses pages.

LE VATICAN.

J'ai visité le Vatican à une heure. Beau jour, soleil brillant, air extrêmement doux.

Solitude de ces grands escaliers, ou plutôt de ces rampes où l'on peut monter avec des mulets ; solitudes de ces galeries ornées des chefs-d'œuvre du génie, où les papes d'autrefois passaient avec toutes leurs pompes ; solitude de ces Loges que tant d'artistes célèbres ont étudiées, que tant d'hommes illustres ont admirées : le Tasse, Arioste, Montaigne, Milton, Montesquieu, des reines, des rois ou puissants ou tombés, et tous ces pèlerins de toutes les parties du monde.

Dieu débrouillant le chaos.

J'ai remarqué l'ange qui suit Loth et sa femme.

Belle vue de Frascati par-dessus Rome, au coin ou au coude de la galerie.

Entrée dans les *Chambres*. — Bataille de Constantin : le tyran et son cheval se noyant.

Saint Léon arrêtant Attila. Pourquoi Raphaël a-t-il donné un air fier et non religieux au groupe chrétien? pour exprimer le sentiment de l'assistance divine.

Le Saint-Sacrement, premier ouvrage de Raphaël : froid, nulle piété, mais disposition et figures admirables.

Apollon, les Muses et les Poëtes. — Caractère des poëtes bien exprimé. Singulier mélange.

Héliodore chassé du temple. — Un ange remarquable, une figure de femme céleste, imitée par Girodet dans son Ossian.

L'incendie du bourg. — La femme qui porte un vase : copiée sans cesse. Contraste de l'homme suspendu et de l'homme qui veut atteindre l'enfant : l'art trop visible. Toujours la femme et l'enfant rendus mille fois par Raphaël, et toujours excellemment.

L'École d'Athènes : j'aime autant le carton.

Saint Pierre délivré. — Effet des trois lumières, cité partout.

Bibliothèque : porte de fer, hérissée de pointes ; c'est bien la porte de la science. Armes d'un pape : trois abeilles ; symbole heureux.

Magnifique vaisseau : livres invisibles. Si on les communiquait, on pourrait refaire ici l'histoire moderne tout entière.

Musée chrétien. — Instruments de martyre : griffes de fer pour déchirer la peau, grattoir pour l'enlever, martinets de fer, petites tenailles : belles antiquités chrétiennes ! Comment souffrait-on autrefois ? comme aujourd'hui, témoin ces instruments. En fait de douleurs, l'espèce humaine est stationnaire.

Lampes trouvées dans les catacombes. — Le christianisme commence à un tombeau ; c'est à la lampe d'un mort qu'on a pris cette lumière qui a éclairé le monde. — Anciens calices, anciennes croix, anciennes cuillères pour administrer la communion. — Tableaux apportés de Grèce pour les sauver des Iconoclastes.

Ancienne figure de Jésus-Christ, reproduite depuis par les peintres ; elle ne peut guère remonter au delà du huitième siècle. Jésus-Christ était-il *le plus beau des hommes*, ou était-il laid? Les Pères grecs et les Pères latins se sont partagés d'opinion : je tiens pour la beauté.

Donation à l'Église sur papyrus : le monde recommence ici.

Musée antique. — Chevelure d'une femme trouvée dans un tombeau. Est-ce celle de la mère des Gracques? est-ce celle de Délie, de Cinthie, de Lalagé ou de Lycinie, dont Mécène, si nous en croyons Horace, n'aurait pas voulu changer un seul cheveu contre toute l'opulence d'un roi de Phrygie :

> Aut pinguis Phrygiæ Mygdonias opes
> Permutare velis crine Lyciniæ?

Si quelque chose emporte l'idée de la fragilité, ce sont les cheveux d'une jeune femme, qui furent peut-être l'objet de l'idolâtrie de la plus volage des passions ; et pourtant ils ont survécu à l'empire romain. La mort, qui brise toutes les chaînes, n'a pu rompre ce léger roseau.

Belle colonne torse d'albâtre. Suaire d'amiante retiré d'un sarcophage : la mort n'en a pas moins consumé sa proie.

Vase étrusque. Qui a bu à cette coupe? un mort. Toutes les choses, dans ce musée, sont trésor du sépulcre, soit qu'elles aient servi aux rites des funérailles, ou qu'elles aient appartenu aux fonctions de la vie.

(Voy. en Italie.)

XIII

Partout où des hommes posent les jalons d'un empire ou d'une peuplade, le sol porte le cachet de l'orgueil humain ; si les peuples civilisés ont leurs monuments de gloire, les sauvages dressent aussi des trophées. Ainsi s'élèvent toutes parées les colonnes du palais de la Renommée, riche fiction de Chateaubriand; son imagination crée des arceaux pour les générations à venir.

LE PALAIS DE LA RENOMMÉE.

Aux extrémités du monde, sous le pôle dont l'intrépide Cook mesura la circonférence à travers les vents et les tempêtes ; au milieu des terres australes qu'une barrière de glaces dérobe à la curiosité des hommes, s'élève une montagne qui surpasse en hauteur les sommets les plus élevés des Andes dans le Nouveau-Monde, ou du Thibet dans l'antique Asie.

Sur cette montagne est bâti un palais, ouvrage des puissances infernales. Ce palais a mille portiques d'airain ; les moindres bruits viennent frapper les dômes de cet édifice, dont le silence n'a jamais franchi le seuil.

Au centre du monument est une voûte tournée en spirale, comme une conque, et faite de sorte que tous les sons qui pénètrent dans le palais y aboutissent : mais par un effet du génie de l'architecte des mensonges, la plupart de ces sons se trouvent faussement reproduits ; souvent une légère rumeur s'enfle et gronde en entrant par la voie préparée aux éclats du tonnerre, tandis que les roulements de la foudre expirent, en passant par les routes sinueuses destinées aux faibles bruits.

C'est là que, l'oreille placée à l'ouverture de cet immense écho, est assis sur un trône retentissant un démon, la Renommée. Cette puissance, fille de Satan et de l'Orgueil, naquit autrefois pour annoncer le mal : avant le jour où Lucifer leva l'étendard contre le Tout-Puissant, la Renommée était inconnue. Si un monde venait à s'animer ou à s'éteindre; si l'Éternel avait tiré un univers du néant, ou replongé un de ses ouvrages dans le chaos; s'il avait jeté des soleils dans l'espace, créé un nouvel ordre de Séraphins, essayé la bonté d'une lumière, toutes ces choses étaient aussitôt connues dans le ciel, par un sentiment intime d'admiration et d'amour, par le chant mystérieux de la céleste Jérusalem. Mais après la rébellion des mauvais anges, la Renommée usurpa la place de cette intuition divine. Bientôt précipitée aux enfers, ce fut elle qui publia dans l'abîme la naissance de notre globe, et qui porta l'ennemi de Dieu à tenter la chute de l'homme. Elle vint sur la terre avec la Mort, et dès ce moment elle établit sa demeure sur la montagne, où elle entend et répète confusément ce qui se passe sur la terre, aux enfers et dans les cieux.

(Natchez, liv. 2.)

XIV

Tout ce qui a sève, monte vers le ciel ; c'est par cette impulsion du cœur que sur les collines élevées l'homme posa la croix des édifices chrétiens.

La flèche des clochers est le phare qui promet un abri à la fatigue du corps comme aux agitations de l'âme; et soit qu'elle domine un monastère ou la cathédrale d'une cité, soit qu'elle se dessine sur un ciel bleu ou sur le nuage qui recèle la tempête, on la salue avec espérance.

LES ÉGLISES GOTHIQUES.

Chaque chose doit être mise en son lieu, vérité triviale à force d'être répétée, mais sans laquelle, après tout, il ne peut y avoir rien de parfait. Les Grecs n'auraient pas plus aimé un temple égyptien à Athènes que les Égyptiens un temple grec à Memphis. Ces deux monuments, changés de place, auraient perdu leur principale beauté, c'est-à-dire leurs rapports avec les institutions et les habitudes des peuples. Cette réflexion s'applique pour nous aux anciens monuments du christianisme. Il est même curieux de remarquer que, dans ce siècle incrédule, les poëtes et les romanciers, par un retour naturel vers les mœurs de nos aïeux, se plaisent à introduire dans leurs fictions des souterrains, des fantômes, des châteaux, des temples gothiques : tant ont de charmes les souvenirs qui se lient à la religion et à l'histoire de la patrie ! Les nations ne jettent pas à l'écart leurs antiques mœurs comme on se dépouille d'un vieil habit. On leur en peut arracher quelques parties, mais il en reste des lambeaux qui forment avec les nouveaux vêtements une effroyable bigarrure.

On aura beau bâtir des temples grecs bien élégants, bien éclairés, pour rassembler le *bon peuple* de saint Louis, et lui faire adorer un Dieu *métaphysique*, il regrettera toujours ces *Notre-Dame* de Reims et de Paris, ces basiliques toutes moussues, toutes remplies des générations des décédés et des âmes de ses pères ; il regrettera toujours la tombe de quelques messieurs de Montmorency, sur laquelle il *soulait* se mettre à genoux durant la messe, sans oublier les sacrées fontaines où il fut porté à sa naissance. C'est que tout cela est essentiellement lié à nos mœurs ; c'est qu'un monument n'est vénérable qu'autant qu'une longue histoire du passé est pour ainsi dire empreinte sous ces voûtes toutes noires de siècles. Voilà pourquoi il n'y a rien de merveilleux dans un temple qu'on a vu bâtir, et dont les échos et les dômes se sont formés sous nos yeux. Dieu est la loi éternelle ; son origine et tout ce qui tient à son culte doit se perdre dans la nuit des temps.

On ne pouvait entrer dans une église gothique sans éprouver une sorte de frissonnement et un sentiment vague de la Divinité. On se trouvait tout à coup reporté à ces temps où des cénobites, après avoir médité dans les bois de leurs monastères, se venaient prosterner à l'autel, et chanter les louanges du Seigneur dans le calme et le silence de la nuit. L'ancienne France semblait revivre : on croyait voir ces costumes singuliers, ce peuple si différent de ce qu'il est aujourd'hui ; on se rappelait et les révolutions de ce peuple, et ses travaux, et ses arts. Plus ces temps étaient éloignés de nous, plus ils nous paraissaient magiques, plus ils nous remplissaient de ces pensées qui finissent toujours par une réflexion sur le néant de l'homme et la rapidité de la vie.

L'ordre gothique, au milieu de ces proportions barbares, a toutefois une beauté qui lui est particulière.

Les forêts ont été les premiers temples de la Divinité, et les hommes ont pris dans les forêts la première idée de l'architecture. Cet art a donc dû varier selon les climats. Les Grecs ont tourné l'élégante colonne corinthienne avec son chapiteau de feuilles sur le modèle du palmier. Les énormes piliers du vieux style égyptien représentent le sycomore, le figuier oriental, le bananier et la plupart des arbres gigantesques de l'Afrique et de l'Asie.

Les forêts des Gaules ont passé à leur tour dans les temples de nos pères, et nos bois de chênes ont ainsi maintenu leur origine sacrée. Ces voûtes ciselées en feuillages, ces jambages, qui appuient les murs et finissent brusquement comme des troncs brisés, la fraîcheur des voûtes, les ténèbres du sanctuaire, les ailes obscures, les passages secrets, les portes abaissées, tout retrace es labyrinthes des bois dans l'Église gothique ; tout en fait sentir la religieuse horreur, les mystères et la divinité. Les deux tours hautaines plantées à l'entrée de l'édifice surmontent les ormes et les ifs du cimetière, et font un effet pittoresque sur l'azur du ciel. Tantôt le jour naissant illumine leurs têtes jumelles ; tantôt elles paraissent couronnées d'un chapiteau de nuages, ou grossies dans une atmosphère vaporeuse. Les oiseaux eux-mêmes semblent s'y méprendre et les adopter pour les arbres de leurs forêts : des corneilles voltigent autour de leurs faîtes et se perchent sur leurs galeries. Mais tout à coup des rumeurs confuses s'échappent de la cime de ces tours et en chassent les oiseaux effrayés. L'architecte chrétien, non content de bâtir des forêts, a voulu, pour ainsi dire, en imiter les murmures ; et, au moyen de l'orgue et du bronze suspendu, il a attaché au temple gothique jusqu'au bruit des vents et des tonnerres, qui roulent dans la profondeur des bois. Les siècles, évoqués par ces sons religieux, font sortir leur antique voix du sein des pierres, et soupirent dans la vaste basilique : le sanctuaire mugit comme l'antre de l'ancienne Sibyle ; et, tandis que l'airain se balance avec fracas sur votre tête, les souterrains voûtés de la mort se taisent profondément sous vos pieds.

(Génie, liv. 1ᵉʳ, chap. VIII.)

XV

Il y a des cordes qui résonnent directement au cœur et qui attirent toute son harmonie ; alors « les pensées tombent d'en haut... » C'est lorsqu'il fait au ciel l'offrande de son inspiration, que le génie de Chateaubriand resplendit de tout son éclat. L'âme suit son vol, elle s'élève avec lui ; puis recueillie sous son aile, elle écoute le battement des vagues, le bruissement des voiles, et en s'unissant à la prière du soir à bord d'un vaisseau, elle fixe ses désirs vers le ciel.

PRIÈRE DU SOIR A BORD D'UN VAISSEAU.

Le globe du soleil, prêt à se plonger dans les flots, apparaissait entre les cordages du navire, au milieu des espaces sans bornes. On eût dit, par les balancements de la poupe, que l'astre radieux changeait à chaque instant d'horizon. Quelques nuages étaient jetés sans ordre dans l'Orient, où la lune montait avec lenteur ; le reste du ciel était pur. Vers le Nord, formant un glorieux triangle avec l'astre du jour et celui de la nuit, une trombe brillante, des couleurs du prisme, s'élevait de la mer comme un pilier de cristal supportant la voûte du ciel.

Il eût été bien à plaindre celui qui, dans ce spectacle, n'eût point reconnu la beauté de Dieu. Des larmes coulèrent malgré moi de mes paupières, lorsque mes compagnons, ôtant leurs chapeaux goudronnés, vinrent à entonner d'une voix rauque leur simple cantique à Notre-Dame de Bon-Secours, patronne des mariniers. Quelle était touchante, la prière de ces hommes qui, sur une planche fragile, au milieu de l'Océan, contemplaient le soleil couchant sur les flots ! Comme elle allait à l'âme, cette invocation du pauvre matelot à la mère de douleur ! La conscience de notre petitesse, à la vue de l'infini, nos chants s'étendant au loin sur les vagues, la nuit s'approchant avec ses embûches, la merveille de notre vaisseau au milieu de tant de merveilles, un équipage religieux saisi d'admiration et de crainte, un prêtre auguste en prières, Dieu penché sur l'abîme, d'une main retenant le soleil aux portes de l'Occident, de l'autre élevant la lune dans l'Orient et prêtant, à travers l'immensité, une oreille attentive à la voix de sa créature : voilà ce qu'on ne saurait peindre et ce que tout le cœur de l'homme suffit à peine pour sentir.

(Génie, liv. 5, chap. XII.)

XVI

La solitude des bocages lointains comme la splendeur des capitales, est le domaine de Chateaubriand. Il a écrit au milieu des ruines du vieux monde, il a compté les arceaux des aqueducs desséchés; puis fatigué du tumulte des siècles de conquête, il a glissé sur un esquif autour des îlots de l'Amérique, il a rêvé sur les bords du Meschacebé[1], il a dormi sous la hutte du sauvage. C'est la civilisation allant demander l'hospitalité à la nature.

En voyant étendre la natte du repos, en écoutant le frôlement de l'arc que le chasseur suspend au milieu des calumets de paix et des trophées de guerre, on assiste à une scène d'un coloris nouveau ; en admirant la peinture du grand fleuve de l'Amérique, on croit entendre le bruit d'une onde inconnue : ainsi le génie crée en reproduisant.

LE MESCHACEBÉ.

Ce fleuve, dans un cours de plus de mille lieues, arrose une délicieuse contrée que les habitants des États-Unis appellent le

[1] Vrai nom du Mississipi ou Meschassipi, vieux Père des Eaux.

nouvel Eden, et à qui les Français ont laissé le doux nom de Louisiane. Mille autres fleuves tributaires du Meschacebé, le Missouri, l'Illinois, l'Akanza, l'Ohio, le Wabache, le Tenaze, l'engraissent de leur limon et la fertilisent de leurs eaux. Quand tous ces fleuves se sont gonflés des déluges de l'hiver, quand les tempêtes ont abattu des pans entiers de forêts, le temps assemble sur toutes les sources les arbres déracinés. Il les unit avec les lianes, il les cimente avec des vases, il y plante de jeunes arbrisseaux et lance son ouvrage sur les ondes. Chariés par les vagues écumantes, ces radeaux descendent de toutes parts au Meschacebé. Le vieux fleuve s'en empare, et le pousse à son embouchure pour y former une nouvelle branche. Par intervalles, il élève sa grande voix en passant sous les monts, il répand ses eaux débordées autour des colonnades des forêts et des pyramides des tombeaux indiens : c'est le Nil des déserts. Mais la grâce est toujours unie à la magnificence dans les scènes de la nature ; et, tandis que le courant du milieu entraîne vers la mer les cadavres des pins et des chênes, on voit, sur les deux courants latéraux, remonter, le long des rivages, des îles flottantes de pistia et de nénufar, dont les roses jaunes s'élèvent comme de petits pavillons. Des serpents verts, des hérons bleus, des flamans roses, de jeunes crocodiles, s'embarquent, passagers, sur ces vaisseaux de fleurs, et la colonie, déployant au vent ses voiles d'or, va aborder, endormie, dans quelque anse retirée du fleuve.

Les deux rives du Meschacebé présentent le tableau le plus extraordinaire. Sur le bord occidental, des savanes se déroulent à perte de vue ; leurs flots de verdure, en s'éloignant, semblent monter dans l'azur du ciel, où ils s'évanouissent. On voit, dans ces prairies sans bornes, errer à l'aventure des troupeaux de trois ou quatre mille buffles sauvages. Quelquefois un bison chargé d'années, fendant les flots à la nage, se vient coucher parmi les hautes herbes, dans une île du Meschacebé. A son front orné de deux croissants, à sa barbe antique et limoneuse, vous le prendriez pour le Dieu mugissant du fleuve, qui jette un regard satisfait sur la grandeur de ses ondes et la sauvage abondance de ses rives.

Telle est la scène sur le bord occidental ; mais elle change tout à coup sur la rive opposée, et forme avec la première un admirable contraste. Suspendus sur le cours des ondes, groupés sur les rochers et sur les montagnes, dispersés dans les vallées, des arbres de toutes les formes, de toutes les couleurs, de tous les parfums, se mêlent, croissent ensemble, montent dans les airs à des hauteurs qui fatiguent les regards. Les vignes sauvages, les bignonias, les coloquintes, s'entrelacent au pied de ces arbres, escaladent leurs rameaux, grimpent à l'extrémité des branches, s'élancent de l'érable au tulipier, du tulipier à l'aléa, en formant mille grottes, mille voûtes, mille portiques. Souvent égarés d'arbre en arbre, ces lianes traversent des bras de rivières, sur lesquels elles jettent des ponts et des arches de fleurs. Du sein de ces massifs embaumés, le superbe magnolia élève son cône immobile ; surmonté de ses larges robes blanches, il domine toute la forêt, n'a d'autre rival que le palmier, qui balance légèrement auprès de lui ses éventails de verdure.

Une multitude d'animaux, placés dans ces belles retraites par la main du créateur, y répandent l'enchantement et la vie. De l'extrémité des avenues on aperçoit des ours enivrés de raisins, qui chancellent sur les branches des ormeaux ; des troupes de cariboux se baignent dans un lac ; les écureuils noirs se jouent dans l'épaisseur des feuillages ; des oiseaux moqueurs, des colombes virginiennes de la grosseur d'un passereau descendent sur les gazons rougis par les fraises ; des perroquets verts, à tête jaune, des piverts empourprés, des cardinaux de feu grimpent en circulant au haut des cyprès ; des colibris étincellent sur le jasmin des Florides, et des serpents oiseleurs sifflent, suspendus aux dômes des bois, en s'y balançant comme des lianes.

Si tout est silence et repos dans les savanes, de l'autre côté du fleuve, tout ici, au contraire, est mouvement et murmure. Des coups de bec contre le tronc des chênes, des froissements d'animaux qui marchent, broutent ou broient entre leurs dents les noyaux des fruits, des bruissements d'ondes, de faibles mugissements, de sourds beuglements, de doux roucoulements, remplissent ces déserts d'une tendre et sauvage harmonie. Mais quand une brise vient à animer toutes ces solitudes, à balancer tous ces corps flottants, à confondre toutes ces masses de blanc, d'azur, de vert, de rose, à mêler toutes les couleurs, à réunir tous les murmures, il se passe de telles choses aux yeux, que j'essaierais en vain de les décrire à ceux qui n'ont point parcouru ces champs primitifs de la nature.

XVII

Il y a des imaginations d'élite pour lesquelles l'heure du repos ne sonne jamais ; elles veillent et recueillent quand tout dort.

Chateaubriand au milieu du grandiose d'une nature vierge, a écouté la vague harmonie de la nuit ; et pour son regard, de la voûte éthérée une lueur a jailli.

SPECTACLE D'UNE BELLE NUIT DANS LES DÉSERTS DU NOUVEAU MONDE.

Une heure après le coucher du soleil, la lune se montra au-dessus des arbres à l'horizon opposé. Une brise embaumée, que cette reine des nuits amenait de l'orient avec elle, semblait la précéder dans les forêts comme sa fraîche haleine. L'astre solitaire monta peu à peu dans le ciel : tantôt il reposait sur des groupes de nues qui ressemblaient à la cime de hautes montagnes couronnées de neige. Ces nues, ployant et déployant leurs voiles, se déroulaient en zones diaphanes de satin blanc, se dispersaient en légers flocons d'écume, ou formaient dans les cieux des bancs d'une ouate éblouissante, si doux à l'œil, qu'on croyait ressentir leur mollesse et leur élasticité.

La scène sur la terre n'était pas moins ravissante : le jour bleuâtre et velouté de la lune descendait dans les intervalles des arbres, et poussait des gerbes de lumière jusque dans l'épaisseur des plus profondes ténèbres. La rivière qui coulait à mes pieds tour à tour se perdait dans le bois, tour à tour reparaissait brillante des constellations de la nuit, qu'elle répétait dans son sein. Dans une savane, de l'autre côté de la rivière, la clarté de la lune, dormait sans mouvement sur les gazons : des bouleaux agités par les brises et dispersés çà et là formaient des îles d'ombres flottantes sur cette mer immobile de lumière. Auprès, tout aurait été silence et repos, sans la chute de quelques feuilles, le passage d'un vent subit, le gémissement de la hulotte ; au loin, par intervalles, on entendait les sourds mugissements de la cataracte de Niagara, qui, dans le calme de la nuit, se prolongeaient de désert en désert, et expiraient à travers les forêts solitaires.

La grandeur, l'étonnante mélancolie de ce tableau, ne sauraient s'exprimer dans les langues humaines ; les plus belles nuits en Europe ne peuvent en donner une idée. En vain dans nos champs cultivés l'imagination cherche à s'étendre ; elle rencontre de toutes parts les habitations des hommes : mais dans ces régions sauvages l'âme se plaît à s'enfoncer dans un océan de forêts, à planer sur le gouffre des cataractes, à méditer au bord des lacs et des fleuves, et, pour ainsi dire, à se trouver seule devant Dieu.

(Génie, liv. 5, chap. xii.)

SYMPATHIES

APPENDICE

APPENDICE

Les plages d'outre-mer et la rive natale, voilà le culte que le sentiment partage, c'est le souvenir, c'est le regret.

L'attrait de l'étude, le bonheur casanier, remplissent l'âme, quand après des courses lointaines on revient au foyer qui a été le point de départ.

Que d'agitations! Que de désirs enfantés et trahis! Que de pensées grandies et rabaissées! Que de projets interrompus!

La décevance n'a pas d'horizon, la vertu se concentre près du berceau, c'est là que le secret d'être heureux est dévoilé au cœur.

LES PLAGES D'OUTRE-MER ET LA RIVE NATALE.

La gloire, ce caméléon de l'ambition, prend toutes les formes pour entraîner l'homme ; elle apparaît dans l'arène judiciaire, dans la tribune de l'éloquence ou dans le cirque des arts, comme sous l'armure ou sous la voile aventureuse; ceux qui veulent un nom d'avenir s'élancent avec ardeur à sa poursuite.

Chacun haletant veut arriver... Toutes les aspérités attirent, les pôles sont visités. Chaque découverte ajoute un anneau à la chaîne des connaissances : on monte à tous les échelons de la renommée, on descend dans tous les gouffres pour explorer la nature, et c'est toujours la nature qui projette de nouvelles lueurs !

Les mœurs comme les grandes catastrophes des peuples, présentent une immensité qu'on embrasse. Il faut du grandiose pour occuper le génie, et souvent l'homme nomade ne le cherche point où Dieu l'a placé. Les voyages colorent son orgueil ; il a beaucoup vu et sait peu, mais l'illusion remplace la vérité ; sans elle que seraient la philosophie voyageuse et toutes les recherches vagabondes ? Chacun pourrait dans sa modeste région reconnaître ce qu'il a admiré; le charme de l'idéal serait détruit par une copie en miniature de ces grands tableaux.

Voyagez, penseurs des plages désertes; chassez de vos yeux la flèche du clocher natal, secouez de vos pieds la poussière du cimetière de vos pères; voyez les grandes ruines du vieux et du nouveau monde; au milieu de vos émotions saisissantes l'image de la patrie jettera des soupirs. Tandis que vous portez au loin la philosophie de l'étude, la prière du soir sonne au hameau, votre mère s'agenouille et pense à vous. . Allez contempler l'Irak-Arabi, cette ancienne Babylone où l'on voit encore les monuments de Sémiramis; errez dans cette plaine de Sennaar où fut dispersé le genre humain : là vous trouverez encore *Akar-coul*, la fameuse *Accard*, que Nemrod présente comme la troisième ville qui para le globe.

Arrivez à *Borsa*; c'est le sanctuaire des prêtres de la Chaldée, c'est le lieu où le temple d'Apollon et les féeries d'Arthémise furent inaugurés.

Près de là se trouve le champ d'*Escanderia,* station d'Alexandre ; ici, des monceaux de briques, des murailles abattues, des fosses comblées, redisent que Darius, dans un jour de triomphe, sut envahir les remparts.

Plus loin, le temple de Bélus est renversé sur les fondations magiques de la tour de Babel. Toutes les grandes images historiques sont réflétées par des ruines, toutes les croyances ont des aliments, sur ce sol où les langues furent confondues. L'Arabe y trouve l'arbre qui, dans la destruction générale, fut protégé par Allah, afin qu'Ali pût y attacher son cheval ; et le chrétien paie un droit sur cette terre des prophètes. Pauvre exilé de la science ! pendant que vous fouillez le sol étranger, les annales de la patrie se remplissent, la rive natale grandit : au retour vous méconnaîtrez l'horizon que vos regards n'auront pas vu s'étendre...

Ici, enfouies dans le sable, surgissent des statues de pierre et de bronze; elles viennent apporter aux contemporains des nouvelles du passé.

Toutes ces formes ténébreuses, tous ces monuments ébréchés, sont battus par les flots de l'Euphrate. C'est une grande voix qui s'étend et se perd.

Ces cadavres de villes forment des cavernes qui servent de repaire au chakal et de tanière au tigre. Près du danger, l'amour-propre combat les regrets; l'explorateur s'anime à l'espoir d'étonner son pays par les récits du retour : il voit la gloire au bout de sa carrière, il étouffe un souvenir, poursuit sa course et crayonne les feuillets de ses tablettes. Mais les hôtes hurlants des forêts ne sont pas les seuls écueils de ces solitudes.

A l'ombre des pans de palais détruits, derrière des frontons de temples abattus, viennent se blottir dans la nuit les hommes des maléfices; ils attendent le passage des caravanes pour conquérir le butin par le poignard; ils viennent faire la part du rapt, et se festoient dans les décombres où siégèrent des rois. D'autres voyageurs y campent aussi : les cavernes des Saturnales sont purifiées par la station des explorateurs apostoliques; ils s'agenouillent et méditent; sur les ruines où l'incrédulité a souri, leur main s'étend pour bénir le pèlerin scientifique; ces rencontres sont des haltes pour l'âme...

Au-dessus des mutilations du temps, une grande vérité plane; c'est la parole de Dieu qui vibre par la voie d'Isaïe : « La malédiction d'en haut pèsera sur Babylone! »

« Jérusalem! Jérusalem! » fut aussi un cri de prophétie, et la cité sainte fut abandonnée! elle végète encore depuis la voix de détresse; c'est une leçon pour les âges. Le voyageur chrétien y retrouve l'Écriture-Sainte en action; là on se sent moins loin du toit de famille.

C'est du haut du Golgotha que le rideau se lève; on croit voir le monde à genoux devant le rocher fendu au bruit de l'agonie divine, mais aux saints lieux il n'y a plus de nation pour prier. La tiédeur enfante la distraction oiseuse des touristes. Aux jours saints, la nef résonne du bruit des caravanes qui renouvellent le scandale des marchands du temple. « La « fumée des mets aromatiques de l'Orient se mêle, au jour de ténèbres, « avec l'encens qui fume sur le saint sépulcre. Les fêtes du jour se tien- « nent dans la chapelle de *la division du vêtement;* dans celle de sainte « Madeleine, le cortége s'abreuve de thé et de moka et se couche dans le « sanctuaire, jusqu'au moment où les musulmans faisant leur ronde chas- « sent les profanes à coups de fouet [1]. »

Ainsi ce sont les mécréants qui flagellent les fidèles, c'est la subversion de l'Évangile qu'on retrouve de nos jours, près de la couronne céleste attachée à un tombeau. Les passionnés de la renommée perdent vite les illusions de la vie; tout se décolore, au contact des sources corrompues par l'indifférence.

En Syrie, c'est un fouet en main que les fils de Mahomet expliquent le Koran : on vous flagelle pour payer l'impôt, pour bâtir des édifices et pour accomplir les génuflexions dues aux pachas. C'est le fouet qui fait aller les musulmans aux mosquées, qui fait jeûner, et impose la crainte de manger du porc. Le fouet est la panacée du progrès, et le prélude des répressions graves; c'est le jouet des pénitences : jamais peuple n'a été plus fouetté que le peuple Syrien. En changeant de foi il a perdu sa dignité d'homme : il se soumet avec abnégation à ce genre de correction, car c'est par les interprétations *du livre par excellence* qu'il est ainsi fustigé : dans le Koran est le savoir universel.

[1] Michaud.

Napoléon demandait à un *Ulémas* « s'il était question dans le code de « Mahomet de la poudre à canon ? — Oh ! allah ! si on n'en trouve pas la « recette, c'est qu'on ne sait pas interpréter le livre de la suprême « science ! » Le génie des arts vient à son tour demander des chants à la plage océanique.

Un poëte frète un navire et va s'agenouiller à la tombe de David, pour accorder sa lyre à la harpe du poëte-roi ; c'est l'imagination qui chante, la réalité disparaît.

Près de la fontaine de Siloé, il ne voit que les coupoles bleues et les colonnettes légères de la mosquée d'Omar. Là, sa verve vaporeuse brillant l'espace ; elle fait onduler sur tous les sites ses banderoles diaprées : « c'est « toujours la poudre ondoyante des chemins et la bouffée du vent qui vient « mourir en sifflant sur les créneaux de la tour des Pisans et sur les trois « palmiers de la maison de Caïphe.[1] »

Sa verve a dévoré les images du désert ; il monte sa lyre pour une autre harmonie ; il s'inspire par la pensée, et le monde entraîné aspire les illusions poétiques.

Il y a encore aux portes de l'Orient une basilique à visiter ; on la coudoie en allant en Syrie. Les voiles sont tendues, et bientôt un bourdonnement sourd se fait entendre dans le vent de la mer ; c'est le beffroi de Sainte-Sophie qui s'unit au bruit des vagues.

Constantinople apparaît avec sa pompe asiatique. Mais le bourdon de Sainte-Sophie, dominant la tempête, ne vibre pas à l'âme comme le tintement du battant du clocher des aïeux.

Dans le temple chrétien, desservi aujourd'hui par les Imans, vint s'incliner la tête superbe de ces rois-chevaliers, qui trouvaient au bout de leur lance des couronnes en Palestine. Mais le clairon sonne... c'est la revue militaire du sultan qui continue l'ère nouvelle de l'Orient. L'infanterie est commandée par un Français, et la cavalerie par un Sarde. A cette solennité guerrière ne paraît plus le turban, qui naguère ornait le front des maîtres du croissant. Le sultan, qui, en fronçant le sourcil, faisait agenouiller les pachas, se montre à la tête de ses phalanges, en frac, avec un manteau bleu de ciel brodé au collet, pantalon blanc, bottes à éperons, et portant sur l'oreille un petit képi brodé en or ; un gland retombe négligemment sur l'épaule, c'est son seul ornement, c'est le simple costume d'un officier de cavalerie légère mis aux arrêts.

Les janissaires si redoutables, qui apportaient, dans un jour d'émeute, le cordon aux souverains, le reçoivent de lui ; ils ne forment plus son cor-

---

[1] Lamartine.

tége, et les *dehlis*, et les *hytis*, qui avaient organisé le meurtre sous la protection des rois du cimeterre, sont dépouillés de leurs poignards.

Ainsi s'est régénéré à la française le grand empire du prophète. Cet appareil européen désenchante les touristes ; ils sont réduits aux ressources de la fiction. Pour eux, les monts sont des collines, et les fleuves des ruisseaux ; ils touchent du doigt les deux mondes, et du vieux continent ils glissent à la jeune Amérique. Une soirée à New-York offre toute la féerie d'un *rout* parisien. Là, on parle littérature, on a ses poëtes nationaux, ses auteurs classiques et romantiques. Hallock est le poëte des femmes ; ses stances sur la tombe de Robert Burns ont fait école. Briant, d'un vol audacieux, a battu de ses ailes toutes les renommées ; Cooper a sculpté les mœurs : tous ont pris pour temple un capitole de salon.

Dans le pays de l'indépendance, on a su briser tous les vieux liens. Là, le fils va enterrer son père, sans cortége et sans psalmodie, là brise seule dira ses regrets. Il n'y a point de cloche amie qui tinte, comme celle du hameau, l'agonie du chrétien. On ne serre point avec larmes la main défaillante de ceux qu'on va quitter ; aucun salut, ni pendant la vie, ni à l'heure de la mort, ne s'allie aux croyances. L'expression de la douleur est répudiée comme un signe de servitude ou de faiblesse, dans ce pays fanatique de la jeune liberté.

Le ciel est beau, les forêts sont vierges ; c'est le moment où la cataracte du Niagara offre un rendez-vous plein d'attraits. Mais l'esprit observateur veut comparer cette cascade si vantée avec celle de *Trolhatten* : alors on saute sur un brick ; et on arrive, en lisant un journal, au grand lac de *Wenern*.

Sur cette plage, on distingue les trois chutes des torrents qui se précipitent avec fracas du milieu des monts à pic, et tourbillonnent en vagues écumeuses.

Cette onde, qu'on va chercher si loin, est moins limpide que celle du hameau. Dans la prairie empreinte des jeux de l'enfance, un ruisselet serpente en se jouant parmi les fleurs ; cette source coule paisible, elle ne vient rider ni les plaisirs ni les âges.

Après avoir visité ces grandes scènes du Nouveau-Monde, on fait voile pour Christiana. Là, on va reconnaître les bords de ces bras de mer fameux, dont des montagnes sont les écueils.

De là, on vient camper aux portes du Kremlin, et recevoir les cent saluts des Moscovites à jaquettes roses ; ils quêtent, par leurs courbettes, l'étrenne de leur bazar. Partout on voit l'homme s'incliner devant la fortune.

A Saint-Pétersbourg, à Stockholm, à Copenhague, partout de la poussière d'or !... Mais aussi, partout le progrès, partout des édifices, des musées, où le génie et les arts sont en parade sous des dômes. Il n'y a pas jusqu'au cabinet de curiosités de *Drontyeim* qui ne révèle un chef-d'œuvre. Ici le portrait de Christian V fut exécuté, avec une fidélité parfaite, par un berger qui remit au monarque le buste, le couteau et le rondin qui lui avaient servi d'instrument et de type. Ce tribut d'inspiration, quoique vermoulu, est toujours admiré.

Autour d'un clocher de la Loire, celui de Néronde, naquit aussi un berger sculpteur : Foyatier a laissé le saint Christophe, patron du village, sur l'autel paroissial ; ce fut son premier essai ; un bloc de bois blanc fut son marbre. Il a emporté son couteau pour le troquer contre un ciseau, et quand le Spartacus est admiré des grands, le menu peuple s'agenouille au nom d'un élu du ciel, et prie près d'une ébauche.

Dans la patrie des Scaldes, on passe aux merveilles des chants antiques. Les vieilles ballades des enfants du Nord résonnent ; ce sont des bardits que les échos de France ont répercutés près des tombeaux et des cités broyées par les lances. Aux vieilles souvenances succèdent les jeunes annales : le voyageur parcourt ce sol au pas de charge de Napoléon ; à un roulement de tambour, le soldat-roi rassembla ses légions pour les conduire des bords de la Néva aux rives du Tage.

De même, en quittant les plages glacées, l'imagination vient s'échauffer au bivouac du Mont-Serra. Elle plane sur tous les trophées de la vieille Ibérie, elle scrute les auto-da-fé modernes.

Le jour d'une solennité de mort arrive ; toutes les voix d'airain la proclament. C'est à Madrid, c'est sur la *Playa-Major* que la scène terrifiante se déploie : le supplice de Diégo-Lopez est en relief. C'est un prêtre qu'on va exécuter par strangulation, et un prêtre qui a protégé le drapeau de France !

C'est une rareté dans les mœurs et dans les croyances. Il faut y être, il faut voir l'appareil de la garotte, pour se former une idée de tout ce qui se faisait et de tout ce qui se fait.

On ajuste le poteau au pied duquel est placé le fauteuil qui doit recevoir le patient. Une boucle de fer est le nœud coulant retenu par une vis : d'un seul tour, on doit aplatir le cou du supplicié. Près de l'échafaud, les mendiants tendent la main pour demander un denier « au nom de l'âme qui va « partir. » La procession des pénitents commence. Lopez, habillé de noir, est à cheval, deux desservants l'accompagnent ; c'est un frère qui le mène à la mort. Le bourreau et son aide sont debouts. Ils tiennent le drap lugubre qui doit couvrir la tête du condamné lorsqu'il sera sur le siége fatal. Le signal est donné : le patient entend les litanies des agonisants, les prêtres assistants ferment leur bréviaire, et lui donnent le baiser de paix !...

Quand l'homme de Dieu a fini, l'homme de la loi agit.... On entend craquer les vis et les os du condamné!... A la pression du fer, le peuple bat des mains!

L'Angleterre, au récit du supplice d'un ministre catholique, proclama les progrès du siècle et l'ébranlement du fanatisme! Et la bourse de Londres cota les fonds d'Espagne en hausse.

Laissons égoutter ce sang, et ne crions plus haro sur les vieux royaumes : il n'y a plus d'intervalle entre la prévention et le tombeau.

Une exécution en Espagne, un enterrement en Suisse, sont autant de tableaux qui se reflètent sur le globe, avec des phases de similitude, qui rapprochent et les mœurs et le temps.

Le trépas d'un crétin, dans les montagnes de l'Helvétie comme dans les monts de la Péninsule, est toujours la peinture des vieux temps. Allez dans un châlet des Grisons ou dans une chaumière de la Biscaye, et voyez mourir un répudié ; même abandon à son lit de mort. On dirait que l'âme est restée au ciel, et qu'elle voit profaner son enveloppe d'argile. Pourtant, l'homme n'est point maudit de Dieu, et le crétin est un homme! Si un peu de terre est jetée sur cette pauvre dépouille, c'est un lévite catholique qui est venu la répandre.

Du haut des Pyrénées, comme du sommet des Alpes, on voit des peuples qui se courbent : le knout s'est rapproché des crêtes helvétiques; l'Allemagne, cette terre des Franks-Germains, a renié son origine ; ses étendards ont aujourd'hui pour support le bâton de la schlag. Le ressentiment seul est discipliné ; une vengeance, chez les Allemands, est un trait de caractère. Le trépas par le duel est repoussé, l'assassinat offre une trop belle mort ; il faut l'échafaud pour couche d'agonie.

La jalousie fomente un complot; elle se cache sous l'espionnage, elle fait tomber les têtes... La tombe de Balti, enveloppée dans la haine de Slafenhaler, proclame la dégradation politique.

La police, qui frôle les consciences et corrompt tout ce qu'elle touche, s'est hissée sur les faisceaux sanglants de la Pologne ; elle a fait tomber dans ses piéges les deux frères Nienojonski, défenseurs de Callst : tous deux ont trouvé la mort, l'un en se rendant à son exil du Caucase, l'autre dans un cabanon des aliénés de Charenton. Dans deux royaumes, la police a perçu sa dîme secrète. Elle a surpris à Tœplitz les mystères des princes en incognito de plaisir : sous la couronne de fleurs de la comtesse de Hartah, elle a signalé celle de Guillaume de Prusse. Dans le même lieu, elle a écouté aux portes, elle a saisi les soupirs de nobles infortunes, pour les livrer, à l'aide du budget de la France, aux agresseurs des vieux trônes.

La Grande-Bretagne regarde en riant tous ces jouets du continent, qu'elle façonne et broie selon ses caprices pécuniaires. Sur un mât de haut-bord, elle place son drapeau, elle impose le salut à tous les pavillons, comme reine des mers, et coule bas les navires irrévérencieux.

Cette île dominatrice montre le diadème de ses rois, dont la valeur pourrait acheter un empire. Mais l'éclat du superbe *Régent* qui l'orne a été obscurci : les rayons de l'*Étincelle* de Portugal ont absorbé les siens. Le riche empire a perdu la primauté de son écrin ; cet affront a été au moment d'être lavé dans le sang de deux populations.

Le diamant portugais pèse près d'une once, et sa valeur a été cotée à sept milliards ; il a valu à trois condamnés une grâce de mort ; c'est pendant que le sable de *Labarte* était mis à découvert par la sécheresse du vent d'hiver, que ce trésor a surgi de la vase ; depuis ce temps, la liberté est proclamée, à *Serro-do-Faio*, pour chaque nègre qui trouve un diamant de dix-sept carats. Là, ce n'est pas l'esprit de l'Évangile qui porte apitoyance aux populations courbées ; c'est l'appât d'orner les couronnes.

Là encore, la vie d'un homme est suspendue au fil de la balance spéculative : c'est aux armes de Portugal que cette balance est marquée, et l'Angleterre était envieuse d'y apposer son écusson.

Tous ces mondes intellectuels se remuent à la vue de l'or ou des pierreries ; des comptoirs s'établissent sur toutes les rives, ils échangent des hommes pour des métaux, occupent tous les détroits, toutes les presqu'îles, tous les golfes ; ils campent aux deux pôles, et traversent tous les déserts, pour étancher leur soif du gain. Voilà le siècle qu'on cherche à faire grand, sous le manteau de quelques grandes renommées qui l'ont traversé en courant !

On commerce, même avec le crime. *Trituas* et *Botany-Bay* fraternisent ; la Chine et le continent ont rompu leurs mystères pour trafiquer ensemble.

L'empereur du Japon, le Dairo, ferment leurs temples pour établir des bazars. Dans la grande et dans la petite Bukarie, ce sont des caravanes de toutes les nations qui se croisent : elles sont à la recherche de toutes les industries ; elles exportent avec profusion celles de leurs rives. Le brick qui part des États barbaresques cingle avec l'audace du rapt, et va chercher sa proie sur toutes les mers. Le pays des Hottentots et l'île de Madagascar ont aussi leurs flottes. Les peuplades en guerre brûlent les huttes, livrent les prisonniers au comptoir des rançons européennes, et la tête des noirs se courbe sous l'esclavage. Dans nos colonies, la canne à sucre est plantée à la suite de ces trafics d'hommes.

Les vieux pays se sont régénérés sur les nouvelles plages. La *Nouvelle-*

Bretagne, la *Nouvelle-Écosse*, la *Nouvelle-Galles*, chantent le *God save the King*, à l'ombre du pavillon d'Angleterre.

La *Nouvelle-Orléans*, la *Nouvelle-Madrid*, la *Nouvelle-Espagne*, la *Nouvelle-Hollande*, la *Nouvelle-Zélande*, la *Nouvelle-Guinée*, toutes ces jeunes nations dont les plus importantes se jouent au milieu de l'Océan, redisent les conquêtes, le pouvoir, les mœurs et les croyances des nations mères ; elles sont encore tout éblouies de leur nouveau flambeau. C'est un astre qui projette ses rayons ; il meurt lorsque l'imagination, qui est aussi une voyageuse, écarte Dieu des bornes du voyage.

« Rien n'est grand dans le monde, quand le souffle divin se retire de la « matière ; l'homme lui-même retombe en poussière dans le sein de cette « terre sur laquelle il était roi. » Voilà ce que le pasteur du village dit à ses ouailles ; alors la vérité prend pose dans le cœur.

Au vieux monde seul, les souvenirs... Sur la plage où la Gaule en armes fit reculer les phalanges de Rome et balaya de front la cendre des vaincus, sur cette terre, toute meurtrie de gloire et des saintes croyances catholiques, le Français est fier de son berceau.

Les émotions se pressent aux rives de l'onde natale : l'homme des champs n'est point nomade, il parcourt, chaque printemps, les sentiers que ses pères ont battus ; il salue le mamelon où reposent les siens tout près de leur foyer ; c'est là son seul trajet. Lorsque le cœur s'attache au gîte, on ne voyage pas. Là, quand le peuplier s'agite, l'œil ne regrette point l'arbuste de Java dont les rameaux s'inclinent, et que les naturels ont doté du nom de *bonjour*. Sous l'arbre qui se plie sous l'aile du vent, la parole amie qui nous accueille de son vœu matinal, vaut bien un arbrisseau qui souhaite au voyageur un *jour heureux*. La sonnerie du hameau marque l'heure du travail et celle du repos ; elle vibre mieux que la voix des hérauts des schaws de Perse. Ces hérauts crient : Lorsque le maître du soleil « vient de finir son repas, il est permis à tous les peuples de la terre de « dîner. » Ce cri, perdu dans l'espace, n'est pas venu jusqu'à la rive chrétienne, où le père de famille bénit encore le repas, et dîne sans attendre que le souverain de son royaume lui en octroie la licence.

Les peuples du Lauristan sont régis par des kans qui font fléchir l'homme et ont du respect pour les bêtes. Ces peuples sont-ils mieux que nous ?

Rassemblés autour du foyer qui reçoit la bûche de Noël, nous cherchons à réchauffer nos souvenirs aux récits des exploits de nos aïeux. Ces plaisirs valent bien ceux qu'on trouve en traversant les terres de *Sandwich*. Là, il n'est pas permis de parler des siens sans payer une rançon : là, résident les glaces éternelles.

Dans le bien-être du toit héréditaire, on n'envie pas l'explorateur des plages lointaines. A la *Terre Verte*, il fait trop froid; à l'île *Sabrina*, trop chaud ; le volcan sous-marin y fait bouillonner l'onde. Dans la Sicile, c'est la poussière qui suffoque : l'Etna, avec ses cinquante montagnes volcaniques, produit trop de lave broyée ; elle s'éparpille dans l'air et brûle la poitrine qui l'aspire.

Tout est tribulation, loin de la demeure et du clocher de famille, et peut-être que Duranton, qui naquit sur les bords de la Loire et qui en Afrique s'est fait roi du Kasjo, préférerait aujourd'hui sa chaumière, au palais desservi par ses esclaves.

Sous le vieux hêtre des aïeux, on rencontre aussi des caravanes, mais elles se bornent à venir chercher aux chapelles miraculeuses une bénédiction pour les riantes vallées qui recèlent leurs moissons et leurs fruits.

On peut apprendre beaucoup, peut-être, chez les Apicas et chez les Cahahivas, mais les rives du golfe de Julie n'ont aucun retentissement du passé. Celles d'un simple ruisseau de France murmurent des chroniques d'honneur : sur ces bords ne bondira point, il est vrai, le lion marin de l'océan Arctique, mais des tiges bienfaisantes naissent à sa surface.

Laissons les monstres amphibies aux pauvres Esquimaux, déjà traînés sur les glaces polaires par des dogues blancs ; laissons les Mongols présenter « le lait caillé des bêtes fauves » pour offrande d'hyménée : la crème de nos laiteries est plus douce et plus pure. N'envions pas au sauvage de l'Ohio ce collier symbolique de l'amitié, qui l'oblige à tout quitter pour le frère qu'il s'est choisi : si l'orage ou la lutte emporte les grains, le charme est rompu ; le lien de la fraternité chrétienne ne se dénoue pas même par la mort.

Abandonnons aux enfants de Mahomet le prestige d'une vie sans rides, dans nos hameaux, ce n'est point la recette de Geber, proclamée chez les Arabes, qui produit le don de refouler les années. Cette liqueur des Imans est une fausse étincelle : pour l'homme de cœur, le vrai secret de rajeunir, c'est de revoir de vieux amis et de nouvelles saisons autour du clocher de ses pères.

D. de St-E.

LIVRE V

RÉFLECTEUR

LIVRE V

RÉFLECTEUR

I

Un salut de dignité et de regret, un cri d'espérance saluant les tombeaux, c'est la terre qui vient consulter le ciel, c'est une nation qui se replie pour garder le joyau d'avénement.

Le sceptre qui repose près de la main de justice, dans le royaume des fils aînés de l'Église, la France, semble avoir imposé aux générations l'intelligence de la langue des siècles et l'intuition des engagements du devoir ; les larmes ont toujours popularisé la douleur ; l'adieu de la tombe met au grand jour cette vérité : le premier pas que nous allons faire à côté d'une dépouille révérée nous sépare à tout jamais d'elle... si l'adieu est chrétien, celui qui vient de départir nous attend au lendemain.

LE ROI EST MORT : VIVE LE ROI.

Le roi est mort !... Jour d'épouvante où ce cri fut entendu, il y a trente ans, pour la dernière fois dans Paris ! Le roi est mort ! La monarchie va-t-elle se dissoudre ? La colère céleste s'est-elle déployée de nouveau sur la France ? Où fuir ? où se cacher devant la terreur et la tyrannie ? Pleurez, Français ! vous avez perdu le roi qui vous a sauvés, le roi qui vous a rendu la paix ; le roi qui vous a faits libres : mais ne tremblez point pour votre destinée ; le roi est mort, mais le roi est vivant. LE ROI EST MORT : VIVE LE ROI ! C'est le cri de la vieille monarchie ; c'est aussi le cri de la monarchie nouvelle.

Un double principe politique est renfermé dans cette acclamation de la douleur et de la joie : l'hérédité de la famille souveraine, l'immortalité de l'État. C'est à la loi salique que nous devons, comme nation, une existence dont la durée n'a point d'exemple dans les annales du monde. Nos pères étaient si convaincus de l'excellence de cette loi que, dans la crainte de la violer, ils ne reconnurent point immédiatement Philippe de Valois pour successeur de Charles le Bel. A la mort de celui-ci, la monarchie demeura sans monarque. La reine était grosse ; elle pouvait porter ou ne pas porter le roi dans son sein : en attendant on resta soumis à la légitimité inconnue, et le principe gouverna dans l'absence de l'homme.

Certes, il peut s'appeler immortel un État qui a vu le sang d'une même race passer de Robert le Fort à Charles X. « Quel royaume, « dit un vieil écrivain (qui sous Henri III défendait les droits de « Henri IV contre les prétentions des Guise); quel royaume, mo- « narchie et république, est aujourd'hui ou a été au monde, « mieux orné, affermi et fortifié des plus belles polices, lois et « ordonnances que la française? Où est-ce que les autres ont une « loi salique pour la succession du royaume? Quels rois ailleurs se « voient et se sont vus mieux aimés, obéis et révérés? Néanmoins « ils ont laissé régler et limiter leur puissance par des lois et ordon- « nances qu'eux-mêmes ont faites ; ils se sont soumis sous la « même raison que leur peuple, et ont, d'ancienne institution, « réduit leurs voulants sous la civilité de la loi. Pour raison de « quoi tout le peuple, avec une douce crainte, a été contraint de « les aimer.

« Qui ont donc été les rois au monde qui se soient plus acquis « de gloire par la justice que les nôtres? Ils n'ont pas moins acquis « à leur royaume l'honneur et la prééminence des bonnes lettres « et des sciences libérales que des armes. Grand nombre « d'hommes signalés en savoir et intelligence sont sortis de cette « école de lettres, et la France a provigné quant et quant d'excel- « lents capitaines (outre ceux du sang royal) par la discipline que

« nos rois y avaient établie, lesquels rois ont peuplé mêmement
« les nations étrangères d'hommes héroïques.

« Reste maintenant à exposer les autres grâces, bénédictions
« et bonnes rencontres d'heur particulières dont il a plu à la
« divine providence ordonner la famille de Hugues Capet par-
« dessus toutes les autres : l'une est de l'avoir fait être la plus
« noble et plus ancienne de toutes les races royales qui sont au-
« jourd'hui au monde ; car à compter depuis le temps que Robert
« le Saxon, que nous prenons pour le chef d'icelle, se voit connu
« par les histoires, elle a subsisté près de huit cents ans, étant
« parvenue en la personne de notre très-chrétien roi Henri III
« jusqu'à la vingt-troisième génération de père en fils, si nous ne
« comptons point plus avant que ledit Robert.

« A ces premiers bonheurs s'en vient joindre un non moins
« remarquable que les précédents, qui est d'avoir produit plus de
« maisons et de familles royales, et donné plus grand nombre de
« rois, empereurs, princes, ducs et comtes à divers royaumes et
« contrées.

« Toutes ces bonnes et belles remarques que nous avons propo-
« sées jusqu'à ici de nos rois, semblent bien leur avoir appartenu
« en général ; mais outre icelles chacun d'eux (du moins la plus
« grande partie) s'est encore si bien fait remarquer en son parti-
« culier de certaines grâces et dons d'esprit, qu'elles leur ont
« acquis ces honorables surnoms, qui rendent encore aujourd'hui
« leur mémoire illustre. »

Il augmentera la liste de ces illustres monarques, Louis le
Désiré, de paternelle et pacifique mémoire, que la reconnaissance,
les pleurs, les regrets de la France et de l'Europe accompagnent
au tombeau. On peut dire de l'arbre de la lignée royale, né du sol
de la France, ce que le poëte dit du chêne :

. . Immota manet; multosque nepotes,
Multa virum volvens durando sæcula, vincit.

Comme ce vieil écrivain dont la fidélité pressentait Henri IV, l'auteur du présent écrit eut le bonheur en 1814, au second avénement des Bourbons, d'annoncer Louis XVIII. Alors la France était envahie ; nous étions accablés de malheurs, environnés de craintes et de périls. Rien n'était décidé ; on se battait sur divers points du royaume ; on négociait à Paris : Bonaparte habitait encore le château de Fontainebleau quand il lut l'histoire de ce roi légitime, qui n'avait point d'armée dans la coalition des rois, mais qui était pour lui plus redoutable que ces monarques. Ce fut en effet la force de la légitimité qui précipita l'usurpation.

Le premier service que l'héritier des fleurs de lis rendit à sa patrie fut de la dégager de l'invasion européenne. La capitale de la France n'avait jamais été conquise sous la race légitime : Bonaparte avait amené les étrangers dans Paris avec son épée ; Louis XVIII les en écarta avec son sceptre.

Un peuple encore tout ému, tout enivré de la gloire des armes, vit avec surprise un *vieux Français* exilé venir se placer naturellement à sa tête comme un père qui, après une longue absence, rentre dans sa famille, ne supposant pas qu'on puisse contester son autorité. Louis XVIII n'était point étonné des grandeurs nouvelles, des miracles récents de la France ; il apportait en compensation mille ans de nos antiques grandeurs, de nos anciens prodiges ; il ne craignait point de compter avec le siècle et la nation, assez riche qu'il était pour payer son trône. On lui rendait, il est vrai, le Louvre embelli, mais c'était sa maison. Jean Goujon et Perrault l'avaient ornée par ordre de Henri II et de Louis XIV ; Philippe-Auguste en avait posé la première pierre et acheté le terrain ; Louis XVIII pouvait représenter le contrat d'acquisition.

Ce prince comprenait son siècle, et était l'homme de son temps : avec des connaissances variées, une instruction rare, surtout en histoire, un esprit applicable aux petites comme aux grandes affaires, une élocution facile et pleine de dignité, il convenait au moment où il parut, et aux choses qu'il a faites. S'il est extraordinaire que Bonaparte ait pu façonner à son joug les hommes de la république, il n'est pas moins étonnant que

Louis XVIII ait soumis à ses lois les hommes de l'empire, que la gloire, que les intérêts, que les passions, que les vanités mêmes se soient tus simultanément devant lui. On éprouvait en sa présence un mélange de confiance et de respect : la bienveillance de son cœur se manifestait dans sa parole, la grandeur de sa race dans son regard. Indulgent et généreux, il rassurait ceux qui pouvaient avoir des torts à se reprocher; toujours calme et raisonnable, on pouvait tout lui dire, il savait tout entendre. Pour les délits politiques, le pardon chez les Français lui semblait moins sûr que l'oubli, sorte de pardon dépouillé d'orgueil, qui guérit les plaies sans faire d'autres blessures. Les deux traits dominants de son caractère étaient la modération et la noblesse : par l'une il conçut qu'il fallait de nouvelles institutions à la France nouvelle ; par l'autre il resta roi dans le malheur, témoin sa belle réponse aux propositions de Bonaparte.

La partie active du règne de Louis XVIII a été courte, mais elle occupera une grande place dans l'histoire. On peut juger ce règne par une seule observation : il ne se perd point dans l'éclat que Napoléon a laissé sur ses traces. On demande ce que c'est que Charles II après Cromwell, Charles II, dont la restauration ne fut que celle des abus qui avaient perdu sa famille : on ne demandera jamais ce que c'est que le sage qui a délivré la France des armées étrangères, après l'ambitieux qui les avait attirées dans le cœur du royaume; on ne demandera jamais ce que c'est que l'auteur de la Charte, le fondateur de la monarchie représentative; ce que c'est que le souverain qui a élevé la liberté sur les débris de la révolution, après le soldat qui avait bâti le despotisme sur les mêmes ruines ; on ne demandera jamais ce que c'est que le roi qui a payé les dettes de l'État et fondé le système de crédit après les banqueroutes républicaines et impériales; on ne demandera jamais ce que c'est que le monarque qui, trouvant une armée détruite, a recréé une armée; le monarque qui, après des guerres glorieuses, mais longues et funestes, a mis fin en quelques mois, par un vaillant prince, à la prodigieuse expédition d'Espagne, tuant deux révolutions d'un seul coup, rétablissant deux rois sur leur trône, replaçant la France à son rang militaire en Europe, et couronnant son ouvrage en nous assurant l'indépendance au dehors, après nous avoir donné la liberté au dedans.

Son règne s'agrandira encore en s'éloignant de nous : la postérité le regardera comme une nouvelle ère de la monarchie, comme l'époque où s'est résolu le problème de la révolution, où s'est opérée la fusion des principes, des hommes et des siècles, où tout ce qu'il y avait de possible dans le passé s'est mêlé à tout ce qu'il y avait de possible dans le présent. De la considération des difficultés innombrables que Louis XVIII a dû rencontrer à l'exécution de ses desseins, naîtra pour lui dans l'avenir une admiration réfléchie. Et quand on observera que ce monarque, qui avait tant souffert, n'a exercé ni réaction ni vengeance ; que ce monarque, dépouillé de tout, a aboli la confiscation ; qu'étant maître de ne rien accorder en rentrant en France, il nous a rendu des libertés pour des malheurs, nul doute que sa mémoire ne croisse en estime et en vénération chez les peuples.

Nous venons de le perdre, ce roi patient et juste. Pendant un hiver du nord, obligé de fuir d'exil en exil avec le fils et la fille de nos rois, ses pieds avaient été atteints par le froid rigoureux du climat : ses infirmités étaient encore en partie notre ouvrage, et au milieu de ses longues douleurs, il ne s'est jamais souvenu de ceux qui les avaient causées. On l'a vu, au moment d'expirer, opposer à des maux qui auraient abattu toute autre âme que la sienne un calme qui semblait imposer à la mort. Depuis longtemps il est donné au peuple le plus brave d'avoir à sa tête les princes qui meurent le mieux : par les exemples de l'histoire, on serait autorisé à dire proverbialement : *Mourir comme un Bourbon*, pour exprimer tout ce qu'un homme peut mettre de magnanimité dans sa dernière heure.

Louis XVIII n'a point démenti cette intrépidité de famille. Après avoir reçu le saint viatique au milieu de sa cour, le fils aîné de l'Église a béni d'une main défaillante, mais avec un front serein, ce frère encore appelé à un lit funèbre, ce neveu qu'il nommait le *fils de son choix*, cette nièce, deux fois orpheline, et cette veuve, deux fois mère.

Cependant le peuple donnait des signes non équivoques de sa douleur. Essentiellement monarchique et chrétien quand il est abandonné à lui-même, il environnait le palais et remplissait les églises; il recueillait les moindres nouvelles avec avidité, lisait, commentait les bulletins, en y cherchant quelques lueurs d'espérance. Rien n'était touchant comme cette foule silencieuse qui parlait bas autour du château des Tuileries, dans la crainte de troubler l'auguste malade : le roi mourant était pour ainsi dire veillé et gardé par son peuple.

Souvent oubliée dans la prospérité, mais toujours invoquée dans l'infortune, la religion augmentait le respect et l'attendrissement général par sa sollicitude et par ses prières; elle faisait entendre devant l'image du Dieu vivant ce cantique d'Ézéchias que le génie français a dérobé à l'inspiration des divines Écritures, ce *Domine salvum fac Regem* que notre amour pour nos rois a rendu si populaire. Des larmes coulèrent de tous les yeux lorsqu'on vit passer les différents corps de la magistrature, se rendant à pied à Notre-Dame, afin d'implorer le ciel pour celui de qui toute justice émane en France. On remarquait surtout, à la tête de la première cour du royaume, le vieillard illustre qui, après avoir défendu la vie de Louis XVI au tribunal des hommes, allait demander celle de Louis XVIII à un juge qui n'a jamais condamné l'innocence.

Ce souverain juge, en appelant au milieu de son repos notre roi souffrant, fatigué et rassasié de jours, se préparait à prononcer sur lui une sentence de délivrance et non de condamnation.

(Mél. littér.)

II

L'ère des martyrs s'ouvrit, le ciel recueillit des larmes, du sang, mais il fit briller autant d'auréoles qu'il y eut de victimes sacrifiées aux dieux du paganisme : « Les chrétiens aux bêtes ! » c'était un cri qui fertilisait l'immensité pour faire fleurir des palmes.

Le marbre, l'airain, la pierre, tous ces dieux créés par l'homme, ne pouvaient résister à la lueur d'en haut; ils furent pulvérisés.

Quel tableau pour l'esprit chrétien ! que d'images sublimes ! que de conceptions de foi, de grandeur et de gloire pour l'âme assez forte pour braver les supplices, en voyant derrière les arènes la main du Créateur levée pour bénir la victime.

Le dogme du vrai conserve le baume de la vie; il n'est plus effeuillé sur les plaies, elles se cicatrisent d'elles-mêmes; l'amour divin transforme les souffrances de la terre en béatitude.

Tel est le tableau qui se déploie à la chute de Rome, dans les fastes de ce cirque, où est inscrite la décadence morale de ses institutions. Quel enseignement pour l'adversité ! quel tribut vivifiant pour le monde. Devant les grands principes, la raison s'incline, et Dieu qui domine tout ce qu'il y a de plus grand, aime à voir dans l'homme des conceptions qui reflètent l'intelligence suprême; plus elles sont incompréhensibles dans leur application et plus elles deviennent simples par la majestueuse pureté du sujet.

Le dernier repas, au moment de comparaître au supplice de la foi, tel est un des élans du génie qui se multiplie et se diversifie pour saluer la Divinité.

LE REPAS LIBRE.

Il y avait à Rome un antique usage : la veille de l'exécution des criminels condamnés aux bêtes, on leur donnait à la porte de la prison un repas public, appelé le repas libre. Dans ce repas on leur prodiguait toutes les délicatesses d'un somptueux festin : raffinement barbare de la loi, ou brutale clémence de la religion : l'une, qui voulait faire regretter la vie à ceux qui l'allaient perdre;

l'autre, qui, ne considérant l'homme que dans les plaisirs, voulait du moins en combler l'homme expirant.

Ce dernier repas était servi sur une table immense, dans le vestibule de la prison. Le peuple, curieux et cruel, était répandu à l'entour, et des soldats maintenaient l'ordre. Bientôt les martyrs sortent de leurs cachots, et viennent prendre leurs places autour du banquet funèbre : ils étaient tous enchaînés, mais de manière à pouvoir se servir de leurs mains. Ceux qui ne pouvaient marcher à cause de leur blessures étaient portés par leurs frères. Eudore se traînait appuyé sur les épaules de deux évêques, et les autres confesseurs, par pitié et par respect, étendaient leurs manteaux sous ses pas. Quand il parut hors de la porte, la foule ne put s'empêcher de pousser un cri d'attendrissement, et les soldats donnèrent à leur ancien capitaine le salut des armes. Les prisonniers se rangèrent sur les lits en face de la foule : Eudore et Cyrille occupaient le centre de la table; les deux chefs des martyrs unissaient sur leurs fronts ce que la jeunesse et la vieillesse ont de plus beau : on eût cru voir Joseph et Jacob assis au banquet de Pharaon. Cyrille invita ses frères à distribuer au peuple ce repas fastueux, afin de le remplacer par une simple agape, composée d'un peu de pain et de vin pur : la multitude étonnée faisait silence; elle écoutait avidement les paroles des confesseurs.

« Ce repas, disait Cyrille, est justement appelé le repas libre, puisqu'il nous délivre des chaînes du monde et des maux de l'humanité. Dieu n'a pas fait la mort, c'est l'homme qui l'a faite. L'homme nous donnera demain son ouvrage, et Dieu, qui est auteur de la vie, nous donnera la vie. Prions, mes frères, pour ce peuple : il semble aujourd'hui touché de notre destinée ; il est bien à plaindre ! Prions pour lui et pour Galérius notre empereur.»

Et les martyrs priaient pour le peuple et pour Galérius leur empereur.

Les païens, accoutumés à voir les criminels se réjouir follement dans l'orgie funèbre, ou se lamenter sur la perte de la vie, ne revenaient pas de leur étonnement. Les plus instruits disaient :

« Quelle est donc cette assemblée de Catons qui s'entretiennent paisiblement de la mort la veille de leur sacrifice? Ne sont-ce point des philosophes, ces hommes qu'on nous représente comme les ennemis des dieux? Quelle majesté sur leur front! quelle simplicité dans leurs actions et dans leur langage ! »

La foule disait :

« Quel est ce vieillard qui parle avec tant d'autorité, et qui enseigne des choses si innocentes et si douces? Les chrétiens prient pour nous et pour l'empereur : ils nous plaignent; ils nous donnent leur repas; ils sont couverts de plaies, et ils ne disent rien contre nous ni contre les juges. Leur Dieu serait-il le véritable Dieu ? »

Tels étaient les discours de la multitude. Parmi tant de malheureux idolâtres, quelques-uns se retirèrent saisis de frayeur, quelques autres se mirent à pleurer, et criaient :

« Il est grand le Dieu des chrétiens ! Il est grand le Dieu des martyrs ! »

Ils restèrent pour se faire instruire, et ils crurent en Jésus-Christ.

(Mart. liv. 12.)

III

L'histoire d'Angleterre et celle de France ont entre elles l'analogie des catastrophes ; on les mit souvent en relief pour servir de leçon au pouvoir comme au peuple. La minorité et la majorité du Parlement anglais, ce roulis qui a entraîné la chute des Stuarts, s'est reproduit dans la Révolution française ; la dépréciation des couronnes et le maléfice des libertés publiques sortirent du même centre.

Les factions ont toujours livré aux soulèvements un drapeau déchiré. Jamais la paix ne surgit quand le sang est figé sous l'haleine du régicide.

PARLEMENT D'ANGLETERRE.

Les troubles qui commencèrent à agiter l'Angleterre vers la fin du règne de Jacques Ier donnèrent naissance aux deux divisions qui sont, depuis cette époque, restées distinctes dans le parlement de la Grande-Bretagne. L'opposition, d'abord connue sous le nom du *Parti de la campagne (country Party)*, traîna peu après le malheureux Charles Ier à l'échafaud. Sous le règne de son successeur, la minorité prit la célèbre appellation de *wihg* : et, sous un homme dévoré de l'esprit de faction, lord Shaftesbury, fut sur le point de replonger l'État dans les malheurs d'une révolution nouvelle. Jacques II, par son imprudence, fit triompher le parti des whigs, et Guillaume III s'empara d'une des plus belles couronnes de l'Europe. La reine Anne, longtemps gouvernée par les whigs, retourna ensuite aux torys. Le rappel du duc de Marlborough sauva la France d'une ruine presque inévitable. Georges Ier, électeur de Hanovre, soutenu de toute la puissance des premiers qui le portaient au trône, se livra à leurs conseils. Ce fut sous le règne de Georges II que la minorité commença à se faire connaître sous le nom de *partie de l'opposition*, qu'elle retient encore de nos jours. Elle obtint alors plusieurs victoires célèbres. Elle renversa sir Robert Walpole, ministre qui, par son système pacifique, s'était rendu cher au commerce. Bientôt elle parvint à mettre à la tête du cabinet le grand lord Chatham, qui éleva la gloire de sa patrie à son comble, dans la guerre de 1754, si malheureuse à la France. Lord Bute ayant succédé à lord Chatham, peu après l'avénement de Sa Majesté régnante au trône d'Angleterre, l'opposition perdit son crédit. Elle tâcha de le recouvrer dans l'affaire de M. Wikes, membre du parlement, décrété pour avoir écrit un pamphlet contre l'administration. Mais le fatal impôt du timbre, qui rappelle à la fois la révolution américaine et celle de la France, lui donna bientôt une nouvelle vigueur. Telle est la chaîne des destinées : personne ne se doutait alors qu'un bill de finance, passé dans le parlement d'Angleterre en 1765, élèverait un nouvel empire sur la terre, en 1782, et ferait disparaître du monde un des plus antiques royaumes de l'Europe, en 1789.

L'opposition crut avoir remporté un avantage signalé sur le ministre lorsqu'elle eut obtenu le rappel de ce trop fameux impôt ; et il n'est pas moins certain que ce fut ce rappel même, encore plus que le bill, qui a causé la révolution des colonies.

Trois ministres se succédèrent rapidement, après cette première irruption du volcan américain. Les rênes du gouvernement s'arrêtèrent enfin entre les mains de lord North, qui, de même que ses prédécesseurs, avait adopté le système des taxes d'outre-mer. L'insurrection des Bostoniens, lors de l'envoi du thé de la compagnie des Indes, ne fut pas plutôt connue en Angleterre, que l'opposition redoubla de zèle et d'activité. Lord Chatham reparut dans la Chambre des pairs, et parla avec chaleur contre les mesures du cabinet. Sa motion étant rejetée par une majorité de cinquante-huit voix, les moyens coercitifs restèrent adoptés dans toute leur étendue.

Bientôt après le sang coula en Amérique. J'ai vu les champs de Lexington ; je m'y suis arrêté en silence, comme le voyageur aux Thermopyles, à contempler la tombe de ces guerriers des deux mondes qui moururent les premiers pour obéir aux lois de la patrie. En foulant cette terre philosophique, qui me disait, dans sa muette éloquence, comment les empires se perdent et s'élèvent, j'ai confessé mon néant devant les voies de la Providence, et baissé mon front dans la poussière.

(Révol. anc.)

IV

Un talisman touchant est spécial aux mœurs des peuplades américaines du Nord. C'est le lien d'une union fraternelle dans la hutte des savanes ; le collier de l'alliance se tresse entre deux guerriers, et dès qu'il est échangé tout est en commun.

Tous les peuples ont leurs féeries de croyance ; c'est une disposition à aimer la réalité ; c'est qu'il y a dans l'avenir des sourires qui des lèvres passent au cœur.

LE COLLIER DE L'AMITIÉ.

Il est une coutume parmi ces peuples de la nature, coutume que l'on trouvait autrefois chez les Hellènes : tout guerrier se choisit un ami. Le nœud, une fois formé, est indissoluble ; il résiste au malheur et à la prospérité. Chaque homme devient double et vit de deux âmes ; si l'un des deux amis s'éteint, l'autre ne tardera pas à disparaître. Ainsi ces mêmes forêts américaines nourrissent des serpents à deux têtes, dont l'union se fait par le milieu, c'est à dire par le cœur : si quelque voyageur écrase l'un des deux chefs de la mystérieuse créature, la partie morte reste attachée à la partie vivante, et bientôt le symbole de l'amitié périt.

Trop jeune encore lorsqu'il perdit son père, le frère de Céluta n'avait point fait le choix d'un ami. Il résolut d'unir sa destinée à celle du fils adoptif de Chactas; il saisit donc la main de l'étranger, et lui dit : « Je veux être ton ami. » René ne comprit point ce mot, mais il répéta dans la langue de son hôte le mot *ami*. Plein de joie, Outougamiz se lève, prend une flèche, un collier de porcelaine, et fait signe à René et à Céluta de le suivre.

Non loin de la cabane habitée, on voyait une autre cabane déserte dans laquelle Outougamiz était né; un ruisseau en baignait le toit tombé et les débris épars. Le jeune Indien y pénètre avec son hôte; Céluta, comme une femme appelée en témoignage devant un juge, demeure debout à quelque distance du lieu marqué par son frère. Outougamiz, parvenu au milieu des ruines, prend une contenance solennelle; il donne à tenir à René un bout de la flèche dont l'autre bout repose dans sa main. Élevant la voix et attestant le ciel et la terre :

« Fils de l'étranger, dit-il, je me confie à toi sur mon berceau, « et je mourrai sur ta tombe. Nous n'aurons plus qu'une natte « pour le jour, qu'une peau d'ours pour la nuit. Dans les batailles, « je serai à tes côtés. Si je te survis, je donnerai à manger à ton « esprit, et après plusieurs soleils passés en festins et en combats, « tu me prépareras à ton tour une fête dans le pays des âmes. Les « amis de mon pays sont des castors qui bâtissent en commun. « Souvent ils frappent leurs tomahawks ensemble, et quand « ils se trouvent ennuyés de la vie, ils se soulagent avec leur « poignard.

« Reçois ce collier; vingt graines rouges marquent le nombre « de mes neiges; les dix-sept graines blanches qui les suivent « indiquent les neiges de Céluta, témoin de notre engagement; « neuf graines violettes disent que c'est dans la neuvième lune, « ou la lune des chasseurs, que nous nous sommes juré amitié; « trois graines noires succèdent aux graines violettes; elles « désignent le nombre des nuits que cette lune a déjà brillé. « J'ai dit. »

Outougamiz cessa de parler, et des larmes tombèrent de ses

paupières. Comme les premiers rayons du soleil descendent sur une terre fraîchement labourée et humectée de la rosée de la nuit, ainsi l'amitié du jeune Natchez pénétra dans l'âme attendrie de René. A la vivacité du frère de Céluta, au mot d'ami souvent répété, au choix extraordinaire du lieu, René comprit qu'il s'agissait de quelque chose de grand et d'auguste ; il s'écria à son tour : « Quel que soit ce que tu me proposes, homme sauvage, « je te jure de l'accomplir ; j'accepte les présents que tu me fais. » Et le frère d'Amélie presse sur son sein le frère de Céluta. Jamais cœur plus calme, jamais cœur plus troublé ne s'étaient approchés l'un de l'autre.

Après ce pacte, les deux amis échangèrent les manitous de l'amitié. Outougamiz donna à René le bois d'un élan, qui tombant chaque année se relève avec une branche de plus, comme l'amitié qui doit s'accroître en vieillissant. René fit présent à Outougamiz d'une chaîne d'or. Le sauvage la saisit d'une main empressée, parla tout bas à la chaîne, car il l'animait de ses sentiments, et la suspendit sur sa poitrine, jurant qu'il ne la quitterait qu'avec la vie ; serment trop fidèlement gardé ! Comme un arbre consacré dans une forêt à quelque divinité, et dont les rameaux sont chargés de saintes reliques, mais qui va tomber sous la cognée du bûcheron, ainsi parut Outougamiz portant à son cou l'offrande de l'amitié.

Les deux amis plongèrent leurs pieds nus dans le ruisseau de la cabane, pour marquer que désormais ils étaient deux pèlerins devant finir l'un avec l'autre leur voyage.

Dans la fontaine qui donnait naissance au ruisseau, Outougamiz puisa une eau pure où Céluta mouilla ses lèvres, afin de se payer de son témoignage, et de participer à l'amitié qui venait de naître dans l'âme des deux nouveaux frères.

(Nat. liv. 3.)

V

Le grandiose, même dans ses aspects terrifiants, attire tout ce qui est grand dans son essence; l'homme vulgaire écoute avec effroi le grondement de la foudre souterraine; il ose à peine fixer son regard sur la cendre refroidie du volcan; l'homme de génie aime à gravir le sommet de la brûlante montagne; il marque de son pied la lave encore molle et descend jusqu'au fond du cratère. Il est beau de voir Chateaubriand écrire au bord de ce torrent de feu.

LE VÉSUVE.

Me voilà au haut du Vésuve, écrivant assis à la bouche du volcan, et prêt à descendre au fond de son cratère. Le soleil se montre de temps en temps à travers le voile de vapeurs qui enveloppe toute la montagne. Cet accident, qui me cache un des plus beaux paysages de la terre, sert à redoubler l'horreur de ce lieu. Le Vésuve, séparé par les nuages des pays enchantés qui sont à sa base, a l'air d'être ainsi placé dans le plus profond des déserts, et l'espèce de terreur qu'il inspire n'est point affaiblie par le spectacle d'une ville florissante à ses pieds.

Je propose à mon guide de descendre dans le cratère; il fait quelque difficulté, pour obtenir un peu plus d'argent. Nous convenons d'une somme qu'il veut avoir sur-le-champ. Je la lui donne. Il dépouille son habit; nous marchons quelque temps sur les bords de l'abîme, pour trouver une ligne moins perpendiculaire et plus facile à descendre. Le guide s'arrête et m'avertit de me préparer. Nous allons nous précipiter.

Nous voilà au fond du gouffre. Je désespère de pouvoir peindre ce chaos.

Qu'on se figure un bassin d'un mille de tour et de trois cents pieds d'élévation, qui va s'élargissant en forme d'entonnoir. Ses bords ou ses parois intérieurs sont sillonnés par le fluide de feu que ce bassin a contenu, et qu'il a versé au dehors. Les parties saillantes de ces sillons ressemblent aux jambages de briques dont les Romains appuyaient leurs énormes maçonneries. Des rochers sont suspendus dans quelques parties du contour ; et leurs débris, mêlés à une pâte de cendres, recouvrent l'abîme.

Ce fond du bassin est labouré de différentes manières. A peu près au milieu sont creusés trois puits ou petites bouches nouvellement ouvertes, et qui vomirent des flammes pendant le séjour des Français à Naples, en 1798.

Des fumées transpirent à travers les pores du gouffre, surtout du côté de la *Torre del Greco*. Dans le flanc opposé, vers Caserte, j'aperçois une flamme. Quand vous enfoncez la main dans les cendres, vous les trouvez brûlantes à quelques pouces de profondeur sous la surface.

La couleur générale du souffre est celle d'un charbon éteint. Mais la nature sait répandre des grâces jusque sur les objets les plus horribles : la lave, en quelques endroits, est peinte d'azur, d'outremer, de jaune et d'orangé. Des blocs de granit, tourmentés et tordus par l'action du feu, se sont recourbés à leurs extrémités, comme des palmes et des feuilles d'acanthe. La matière volcanique, refroidie sur les rocs vifs autour desquels elle a coulé, forme çà et là des rosaces, des girandoles, des rubans ; elle affecte aussi des figures de plantes et d'animaux, et imite les dessins variés que l'on découvre dans les agates. J'ai remarqué sur un rocher bleuâtre un cygne de lave blanche parfaitement modelé vous eussiez juré voir ce bel oiseau dormant sur une eau paisible, la tête cachée sous son aile, et son long cou allongé sur son dos comme un rouleau de soie :

Ad vada Meandri concinit albus olor.

Je retrouve ici ce silence absolu que j'ai observé autrefois, à midi, dans les forêts de l'Amérique, lorsque, retenant mon haleine, je n'entendais que le bruit de mes artères dans mes tempes et le battement de mon cœur. Quelquefois seulement des bouffées de vent, tombant du haut du cône au fond du cratère, mugissent dans mes vêtements ou sifflent dans mon bâton ; j'entends aussi rouler quelques pierres que mon guide fait fuir sous ses pas en gravissant les cendres. Un écho confus, semblable au frémissement du métal ou du verre, prolonge le bruit de la chute, et puis tout se tait. Comparez ce silence de mort aux détonations épouvantables qui ébranlaient ces mêmes lieux lorsque le volcan vomissait le feu de ses entrailles et couvrait la terre de ténèbres.

On peut faire ici des réflexions philosophiques, et prendre en pitié les choses humaines. Qu'est-ce en effet que ces révolutions si fameuses des empires, auprès de ces accidents de la nature, qui changent la face de la terre et des mers ? Heureux du moins si les hommes n'employaient pas à se tourmenter mutuellement le peu de jours qu'ils ont à passer ensemble ! Le Vésuve n'a pas ouvert une seule fois ses abîmes pour dévorer les cités, que ses fureurs n'aient surpris les peuples au milieu du sang et des larmes. Quels sont les premiers signes de civilisation, les premières marques du passage des hommes que l'on a retrouvés sous les cendres éteintes du volcan ? Des instruments de supplice, des squelettes enchaînés.

Les temps varient et les destinées humaines ont la même inconstance. La *vie*, dit la chanson grecque, *fuit comme la roue d'un char* :

$$\text{Τροχὸς ἅρματος γὰρ οἶα}$$
$$\text{Βίοτος τρέχει κυλισθείς.}$$

Pline a perdu la vie pour avoir voulu contempler de loin le volcan dans le cratère duquel je suis tranquillement assis. Je regarde fumer l'abîme autour de moi. Je songe qu'à quelques toises de profondeur j'ai un gouffre de feu sous mes pieds ; je songe que le volcan pourrait s'ouvrir et me lancer en l'air avec des quartiers de marbre fracassés.

Quelle providence m'a conduit dans ce lieu ? Par quel hasard les tempêtes de l'océan américain m'ont-elles jeté aux champs de Lavinie : *Lavinaque venit littora?* Je ne puis m'empêcher de faire un retour sur les agitations de cette vie, « où les choses, dit saint Augustin, sont pleines de misères, et l'espérance, vide de bonheur : *Rem plenam miseriœ, spem beatitudinis inanem.* » Né sur les rochers de l'Armorique, le premier bruit qui a frappé mon oreille en venant au monde est celui de la mer ; et sur combien de rivages n'ai-je pas vu depuis se briser ces mêmes flots que je retrouve ici ?

Qui m'eût dit, il y a quelques années, que j'entendrais gémir aux tombeaux de Scipion et de Virgile ces vagues qui se déroulaient à mes pieds sur les côtes de l'Angleterre, ou sur les grèves du Maryland ? Mon nom est dans la cabane du Sauvage de la Floride ; le voilà sur le livre de l'ermite du Vésuve. Quand déposerai-je à la porte de mes pères le bâton et le manteau du voyageur ?

O patria! o divum domus Ilium!

(Voy. en It.)

VI

Le premier son de la voix de l'homme fut un chant d'adoration, autour de lui, sous ses pieds, au-dessus de sa tête, tout fit écho. Il n'y a pas de mutisme dans la nature ; tout ce qui a vie fait monter son hymne vers le ciel ; jusque sous l'herbe, le plus petit insecte fait bruire un élan d'amour : plus la créature s'élève, et plus ses accents sont harmonieux. Le ramage des oiseaux anime les forêts, égaie le verger et console la solitude du foyer.

CHANT DES OISEAUX.

La nature a ses temps de solennité, pour lesquels elle convoque des musiciens des différentes régions du globe. On voit accourir de savants artistes avec des sonates merveilleuses, de vagabonds troubadours qui ne savent chanter que des ballades à refrain, des pèlerins qui répètent mille fois les couplets de leurs longs cantiques. Le loriot siffle, l'hirondelle gazouille, le ramier gémit : le premier, perché sur la plus haute branche d'un ormeau, défie notre merle, qui ne le cède en rien à cet étranger ; la seconde, sous un toit hospitalier, fait entendre son ramage confus ainsi qu'au temps d'Évandre ; le troisième, caché dans le feuillage d'un chêne, prolonge ses roucoulements, semblables aux sons onduleux d'un cor dans les bois ; enfin le rouge-gorge répète sa petite chanson sur la porte de la grange où il a placé son gros nid de mousse. Mais le rossignol dédaigne de perdre sa voix au milieu de cette symphonie : il attend l'heure du recueillement et du repos, et se charge de cette partie de la fête qui se doit célébrer dans les ombres.

Lorsque les premiers silences de la nuit et les derniers murmures du jour luttent sur les coteaux, au bord des fleuves, dans les bois et dans les vallées ; lorsque les forêts se taisent par degré, que pas une feuille, pas une mousse ne soupire, que la lune est dans le ciel, que l'oreille de l'homme est attentive, le premier chantre de la création entonne ses hymnes à l'Éternel. D'abord il frappe l'écho des brillants éclats du plaisir : le désordre est dans ses chants ; il saute du grave à l'aigu, du doux au fort ; il fait des pauses ; il est lent, il est vif : c'est un cœur que la joie enivre, un cœur qui palpite sous le poids de l'amour. Mais tout à coup la voix tombe, l'oiseau se tait. Il recommence ! Que ses accents sont changés ! quelle tendre mélodie ! Tantôt ce sont des modulations languissantes, quoiques variées ; tantôt c'est un air un peu monotone, comme celui de ces vieilles romances françaises, chefs-d'œuvre de simplicité et de mélancolie. Le chant est aussi souvent la marque de tristesse que la joie : l'oiseau qui a perdu ses petits chante encore ; c'est encore l'air du temps du bonheur qu'il redit, car il n'en sait qu'un ; mais, par un coup de son art, le musicien n'a fait que changer la clef, et la cantate du plaisir est devenue la complainte de la douleur.

Ceux qui cherchent à déshériter l'homme, à lui arracher l'empire de la nature, voudraient bien prouver que rien n'est fait pour nous. Or, le chant des oiseaux, par exemple, est tellement commandé pour notre oreille, qu'on a beau persécuter les hôtes des bois, ravir leurs nids, les poursuivre, les blesser avec des armes ou dans des piéges, on peut les remplir de douleur, mais on ne peut les forcer au silence. En dépit de nous, il faut qu'ils nous charment, il faut qu'ils accomplissent l'ordre de la Providence. Esclaves dans nos maisons, ils multiplient leurs accords : il y a sans doute quelque harmonie cachée dans le malheur, car tous les infortunés sont enclins au chant. Enfin que des oiseleurs, par un raffinement barbare, crèvent les yeux à un rossignol, sa voix n'en devient que plus harmonieuse. Cet Homère des oiseaux gagne sa vie à chanter, et compose ses plus beaux airs après avoir perdu la vue. « Démodocus, dit le poëte de Chio, en se peignant sous les traits du chantre des Phéaciens, était le favori de la muse ; mais elle avait mêlé pour lui le bien et le mal, et l'avait rendu aveugle en lui donnant la douceur des chants. »

Τὸν περὶ μοῦσ' ἐφίλησε, δίδου δ' ἀγαθόν τε, κακόν τε.
Ὀφθαλμῶν μὲν ἄμερσε, δίδου δ' ἡδεῖαν ἀοιδήν.

L'oiseau semble le véritable emblème du chrétien ici-bas ; il préfère, comme le fidèle, la solitude au monde, le ciel à la terre, et sa voix bénit sans cesse les merveille du Créateur.

(Génie, chap. v.)

VII

Il est un génie dont le vol audacieux entraîne tout ce qui est frôlé par son aile : c'est celui de la liberté ; il proclame un ciel vers lequel il ne se dirige pas ; il faut un coup d'œil sûr pour ne pas s'égarer en le suivant ; il faut une main habile pour former des plateaux fertiles en aplanissant les cimes.

Chateaubriand a mesuré avec sagesse le terrain où le pied des peuples peut se poser sans amener l'ébranlement des trônes. L'un des premiers, il a élaboré, sans dévier des principes héréditaires, le code des libertés publiques.

LIBERTÉ.

Liberté ! le grand mot ! et qu'est-ce que la liberté politique ? je vais vous l'expliquer. Un homme libre à Sparte veut dire un homme dont les heures sont réglées comme celles de l'écolier sous la férule ; qui se lève, dîne, se promène, lutte sous les yeux d'un maître en cheveux blancs qui lui raconte qu'*il a été jadis jeune, vaillant et hardi* : si les besoins de la nature, si les droits d'un chaste hymen parlent à son cœur, il faut qu'il les couvre du voile dont on se sert pour le crime; il doit sourire lorsqu'il apprend la mort de son ami; et si la douce pitié se fait entendre à son âme, on l'oblige d'aller égorger un ilote innocent, un ilote son esclave, dans le champ que cet infortuné labourait péniblement pour son maître.

Vous vous trompez, ce n'est pas là la liberté politique; les Athéniens ne l'entendaient pas ainsi. — Et comment? — Chez eux il fallait avoir un certain revenu pour être admis aux charges de l'Etat; et lorsqu'un citoyen avait fait des dettes, on le vendait comme un esclave. Un orateur à la tribune, pourvu qu'il sût enfiler une phrase, faisait aujourd'hui empoisonner Socrate, demain bannir Phocion; et le peuple libre avait toujours à sa tête, et seulement pour la forme, Pisistrate, Hippias, Thémistocle, Périclès, Alcibiade, Philippe, Antigonus ou quelque autre.

Je voudrais bien savoir enfin combien il y a de libertés politiques; car toutes les autres petites villes possédaient aussi leurs libertés, et n'expliquaient pas le mot dans le même sens que les Athéniens et les Spartiates. C'est un singulier gouvernement qu'une république où il faut que tous les membres de la communauté soient des Caton et des Catilina: si parmi les premiers il se trouve un seul coquin, ou parmi les derniers un seul honnête homme, la république n'existe plus.

On s'écrie: Les citoyens sont esclaves, mais esclaves de la loi. Pure duperie de mots. Que m'importe que ce soit la loi ou le roi qui me traîne à la guillotine? On a beau se torturer, faire des phrases et du bel esprit, le plus grand malheur des hommes c'est d'avoir des lois et un gouvernement.

L'état de société est si opposé à celui de nature, que dans le premier les êtres faibles tendent toujours au gouvernement: l'enfant bat les domestiques; l'écolier veut en montrer à son maître; le sot aspire aux emplois et les obtient presque toujours; l'hypocondriaque sacrifie son cercle à sa goutte; le vieillard réclame la première place, et la femme domine le tout.

Dans l'état de nature, l'enfant se tait et attend ; la femme est soumise, le fort et le guerrier commandent, le vieillard s'assied au pied de l'arbre et meurt.

Soyons hommes, c'est à dire libres ; apprenons à mépriser les préjugés de la naissance et des richesses, à nous élever au-dessus des grands et des rois, à honorer l'indigence et la vertu ; donnons de l'énergie à notre âme, de l'élévation à notre pensée ; portons partout la dignité de notre caractère, dans le bonheur et dans l'infortune ; sachons braver la pauvreté et sourire à la mort : mais, pour faire tout cela, il faut commencer par cesser de nous passionner pour les institutions humaines, de quelque genre qu'elles soient. Nous n'apercevons presque jamais la réalité des choses, mais leurs images réfléchies faussement par nos désirs ; et nous passons nos jours à peu près comme celui qui, sous notre zone nuageuse, ne verrait le ciel qu'à travers ces vitrages coloriés qui trompent l'œil en lui présentant la sérénité d'une plus douce latitude. Tandis que nous nous berçons ainsi de chimères, le temps vole et la tombe se ferme tout à coup sur nous. Les hommes sortent du néant et y retournent : la mort est un grand lac creusé au milieu de la nature ; les vies humaines, comme autant de fleuves, vont s'y engloutir ; et c'est de ce même lac que s'élèvent ensuite d'autres générations qui, répandues sur la terre, viennent également, après un cours plus ou moins long, se perdre à leur source. Profitons donc du peu d'instants que nous avons à passer sur ce globe, pour connaître au moins la vérité. Si c'est la vérité politique que nous cherchons, elle est facile à trouver. Ici un ministre despote me bâillonne, me plonge au fond des cachots, où je reste vingt ans sans savoir pourquoi : échappé de la Bastille, plein d'indignation, je me précipite dans la démocratie ; un anthropophage m'y attend à la guillotine. Le républicain, sans cesse exposé à être pillé, volé, déchiré par une populace furieuse, s'applaudit de son bonheur ; le sujet, tranquille esclave, vante les bons repas et les caresses de son maître. O homme de la nature ! c'est toi seul qui me fais me glorifier d'être homme ! Ton cœur ne connaît point la dépendance; tu ne sais ce que c'est que de ramper dans une cour, ou de caresser un tigre populaire. Que t'importent nos arts, notre luxe, nos villes? As-tu besoin de spectacle, tu te rends au temple de la nature, à la religieuse forêt; les colonnes moussues des chênes en supportent le dôme antique ; un jour sombre pénètre la sainte obscurité du sanctuaire, et de faibles bruits, de légers soupirs, de doux murmures, des chants plaintifs ou mélodieux circulent sous les voûtes sonores. On dit que le Sauvage ignore la douceur de la vie. Est-ce l'ignorer que de n'obéir à personne, que d'être à l'abri des révolutions, que de n'avoir ni à avilir ses mains par un travail mercenaire, ni son âme par un métier encore plus vil, celui de flatteur? N'est-ce rien que de pouvoir se montrer impunément toujours grand, toujours fier, toujours libre? de ne point connaître les odieuses distinctions de l'état civil? enfin, de n'être point obligé, lorsqu'on se sent né avec l'orgueil et la noble franchise d'un homme, de passer une partie de sa vie à cacher ses sentiments, et l'autre à être témoin des vices et des absurdités sociales?

Je sens qu'on va dire : Vous êtes donc de ces sophistes qui vantent sans cesse le bonheur du Sauvage aux dépens de celui de l'homme policé? Sans doute, si c'est là ce que vous appelez être un sophiste, j'en suis un; j'ai du moins de mon côté quelques beaux génies. Quoi ! il faudra que je tolère la perversité de la société, parce qu'on prétend ici se gouverner en république plutôt qu'en monarchie; là, en monarchie plutôt qu'en république? Il faudra que j'approuve l'orgueil et la stupidité des grands et des riches, la bassesse et l'envie du pauvre et des petits? Les corps politiques, quels qu'ils soient, ne sont que des amas de passions putréfiées et décomposées ensemble : les moins mauvais sont ceux dont les dehors gardent encore de la décence et blessent moins ouvertement la vue; comme ces masses impures destinées à fertiliser les champs, sur lesquelles on découvre quelquefois un peu de verdure.

Mais il n'y a donc point de gouvernement, point de liberté ? De liberté ? si : une délicieuse, une céleste, celle de la nature. Et quelle est-elle, cette liberté que vous vantez comme le suprême bonheur? Il me serait impossible de la peindre; tout ce que je puis faire est de montrer comment elle agit sur nous. Qu'on vienne passer une nuit avec moi chez les Sauvages du Canada, peut-être alors parviendrai-je à donner quelque idée de cette espèce de liberté. Cette nuit aussi pourra délasser le lecteur de la scène de misères à travers laquelle je l'ai conduit dans ce volume : elle en sera la conclusion. On fermera alors le livre dans une disposition d'âme plus calme et plus propre à distinguer les vérités des erreurs contenues dans cet ouvrage, mélange inévitable à la nature humaine, et dont la faiblesse de mes lumières me rend plus susceptible qu'un autre.

(Révol. anc.)

VIII

Partout, le voyageur qui médite trouve une halte pour inscrire ses pensées : pour Chateaubriand, le sol retentit, le passé parle, le présent vibre. Il ne regarde d'un œil insoucieux ni la colonne brisée, ni le vol d'un oiseau, et toujours il conserve des récits pour la patrie.

UNE HALTE EN GRÈCE.

Il était nuit, le consul envoya prévenir le commandant de la citadelle que nous y monterions le lendemain avant le lever du soleil. Je souhaitai le bon soir à mon hôte, et je me retirai dans mon appartement. Accablé de fatigue, il y avait déjà quelque temps que je dormais d'un profond sommeil, quand je fus réveillé tout à coup par le tambourin et la musette turque dont les sons discordants partaient des combles des Propylées. En même temps un prêtre turc se mit à chanter en arabe l'heure passée à des chrétiens de la ville de Minerve. Je ne saurais peindre ce que j'éprouvai : cet Iman n'avait pas besoin de me marquer ainsi la fuite des années ; sa voix seule, dans ces lieux, annonçait assez que les siècles s'étaient écoulés.

Cette mobilité des choses humaines est d'autant plus frappante qu'elle contraste avec l'immobilité du reste de la nature. Comme pour insulter à l'instabilité des sociétés humaines, les animaux même n'éprouvent ni bouleversements dans leurs empires, ni altération dans leurs mœurs. J'avais vu, lorsque nous étions sur la colline du Musée, des cigognes se former en bataillon, et prendre leur vol vers l'Afrique. Depuis deux mille ans elle font ainsi le même voyage ; elles sont restées libres et heureuses dans la ville de Solon comme dans la ville du chef des eunuques noirs. Du haut de leurs nids, que les révolutions ne peuvent atteindre, elles ont vu au-dessous d'elles changer la race des mortels : tandis que des générations impies se sont élevées sur les tombeaux des générations religieuses, la jeune cigogne a toujours nourri son vieux père. Si je m'arrête à ces réflexions, c'est que la cigogne est aimée des voyageurs ; comme eux « elle connaît les saisons dans le ciel. » Ces oiseaux furent souvent les compagnons de mes courses dans les solitudes de l'Amérique ; je les vis souvent perchés sur les wigwum du Sauvage ; en les retrouvant dans une autre espèce de désert, sur les ruines du Parthénon, je n'ai pu m'empêcher de parler un peu de mes anciens amis.

(Itin.)

IX

Il y a dans l'histoire des figures qui changent d'aspect selon le fonds sur lequel elles se dessinent. Les actes ou les institutions qui ont marqué les règnes forment un optique où la postérité pose tour à tour un verre qui grandit ou rapetisse l'image. Louis XI est un de ces types au cœur oblique, aux couleurs mal broyées.

LOUIS XI.

Louis XI vint faire l'essai de la monarchie absolue sur le cadavre palpitant de la féodalité. Ce prince tout à part, placé entre le moyen âge qui mourait et les temps modernes qui naissaient, tenait d'une main la vieille liberté noble sur l'échafaud, de l'autre jetait à l'eau dans un sac la jeune liberté bourgeoise : et pourtant celle-ci l'aimait, parce qu'en immolant l'aristocratie il flattait la passion démocratique, l'égalité.

Ce personnage, unique dans nos annales, ne semble point appartenir à la série des rois français : tyran justicier aux mœurs basses, chéri et méprisé de la populace ; faisant décapiter le connétable, et emprisonner les pies et les geais instruits à dire par les Parisiens : « *Larron, va dehors ; va, Perrette* ; » esprit matois opérant de grandes choses avec de petites gens ; transformant ses valets en hérauts d'armes ; ses barbiers en ministres, le grand prévôt en *compère*, et deux bourreaux, dont l'un était gai et l'autre triste, en *compagnons* ; regagnant par sa dextérité ce qu'il perdait par son caractère ; réparant comme roi les fautes qui lui échappaient comme homme ; brave chevalier à vingt ans, et pusillanime vieillard ; expirant entouré de gibets, de cages de fer, de chausse-trappes, de broches, de chaînes appelées les *fillettes du roi*, d'ermites, d'empiriques, d'astrologues ; mourant

Galerie des Statues
Palais de Versailles

après avoir créé l'administration, les manufactures, les chemins, les postes ; après avoir rendu permanents les offices de judicature, fortifié le royaume par sa politique et ses armes, et vu descendre au tombeau ses rivaux et ses ennemis, Édouard d'Angleterre, Galéas de Milan, Jean d'Aragon, Charles de Bourgogne, et jusqu'à l'héritière de ce duc ; tant il y avait quelque chose de fatal attaché à la personne d'un prince qui, par *gentille industrie*, empoisonna son frère, le duc de Guienne.

(Hist. de Fr.)

X

Tous les sentiments profonds recherchent la solitude ; ils ont une langue mystérieuse qui ne peut être entendue que de Dieu. Ce recueillement de l'âme marqua de son millésime les premiers temps du christianisme. Les saints solitaires furent le noyau qui fit germer les ordres religieux voués à l'expiation des fautes qu'ils ne partagèrent pas ; c'est une des palmes de l'abnégation.

ORDRES ASCÉTIQUES.

Telles sont les mœurs et les coutumes de quelques-uns des ordres religieux de la vie contemplative ; mais ces choses, néanmoins, ne sont si belles que parce qu'elles sont unies aux méditations et aux prières : ôtez le nom et la présence de Dieu de tout cela, et le charme est presque détruit.

Voulez-vous maintenant vous transporter à la Trappe, et contempler ces moines vêtus d'un sac, qui bêchent leurs tombes ? Voulez-vous les voir errer comme des ombres dans cette grande forêt de Mortagne, et au bord de cet étang solitaire? Le silence marche à leurs côtés, ou s'ils se parlent quand ils se rencontrent, c'est pour se dire seulement : *Frères, il faut mourir*. Ces ordres rigoureux du christianisme étaient des écoles de morale en action : institués au milieu des plaisirs du siècle, ils offraient sans cesse des modèles de pénitence et de grands exemples de la misère humaine aux yeux du vice et de la prospérité.

Quel spectacle que celui du trappiste mourant! quelle sorte de haute philosophie! quel avertissement pour les hommes! Étendu sur un peu de paille et de cendre, dans le sanctuaire de l'église, ses frères rangés en silence autour de lui, il les appelle à la vertu, tandis que la cloche funèbre sonne ses dernières agonies. Ce sont ordinairement les vivants qui engagent l'infirme à quitter courageusement la vie; mais ici c'est une chose plus sublime, c'est le mourant qui parle de la mort. Aux portes de l'éternité, il la doit mieux connaître qu'un autre; et, d'une voix qui résonne déjà entre des ossements, il appelle avec autorité ses compagnons, ses supérieurs même à la pénitence. Qui ne frémirait en voyant ce religieux qui vécut d'une manière si sainte, douter encore de son salut à l'approche du passage terrible? Le christianisme a tiré du sépulcre toutes les moralités qu'il renferme. C'est par la mort que la morale est entrée dans la vie : si l'homme, tel qu'il est aujourd'hui après sa chute, fût demeuré immortel, peut-être n'eût-il jamais connu la vertu.

Ainsi s'offrent de toutes parts dans la religion les scènes les plus instructives ou les plus attachantes : là, de saints muets, comme un peuple enchanté par un philtre, accomplissent sans paroles les travaux des moissons et des vendanges ; ici les filles de Claire foulent de leurs pieds nus les tombes glacées de leur cloître. Ne croyez pas toutefois qu'elles soient malheureuses au milieu de leurs austérités ; leurs cœurs sont purs, et leurs yeux tournés vers le ciel, en signe de désir et d'espérance. Une robe de laine grise est préférable à des habits somptueux, achetés au prix des vertus; le pain de la charité est plus sain que celui de la prostitution. Eh !

de combien de chagrins ce simple voile baissé entre ces filles et le monde ne les sépare-t-il pas !

En vérité, nous sentons qu'il nous faudrait un tout autre talent que le nôtre pour nous tirer dignement des objets qui se présentent à nos yeux. Le plus bel éloge que nous pourrions faire de la vie monastique serait de présenter le catalogue des travaux auxquels elle s'est consacrée. La religion, laissant à notre cœur le soin de nos joies, ne s'est occupée, comme une tendre mère, que du soulagement de nos douleurs ; mais dans cette œuvre immense et difficile elle a appelé tous ses fils et toutes ses filles à son secours. Aux uns elle a confié le soin de nos maladies, comme à cette multitude de religieux et de religieuses dévoués au service des hôpitaux ; aux autres elle a délégué les pauvres, comme aux sœurs de la Charité. Le père de la Rédemption s'embarque à Marseille : où va-t-il seul ainsi avec son bréviaire et son bâton ? Ce conquérant marche à la délivrance de l'humanité, et les armées qui l'accompagnent sont invisibles. La bourse de la charité à la main, il court affronter la peste, le martyre et l'esclavage. Il aborde le dey d'Alger, il lui parle au nom de ce roi céleste dont il est l'ambassadeur. Le Barbare s'étonne à la vue de cet Européen, qui ose seul, à travers les mers et les orages, venir lui redemander des captifs : dompté par une force inconnue, il accepte l'or qu'on lui présente ; et l'héroïque libérateur, satisfait d'avoir rendu des malheureux à leur patrie, obscur et ignoré, reprend humblement à pied le chemin de son monastère.

Partout c'est le même spectacle : le missionnaire qui part pour la Chine rencontre au port le missionnaire qui revient, glorieux et mutilé, du Canada ; la sœur grise court administrer l'indigent dans sa chaumière ; le père capucin vole à l'incendie ; le frère hospitalier lave les pieds du voyageur ; le frère du *Bien-Mourir* console l'agonisant sur sa couche ; le frère *Enterreur* porte le corps du pauvre décédé ; la sœur de la Charité monte au septième étage pour prodiguer l'or, le vêtement et l'espérance ; ces filles, si justement appelées *Filles-Dieu,* portent et reportent çà et là les bouillons, la charpie, les remèdes; la fille du *Bon-Pasteur* tend les bras à la fille égarée, et lui crie : *Je ne suis point venue pour appeler les justes, mais les pécheurs !* l'orphelin trouve un père, l'insensé un médecin, l'ignorant un instructeur. Tous ces ouvriers en œuvres célestes se précipitent, s'animent les uns les autres. Cependant la religion, attentive, et tenant une couronne immortelle, leur crie : « Courage, mes enfants ! courage ! hâtez-vous, soyez plus prompts que les maux dans la carrière de la vie ! méritez cette couronne que je vous prépare : elle vous mettra vous-mêmes à l'abri de tous maux et de tous besoins. »

Au milieu de tant de tableaux, qui mériteraient chacun des volumes de détails et de louanges, sur quelle scène particulière arrêterons-nous nos regards? Nous avons déjà parlé de ces hôtelleries que la religion a placées dans les solitudes des quatre parties du monde, fixons donc à présent les yeux sur des objets d'une autre sorte.

Il y a des gens pour qui le seul nom de capucin est un objet de risée. Quoi qu'il en soit, un religieux de l'ordre de saint François était souvent un personnage noble et simple.

Qui de nous n'a vu un couple de ces hommes vénérables, voyageant dans les campagnes, ordinairement vers la fête des Morts, à l'approche de l'hiver, au temps de la *quête des vignes ?* Ils s'en allaient demandant l'hospitalité, dans les vieux châteaux sur leur route. A l'entrée de la nuit, les deux pèlerins arrivaient chez le châtelain solitaire : ils montaient un antique perron, mettaient leurs longs bâtons et leurs besaces derrière la porte, frappaient au portique sonore, et demandaient l'hospitalité. Si le maître refusait ces hôtes du Seigneur, ils faisaient un profond salut, se retiraient en silence, reprenaient leurs besaces et leurs bâtons, et, secouant la poussière de leurs sandales, ils s'en allaient, à travers la nuit, chercher la cabane du laboureur. Si, au contraire, ils étaient reçus, après qu'on leur avait donné à laver, à la façon des temps de Jacob et d'Homère, ils venaient s'asseoir au foyer hospitalier. Comme aux siècles antiques, afin de se rendre les maîtres favorables (et parce que, comme Jésus-Christ, ils aimaient aussi les enfants), ils commençaient par caresser ceux de la maison ; ils leur présentaient des reliques et des images. Les enfants, qui s'étaient d'abord enfuis tout effrayés, bientôt attirés par ces merveilles, se familiarisaient jusqu'à se jouer entre les genoux des bons religieux. Le père et la mère, avec un sourire d'attendrissement, regardaient ces scènes naïves et l'intéressant contraste de la gracieuse jeunesse de leurs enfants, et de la vieillesse chenue de leurs hôtes.

Or, la pluie et le *coup de vent des morts* battaient au dehors les bois dépouillés, les cheminées, les créneaux du château gothique ; la chouette criait sur ses faîtes. Auprès d'un large foyer, la famille se mettait à table : le repas était cordial, et les manières affectueuses. La jeune demoiselle du lieu interrogeait timidement ses hôtes, qui louaient gravement sa beauté et sa modestie. Les bons pères entretenaient la famille par leurs agréables propos : ils racontaient quelque histoire bien touchante ; car ils avaient toujours appris des choses remarquables dans leurs missions lointaines, chez les sauvages de l'Amérique, ou chez les peuples de la Tartarie. A la longue barbe de ces pères, à leur robe de l'antique Orient, à la manière dont ils étaient venus demander l'hospitalité, on se rappelait ces temps où les Thalès et les Anacharsis voyageaient ainsi dans l'Asie et dans la Grèce.

Après le souper du château, la dame appelait ses serviteurs, et l'on invitait un des pères à faire en commun la prière accoutumée ; ensuite les deux religieux se retiraient à leur couche, en souhaitant toutes sortes de prospérités à leurs hôtes. Le lendemain on cherchait les vieux voyageurs, mais ils s'étaient évanouis, comme ces saintes apparitions qui visitent quelquefois l'homme de bien dans sa demeure.

Était-il quelque chose qui pût briser l'âme, quelque commission dont les hommes ennemis des larmes n'osassent se charger, de peur de compromettre leurs plaisirs, c'était aux enfants du cloître qu'elle était aussitôt dévolue, et surtout aux Pères de l'ordre de saint François ; on supposait que des hommes qui s'étaient voués à la misère, devaient être naturellement les hérauts du malheur. L'un était obligé d'aller porter à une famille la nouvelle de la perte de sa fortune ; l'autre de lui apprendre le trépas de son fils unique. Le grand Bourdaloue remplit lui-même ce triste devoir : il se présentait en silence à la porte du père, croisait les mains sur sa poitrine, s'inclinait profondément et se retirait muet, comme la mort dont il était l'interprète.

Croit-on qu'il y eût beaucoup de plaisirs (nous entendons de ces plaisirs à la façon du monde), croit-on qu'il fût fort doux pour un cordelier, un carme, un franciscain, d'aller au milieu des prisons, annoncer la sentence au criminel, l'écouter, le consoler, et avoir, pendant des journées entières, l'âme transpercée des scènes les plus déchirantes ? On a vu, dans ces actes de dévouement, la sueur tomber à grosses gouttes du front de ces compatissants religieux, et mouiller ce froc qu'elle a pour toujours rendu sacré, en dépit des sarcasmes de la philosophie. Et pourtant quel honneur, quel profit revenait-il à ces moines de tant de sacrifices, sinon la dérision du monde, et les injures même des prisonniers qu'ils consolaient ! Mais du moins les hommes, tout ingrats qu'ils sont, avaient confessé leur nullité dans ces grandes rencontres de la vie, puisqu'ils les avaient abandonnées à la religion, seul véritable secours au dernier degré du malheur.

(Génie, liv. 4, chap. VI.)

XI

Les bienfaits n'ont pas besoin d'être expliqués, l'erreur même les comprend ; la mauvaise foi seule les nie pour se dispenser de la gratitude.

L'Église, en marchant sur la trace divine, a implanté sur la surface du globe tout ce qui s'élève, tout ce qui porte date, au fronton des monuments, comme au sommet du progrès intellectuel. Cet idiome ne meurt pas ; il est consigné dans les archives du cœur.

LA RELIGION.

J'ai essayé de peindre aux yeux des peuples les bienfaits du christianisme ; je leur ai rappelé les immenses services d'un clergé qui a civilisé notre patrie, défriché nos champs, conservé les lettres et les arts, et qui a trouvé le temps, au milieu de tous ces travaux, de soulager toutes les misères humaines ; je leur ai montré ces dignes évêques français, étonnant par leurs vertus, dans leur exil, les peuples d'une communion différente ; ces apôtres proscrits priant pour leurs persécuteurs, ayant l'horreur du sang, et trouvant que le premier devoir était la charité.

Oui, la religion que je me fais gloire d'avoir défendue, et pour laquelle je mourrais avec joie, est une religion qui convient à tous les lieux, simple avec les peuples barbares, éclairée avec les peuples civilisés, invariable dans sa morale et dans ses dogmes, mais toujours en paix avec les lois politiques des pays où elle se trouve, toujours appropriée au siècle, et dirigeant les mœurs sans les heurter.

La religion que j'ai présentée à la vénération des hommes est une religion de paix, qui aime mieux pardonner que de punir ;

une religion qui doit ses victoires à ses miséricordes, et qui n'a besoin d'échafaud que pour le triomphe de ses martyrs.

(Op. et disc.)

XII

Il apparaît, à des distances de siècles, une main assez forte pour tenir la balance des destinées des nations, un esprit assez vaste pour tout concevoir et tout produire ; ces figures colossales ne peuvent être appréciées qu'à distance.

Tel fut Louis XIV : il domina le temps et soumit sur l'Océan les pavillons qui avaient été rois. Les flottes de la Hollande, jusqu'alors gigantesques, furent nivelées comme les drapeaux d'outre-Rhin; mais à l'ombre de la puissance du sceptre, un autre sceptre de souveraineté se formait, celui de l'intelligence.

LOUIS XIV ET L'ESPRIT PUBLIC.

Louis XIV révéla à la France le secret de sa force ; il prouva qu'elle se pouvait rire des ligues de l'Europe jalouse. Ce prince eut une fois huit cent mille hommes sous les armes, onze mille soldats de marine, cent soixante mille matelots, mille élèves de marine, cent quatre-vingt-dix-huit vaisseaux de soixante canons et trente galères armées. Les étrangers, qui cherchaient à rabaisser notre gloire, devaient ce qu'ils étaient à notre génie. En Angleterre, en Allemagne, en Italie, en Espagne, partout on reconnaît qu'on a suivi les édits de Louis XIV pour la justice, ses règlements pour la marine et le commerce, ses ordonnances pour l'armée, ses institutions pour la police des chemins et des villes ; tout, jusqu'à nos mœurs et à nos habits, fut servilement copié. Tel pays qui se vantait de ses établissements publics, en avait emprunté l'idée à notre nation ; on ne pouvait faire un pas chez les étrangers sans retrouver la France mutilée.

A ce beau côté de Louis XIV, il y a un vilain revers. Ce prince, qui fit notre patrie pour l'administration, la force extérieure, les lettres et les arts, à peu près ce qu'elle est demeurée, écrasa le reste des libertés publiques, viola les priviléges des provinces et des cités, posa sa volonté pour règle, enrichit ses courtisans de confiscations odieuses. Il ne lui vint pas même en pensée que la liberté, la propriété, la vie d'un de ses sujets, ne fussent pas à lui.

Dans les idées du temps, ou plutôt dans les idées formées par Louis XIV, cela ne choquait point. Les esprits les plus frondeurs, comme Saint-Simon qui n'aimait pas son maître et qui met à nu ses faiblesses, ne songeaient guère plus au peuple que le souverain.

Ce prince fit encore un mal irréparable à sa famille : l'éducation orientale qu'il établit pour ses enfants, cette séparation complète de l'enfant du trône des enfants de la patrie, rendirent étranger à l'esprit du siècle, aux peuples sur lesquels il devait régner, l'héritier de la couronne. Henri IV courait pieds nus et tête nue avec les petits paysans sur les montagnes du Béarn. Le gouverneur qui montrait au jeune Louis XV la foule assemblée sous les fenêtres de son palais, lui disait : « Sire, tout ce peuple est à vous. » Cela explique les temps, les hommes et les destinées.

Cependant comme la pensée sociale ne rétrograde point, bien que les faits rebroussent souvent vers le passé, un contre-poids s'était formé par les lumières de l'intelligence, aux principes de l'absolu de Louis XIV. Au moment où l'ancien droit politique intérieur de la France s'anéantit; le droit public extérieur des nations se fonda : les publicistes parurent, Grotius à leur tête. Le cardinal de Richelieu, en abaissant la maison d'Autriche, donna naissance au système de la balance européenne, système maintenu par Mazarin. Les relations diplomatiques se régularisèrent, et des traités confirmèrent l'existence des gouvernements populaires qui s'étaient affranchis les armes à la main. Locke et Descartes avaient appris à raisonner; Corneille avait exhumé les vertus républicaines.

Ajoutez à ces incursions de la pensée dans des régions encore inconnues, les effets de la révolution de l'Angleterre et de l'émancipation de la Hollande, qui avaient mis en circulation des idées directement opposées aux principes du gouvernement de Louis XIV.

Enfin l'esprit même de l'administration et l'instinct de grandeur de ce prince favorisaient la marche progressive de l'esprit humain. Il fut question d'établir l'uniformité des poids et mesures, d'abolir les coutumes provinciales, de réformer le Code civil et criminel, d'arriver à l'égale répartition de l'impôt. Tous les projets pour les embellissements de Paris avaient été discutés; on voulait achever le Louvre, faire venir des eaux, découvrir les quais de la Cité, etc. La liberté de la chaire, alors la seule inviolable, avait donné un asile à la liberté politique, et même, sous un certain rapport, à l'indépendance religieuse. Massillon dit tout sur la souveraineté du peuple; dans le *Télémaque* les leçons ne manquent pas.

Les souvenirs des fureurs de la Ligue et les brouilleries de la Fronde avaient favorisé l'établissement de la monarchie absolue; les souvenirs du despotisme de Louis XIV, quand ce grand prince s'alla reposer à Saint-Denis, rendirent plus amers les regrets de l'indépendance nationale. La vieille monarchie avait traversé six siècles et demi avec ses libertés féodales et aristocratiques, pour venir tomber aux pieds du trentième fils de Hugues Capet. Combien l'état formé par Louis XIV a-t-il duré? cent quarante années. Après le tombeau de ce monarque, on n'aperçoit plus que deux monuments de la monarchie absolue : l'oreiller des débauches de Louis XV et le billot de Louis XVI.

(Hist. de Fr.)

SYMPATHIES

APPENDICE

APPENDICE

Les règnes les plus resplendissants eurent leurs jours nébuleux ; dans les trophées de Louis XIV, il se glissa une page d'attentat qui appela une répression sanglante ; une conspiration menaça le Monarque en s'attaquant à la gloire de la patrie. Son point de départ tenait de près à l'écusson royal.

Les oubliettes du donjon de la Bastille devaient en ensevelir la trace ; le jour de sa destruction, les archives de cette prison d'État furent transportées à la Commune de Paris. La pique populaire sonda le secret des rois, et l'histoire est venu réclamer le feuillet des documents d'un drame dont les détails étaient restés inédits.

LES ARRHES D'UN SECRET.

Les rois donnent à leur époque le cachet de leur caractère et l'impulsion de leurs goûts. Sous Louis XIV, le luxe devint un besoin ; à tout prix les jeunes gens de grand nom voulaient se faire remarquer aux voyages de Marly et jeter l'or au jeu du roi ; l'envie de briller était un délire. Tout scintillait dans cette cour de merveilles, et pour y espérer quelque éclat, il fallait absorber ou répandre des trésors.

Parmi les jeunes seigneurs cités pour leur élégance et leur insouciante prodigalité, le chevalier de Rohan se plaçait au premier rang ; il était fils du prince de Montbazon, grand écuyer ; il était l'ordonnateur des fêtes et des galants impromptus ; un sourire de madame de Montespan payait parfois ses dispendieuses surprises. Brave jusqu'à la témérité, il avait fait ses preuves aux frontières ; il avait servi avec tant de distinction, que l'inimitié de Louvois lui fut acquise. Rohan murmura haut, il eut plus que des ennemis, il eut des jaloux. Entraînant de vivacité, ses manières toutes princières, ses succès de salon, en avaient fait l'ami de cœur et le compagnon de plaisir de Philippe d'Orléans, frère de Louis XIV. Ce fut pour lui un maléfice.

Les rois ne veulent pas voir sous leur sceau de famille la source d'un tort ; la turbulence politique, l'ambition et les écarts de la vie privée du duc d'Orléans furent attribués aux conseils du chevalier de Rohan. Dans les gouvernements occultes, la branche d'Orléans fut reine, et toujours elle sacrifia ses complices... Rohan fut exilé. Mais bientôt l'influence des membres de sa maison le fit reparaître à Versailles. Il y fut fêté; il ramenait l'animation des cercles et la joie des petits comités. Sa fierté blessée le jeta dans tous les excès qui amènent la déception ; l'amour-propre devint pour le chevalier une passion. Il s'était fait une atmosphère de luxe, et quand la pénurie de sa bourse le menaça d'une chute, la tentation du mal vint se placer en sa route.

Dans ses liaisons de second rang, le chevalier avait pour compagnon Latruaumont. Ce jeune homme, corrompu de mœurs, avide de fortune, entreprenant par nature, était fils d'un conseiller à la cour des comptes de Rouen. Il s'était fait l'agent des emprunts usuraires des enfants prodigues de haut lieu ; son imagination ardente, son esprit inventif l'avaient rendu un des ressorts de la vie factice du chevalier de Rohan.

Un soir ; à l'un des angles du vieil hôtel Saint-Pol, un homme d'une taille épaisse, portant un feutre et un haut-de-chausses à larges plis, à la manière hollandaise, se promenait à pas lents, en attendant que le jaquemart frappât l'heure. Quelques exclamations faites à voix basse, dans une langue étrangère, décelaient seules l'impatience de l'attente. Onze heures sonnèrent ; des flambeaux se croisaient à travers les hautes fenêtres des hôtels du quartier des Tournelles, l'étranger regarda d'un air ironique et penseur le mouvement des nombreux laquais, faisant le service des soupers à la mode.

Une heure encore se passa ; puis la grille d'une somptueuse demeure s'ouvrit, et l'espace retentit des rires d'un groupe joyeux. Les panaches blancs, les riches aiguillettes et les nœuds de couleurs tranchantes scintillaient à la lueur des torches des valets de pied ; la dernière causerie du soir était un feuilleton de cour, elle retentit dans le silence de la nuit.

— Le jeu de Ninon était ruineux ce soir, et La Châtre a été trahi par le sort, comme par sa belle.

— A toi le dé, Gourville.

— Vous riez, reprit La Châtre, mais le marquis aura, comme moi, son mauvais billet ; le cœur de l'Aspasie française est le lansquenet du plaisir ; tout y est heur et malheur.

— Hé bien ! Rohan, tu ne dis rien ?

— Laissez le chevalier, Messieurs, répond à demi voix Marsillac, il n'a de sourires que pour le rayon qui suit le soleil de Versailles ; la favorite en titre vaut bien une rêverie.

— Ce n'est pas le lieu des joyeuses libertés de propos, répliqua Rohan ; la vieille Bastille nous regarde, et peut-être plus d'un soupir étouffé par ses épaisses murailles a-t-il eu pour origine quelque œillade de cour, ou quelque légère vanterie... Mais l'heure s'avance : regagnons nos logis.

Le groupe s'éparpilla, les voix se perdirent ; peu à peu la lueur des torches disparut, et l'on n'entendit plus que le pas des sentinelles, autour des fossés de la Bastille.

Le chevalier de Rohan seul ne s'éloigna pas. Il fut bientôt rejoint par le guetteur nocturne, et le mot d'ordre du rendez-vous fut donné. « *Van*, dit Rohan ; » « *Den*, répondit l'homme au feutre ; » « *Enden*, reprit un troisième arrivant. » « C'est toi, Latruaumont, dit à voix couverte Rohan. — Oui, et veuille le sort, pour vos intérêts et les miens, que vous soyez plus expéditif en affaires qu'en rendez-vous... — Voilà trois sentinelles que je vois relever sur le rempart, reprit le premier venu. — Votre patience hollandaise est en défaut, maître Van-den-Enden, ajouta le chevalier, me voici maintenant tout à vous. »

Le trio s'enfonça dans le faubourg Saint-Antoine ; bientôt Rohan s'arrêta devant une porte cintrée, dont quelques sculptures ornaient le chapiteau ; il tira le bouton d'une sonnette, aussitôt un domestique sans livrée ouvrit. Latruaumont suivit le chevalier, comme un habitué de céans ; le Hollandais jeta un regard sur les attributs d'une salle à manger où ils furent introduits ; il devina que cette retraite était l'asile des mystérieux passetemps du jeune seigneur.

Pour la première fois les parois de la petite maison ne retentissaient pas des rires d'une joyeuse rencontre ; le complot l'avait envahie. Ces trois hommes allaient jouer des vies et l'honneur de leur nom contre un peu d'or.

Les flottes de la Hollande avaient sombré devant le pavillon français ; on voulait tenter par la trahison une invasion ; elle était impossible par les armes...

Latruaumont avait conçu le plan et l'avait soumis au comte de Monterey, diplomate hollandais, qui l'avait accueilli. Le conjuré se fit fort de son influence dans la province de Normandie, pour soulever le peuple et livrer à l'étranger deux de nos ports : Honfleur et Quillebeuf furent les villes mises à l'encan. Une lettre sans signature stipulait les intérêts des adhérents, l'intervention d'un prince fut promise... Van-den-Enden, ancien professeur de latin, destitué pour cause d'irréligion et retiré à Picpus, fut l'agent secret de ce traité de forfaiture : un grand personnage lui serra la main, puis il le laissa agir...

Le chevalier de Rohan, étourdi par les sophismes, entraîné par le plaisir, se lança sans regarder en arrière dans une entreprise anti-nationale.

L'adresse d'une femme parut utile au complot; Latruaumont s'adjoignit la marquise de Villars. Sa liaison intime avec le chevalier de Préault, neveu du conspirateur, répondait de sa discrétion.

C'étaient les bases de ce traité qui se discutaient, la nuit, dans la petite maison du chevalier de Rohan.

« Les populations de la Normandie sont exaspérées et minées par l'impôt, dit Latruaumont ; on les fera lever en masse. Que la Hollande arme une croisière, qu'elle l'envoie vers nos côtes océaniques, et bientôt je lui ouvrirai une rade pour prendre terre. Vous, chevalier, vous frayerez route dans l'intérieur, et ferez hisser quelques bons signaux aux abords de Versailles.

— Mais mon nom sera sauf, tu m'en réponds, Latruaumont?

— Fortune sans péril et prompte victoire.

— Et les bons ducats de pur or de Hollande seront comptés à Londres, par le comte de Monterey, reprit Van-den-Enden.

— Et vous pourrez festoyer brillamment.

— Va donc pour l'enjeu.

— Écrivons, » dit le Hollandais.

Latruaumont prit la plume; les articles furent arrêtés, les sommes stipulées; le pacte était conclu, la mort planait.

Le lendemain, il y avait dîner intime à l'hôtel de Villars. Le chevalier de Rohan n'y parut pas. Là, les articles supplémentaires furent débattus. Afin d'éviter le danger des correspondances à l'étranger, il fut convenu que lorsque les conjurés croiraient le moment propice, deux articles, insignifiants en apparence, l'un sur une promotion dans l'armée, l'autre sur un message diplomatique, seraient insérés dans la *Gazette de Hollande*, et deviendraient le signal de l'armement d'une flottille.

Le soir, le chevalier de Rohan perdit mille louis au jeu du roi; il en compta huit cents, et voulut compléter la somme en ducats de Hollande.

« Non, dit Louis XIV, rien que de français, même l'argent.

— Puisque Votre Majesté les refuse, ces ducats ne sont bons à rien. »

Alors le chevalier s'approchant d'une fenêtre, jeta dans le parc une poignée de l'or étranger. Chacun se regarda; l'anecdote fut racontée, et l'agent hollandais sourit... Les arrhes ne pouvaient plus être rendus.

Les conjurés se mirent à l'œuvre : la marquise de Villars trama des réseaux; Rohan démonétisa l'autorité par la satire, et soutira des secrets d'État par la séduction.

Latruaumont se rendit en Normandie. La convocation du ban et de l'arrière-ban, ordonnée pour garantir les frontières, favorisait ses menées, en autorisant les rassemblements dans les campagnes et le mouvement dans les cités. Ce conjuré se multipliait ; il répandait l'argent à profusion dans des parties de plaisir, et faisait partout fermenter le mécontentement ; des armes étaient forgées pour la misère.

Bientôt les lecteurs de la *Gazette de Hollande* virent à l'article nouvelles étrangères : *Le roi Louis XIV va faire deux maréchaux de France*. Puis on lut : *Un courrier de Madrid vient d'arriver à Bruxelles.*

Peu de jours après, des voiles hollandaises louvoyaient le long des côtes de Normandie.

Cependant la surveillance maritime donna l'éveil ; la haute police envoya des agents, et le mouvement de l'étranger aux abords de Quillebeuf et de Honfleur imposa des mesures inquisitoriales. Les voyages multipliés de Latruaumont à Rouen, sa dépense, ses liaisons connues avec des jeunes gens admis dans l'intérieur des demeures royales, tout excita les soupçons.

Des libelles répandus avec mystère dans les faubourgs de Rouen, des placards séditieux affichés aux portes des églises, les oscillations de la croisière hollandaise qui s'approchait de nos côtes, puis qui gagnait le large, donnaient force aux conjectures. Le premier président Pelot rassembla ces indices et fit épier les hommes d'intrigues. Les festins donnés à grands frais par Latruaumont à la jeune noblesse de la contrée, son immoralité et ses incognito le rendirent suspect. Le magistrat qui recueillait des semi-preuves, les eut bientôt complètes.

Un gentilhomme, ébloui par l'amour de son pays, consentit à s'attacher à Latruaumont et à remplir le rôle d'espion. Il se glissa parmi les convives de ses joyeuses parties, il suivit ses pas et capta sa confiance par des déclamations véhémentes contre le gouvernement du roi.

Longtemps le conjuré se tint en garde contre une surprise ; mais, entraîné par la faiblesse d'un jour d'orgie, il s'écria : « Ce n'est pas assez de voir le mal, il faut y chercher remède.

— D'accord, mais il faut apercevoir un but au-dessus des écueils. »

Latruaumont sourit : « L'Espagne et la Hollande tendent la main à la Normandie... ; en s'approchant des côtes, on pourrait la toucher.

— Mais, dans une entreprise aussi périlleuse, il faut un chef..., je n'en vois point.

— Le nom de Rohan sonne bien à toute oreille française ; nous aurons pour tête de file l'héritier de la maison de Guéménée, et plus encore...

— Le chevalier est homme à tête trop légère pour s'embarquer sous sa seule voile, dans des parages si hérissés de brisans.

— Les fous rompent la glace et les sages tiennent la boussole. »

Il n'en fallait pas tant pour livrer un complot et des têtes...

L'agent feignit de se laisser gagner, et bientôt Latruaumont n'eut plus de secrets pour lui.

Il était nuit close quand ils se séparèrent. Une heure après une chaise de poste roulait sur la route de Paris, de toute la vitesse de quatre chevaux; elle entraînait le premier président Pelot.

Le lendemain, le plan d'invasion était déroulé à Versailles, sous les yeux de Louis XIV. Le nom des conjurés était livré à sa merci.

« S'il s'agissait d'une trame contre ma personne, dit le monarque, je ferais grâce. Mais le salut de la France est plus que ma vie; je trahirais mon mandat de roi, si je transigeais avec la trahison : que justice soit donc faite. »

Le comte d'Ayen, capitaine des gardes, fut mandé; il reçut les ordres du roi, et le premier président repartit pour Rouen, avec autant de célérité et de mystère qu'il en avait mis pour arriver à Versailles.

Le lendemain, au sortir de la messe, le duc de Brissac, major des gardes-du-corps, s'approcha du chevalier de Rohan et lui demanda, « de par le roi, » son épée. Le chevalier pâlit; il suivit en silence le major dans son appartement. Le soir, il fut conduit à la Bastille, et murmura en y entrant :

« J'avais bien dit que ces vieux murs nous regardaient. »

Louis XIV avait ordonné, et la justice eut des ailes. Le duc de Brissac se rendit à Rouen; il y remplit l'office d'un simple officier de la maréchaussée, en arrêtant Latruaumont. Mais le conjuré vendit sa vie l'épée à la main, on ne l'acheta qu'avec du sang. Il fut blessé et tomba. On voulait le conserver pour le glaive et l'on banda ses plaies. En vue du supplice, l'honneur de famille parla plus haut que le devoir chrétien. Latruaumont ne voulut pas laisser dans sa généalogie l'empreinte d'un échafaud; il tourna contre lui toute sa puissance d'énergie, il déchira sa plaie avec ses dents, il y introduisit du venin et mourut le soir même.

Au jour du châtiment il y eut contraste : tandis que Latruaumont entrait avec violence dans la tombe pour murer le complot, le chevalier de Préault ajoutait la bassesse au crime. Prisant la vie au-dessus de tout, il apposa sur son front un cachet d'infamie : espérant acheter sa grâce, il déclara qu'il n'était entré dans les projets du chevalier de Rohan et de Latruaumont, que pour livrer au roi les conspirateurs. A la voix de cet homme jetant à la hache du bourreau la tête de son oncle et celle de son bienfaiteur, un mouvement de mépris perça sur la physionomie des magistrats.

Devant cet aveu on fit une pause, il semblait que cet être dégradé n'avait plus à descendre... On se trompait; il trouva un degré plus bas encore, il le franchit. Il pouvait seul connaître les intelligences qu'une faible femme avait livrées d'âme à âme : un voile que l'honneur rendait sacré fut déchiré, le nom de la marquise de Villars fut traîné au grand jour; elle parut sur la sellette, en face de son dénonciateur.

Deux lettres trouvées dans les papiers du chevalier de Préault, furent les seuls témoignages formulés contre elle. C'était sous l'ascendant d'un sentiment que madame de Villars était entrée dans la voie d'une conspiration ; elle avait apporté à cette œuvre coupable toute l'exaltation d'une femme, et bientôt elle avait écrit : « J'ai parlé au chevalier, il m'a promis vingt-cinq hommes bien armés. » Puis on lut : « Il n'y fit jamais meilleur, et si l'on envoie dix mille hommes, on se rendra maître de tout. »

Des notes énigmatiques pour preuves !... En présence d'une telle instruction juridique, une condamnation fut prononcée. Le délateur fut frappé comme sa victime; l'arrêt de mort leur fut commun... Il y eut alors un drame solennel sur le banc des crimes d'État... Madame de Villars se tournant avec dignité vers son accusateur, lui dit : « Fixez vos yeux sur moi ; regardez cette tête ! bientôt elle roulera sous une hache, et c'est vous qui l'avez livrée !... Ces lettres d'un jour d'erreur, c'est vous qui les avez conservées, pour vous en faire un plastron...

— Grâce, s'écria le chevalier de Préault, ayez miséricorde !

— Les discours ne sont plus de saison, monsieur, il faut maintenant songer à bien mourir ! » Et cette femme du monde sut mourir. Dès ce moment son âme fut tout à Dieu.

Trois cachots de la Bastille furent le lit d'agonie de la marquise de Villars, de Préault et du chevalier de Rohan. Un grand nom allait être flétri... Rohan aurait pu sauver sa tête. La princesse de Guémenée, sa mère, faisait agir tous les ressorts pour abriter l'écusson de sa race ; la légèreté qui avait entraîné son fils sur la pente, le fit glisser sur le billot.

Il n'y avait contre lui que de simples présomptions, il donna lui-même le tranchant au glaive.

Dans ce drame politique, tous les fronts tachés étaient sur de hauts échelons... On ne monta pas, et dans ce temps, où les consciences étaient au service des princes, la magistrature eut à déplorer une basse mission.

Un conseiller se glissa dans le cachot du chevalier de Rohan. Il avait pour but d'apporter à la loi des aveux pour remplacer des preuves. Le caractère bien connu du prisonnier rendit la tâche facile. Le magistrat lui persuada que des charges irrécusables étaient réunies contre lui ; il lui montra sa perte, et, portant la terreur dans ses esprits par l'aspect des tortures, il lui insinua que des aveux entiers attireraient sur lui la clémence du roi.

Le chevalier de Rohan n'avait point peur de la mort, mais des étreintes du supplice... Il le crut... il se livra. Toute la conjuration fut déroulée. Le captif parlait avec confiance, et tandis qu'il croyait voir la main d'un ami recueillir des aveux pour formuler un placet, la trahison prenait ses notes pour faire dresser un échafaud... La grande chambre des juges d'exception délibérait, et tandis que Rohan avait foi à la vie, un arrêt de mort était inscrit, comme un écrou d'éternité. Le patient parut devant ses juges, et la justice, pour la première fois sous le règne de Louis le Grand, prononça une condamnation sans preuves, sans témoins et sur le seul aveu du coupable... Il y avait donc de grands secrets qu'une tombe devait sceller? Louis XIV avait dit « que la loi frappe, mais que les préventions s'arrêtent. » Il y eut des courtisans sous la toge qui prirent les préventions pour règle et laissèrent la loi...

Bientôt la cloche du donjon de la Bastille sonna le glas des trois condamnés; elle les trouva prêts. Quand le trépas se montre, l'âme reprend son essence, l'enveloppe dont les passions l'enlaçaient tombe : la religion la reconnaît et s'approche.

La dernière nuit du chevalier de Rohan fut digne de son nom : à genoux au pied du crucifix, il avait écouté la voix de Bourdaloue promettre au nom du Christ miséricorde au repentir; l'eucharistie et l'huile sainte l'avaient purifié; il était séparé des hommes. L'appel de l'échafaud vint lui rappeler que la souffrance menait à Dieu.

Le neveu de Latruaumont, le chevalier de Préault, répondit par des sanglots aux exhortations du prêtre qui veillait avec lui.

La marquise de Villars, après avoir rempli les devoirs du chrétien, s'était sentie rédimée devant Dieu, elle s'était endormie... L'entrée du geôlier dans son cachot l'éveilla. Un autre sommeil et un autre réveil l'attendaient... Ni l'aspect du messager de mort, ni les larmes de la femme qui la servait ne la firent faiblir; elle devina que l'instant du sacrifice était venu, elle dit : « Je suis prête! » La voix du gardien reprit : « C'est à la chapelle qu'on vous demande. » Elle s'y rendit et y retrouva son confesseur. Un gentilhomme était avec lui; il s'était chargé d'une mission solennelle, il s'exprima avec une profonde émotion : « Madame, je viens au nom de votre frère pour le remplacer, comme au lit de mort de famille. » Elle comprit tout ce que ces mots renfermaient et dit d'un ton doux et ferme : « Vous ne m'êtes pas inconnu, Monsieur, j'honore votre caractère et vous me devenez ami, par l'office que vous allez remplir : un de mes vœux de mort sera donc accompli, ma dépouille ne sera pas exposée dans les rues!
— Tout a été employé par les vôtres pour conjurer votre sacrifice, votre grâce a été implorée aux genoux du roi; Sa Majesté a répondu que le pardon n'était pas possible... La confiscation seule de vos biens a été enlevée à

l'État, en faveur de votre frère. Je suis venu vous dire toutes ces choses... moi étranger..., votre famille ayant pensé que la vue d'un de vos proches vous aurait trop attendrie, et vous avez tant besoin de toute votre fermeté! — Je suis bien aise que mon frère ait mes biens; je pense qu'il en usera en père vis-à-vis de mes enfants. Quant à ma grâce, le roi est le maître... ma vie est à Dieu !... »

Le sang-froid de cette femme, sa piété, sa résignation ne se démentirent pas Elle régla de minutieux comptes, elle dit : « Je demande qu'il soit payé à M. de Mannevilette, receveur du clergé, trente pistoles que je lui dois, et dont il n'a pas d'écrit... ; je lègue à celle qui m'a servie dans ma prison toutes les hardes qui sont dans ma maison. Je bénis mes enfants... Et maintenant que mon testament est fait, il ne me reste plus qu'à régler mon dernier compte avec ma conscience. » Le messager se retira, et Bourdaloue s'approcha.

L'heure du supplice s'avançait; vers le milieu du jour, les trois patients se trouvèrent réunis pour leur dernier trajet. L'arrêt retentit encore une fois à leur âme; après sa lecture la porte s'ouvrit pour livrer passage au cortège funèbre. Le chevalier de Rohan se tournant vers la marquise de Villars, dit : « Je ne crois pas avoir jamais vu cette dame. Quant au chevalier de Préault, il cause notre mort, mais je lui pardonne. » Cette apostrophe rejaillit sur la conscience d'un des juges..., on le trouva mort sous le poids des aveux arrachés au cachot.

Madame de Villars, de temps en temps, portait les yeux sur le principal conjuré.

« Non, non, s'écria-t-elle, jamais nous ne nous sommes rencontrés; nous mourons de la même main, et, comme le chevalier de Rohan, je pardonne à celui qui m'a livrée. »

De Préault, au son de cette voix, éclata en sanglots; alors madame de Villars ajouta : « Ce n'est plus le temps des larmes ni des récriminations; le jour de l'expiation est venu, il faut que chacun de nous fasse un salutaire usage de la mort que nous allons souffrir en l'offrant à Dieu. » Elle donna l'exemple, il fut suivi.

Le bruit des chaînes du pont-levis de la Bastille se fit entendre, le roulement sourd d'une charrette retentit dans la cour de la chapelle; un dernier sacrifice aux vanités du monde, un rude échec aux habitudes de toute la vie venaient arracher à ces trois condamnés la dernière illusion des préséances. Le chevalier de Rohan s'était flatté qu'une exécution à huis clos, et dans l'intérieur du donjon, mettrait encore une fois son nom au niveau des prérogatives princières; la voix de Bourdaloue déchira le voile : « Les abandonnés de la terre sont les aimés de Dieu, » s'écria-t-il; « au seuil de l'éternité, tous les hommes deviennent égaux. Le scandale a été public, il ne faut pas reculer devant la publicité de l'expiation ; c'est aux yeux de tout une population qu'il faut franchir le pas qui mène à la miséricorde divine. »

— Tant mieux, » s'écria Rohan avec une pieuse exaltation ; « nous en aurons plus d'humiliation.

— Que ne ferait-on pas, » dit avec un noble élan madame de Villars, « devant le dernier pas qui mène à Dieu ! »

Bientôt les trois patients traversèrent sur leur char mortuaire les flots d'une foule avide de les contempler. L'héritier d'une des plus grandes illustrations de la France, une jeune femme qui avait paré les cercles de la cour, un gentilhomme qui l'entraînait au supplice après avoir jeté la décevance sur ses jours, un saint prêtre, fort d'éloquence et de persuasion ; tel était le groupe qui s'avançait vers l'échafaud.

La charrette s'arrêta au lieu ordinaire où les suppliciés font leur dernière halte ! Bourdaloue tenait le crucifix ; il bénit les têtes qui allaient tomber !... c'était la religion dominant le néant des choses de ce monde.

La hiérarchie du glaive faisait contraste avec l'abnégation des victimes ; un billot et une potence étaient dressés, un autre condamné était là, prêt à subir la peine de mort plébéienne : Van-den-Enden était écarté du billot, n'avait droit qu'au gibet.

Bourdaloue calculait les forces du trajet ; il vit la défaillance de Rohan, il le soutint et sollicita pour lui la faveur du premier coup !... L'exécuteur demanda « s'il voulait qu'on lui attachât les mains avec des liens de soie, ainsi que cela était dû aux condamnés de haut lignage. » Rohan s'écria : « Jésus-Christ n'eut que des cordes pour liens ; puis-je en demander d'autres ! » Le bourreau s'inclina, et la tête du premier patient tomba.

Madame de Villars devait mourir la première ; les honneurs de l'échafaud ne lui furent pas rendus, la main du bourreau rencontra le chevalier de Préault... il le saisit et frappa.

Madame de Villars se montra forte et fervente, jusque sous la hache : son dernier regard s'abattit sur le messager de son frère, puis il il s'éleva au ciel. Ce regard fut compris ; le billot retentit, un linceul s'étendit sur sa dépouille sanglante ; des serviteurs placèrent le fardeau des cercueils dans une voiture ; l'étranger jeta deux pistoles à l'exécuteur, quelques écus aux valets de l'échafaud, et suivit les restes de la suppliciée, qu'il avait promis de rapporter à la sépulture de famille.

Van-den-Enden, pendant ce temps, montait les échelons du gibet : alors le bourreau se redressant de toute son infamie, fier d'avoir abattu une tête de prince et deux de nobles races, dédaigna de s'occuper d'un condamné à la potence, et se tournant vers ses valets, il s'écria : « Pendez-moi cela, vous autres ! »

Le peuple rit... La dernière vie fut brisée ; l'exécution était terminée. La foule s'écoula en répétant à demi voix des chroniques. Sur les intrigues de sang on parle bas.

Derrière l'échafaud politique, il y a toujours des mystères : dans un complot, toutes les têtes ne tombent pas ; il y en a qui restent hors de la portée du glaive. La conjuration à laquelle Latruaumont donna son nom avait été enlevée à la juridiction du Parlement. Une commission spéciale fut formée : l'enceinte des séances n'eut pas d'écho. Le nom d'un prince qui portait écusson royal s'était échappé des lèvres du chevalier de Rohan ; le greffier l'avait consigné au registre des interrogatoires, la sentence et l'exécution se touchèrent. Louis XIV déchira le feuillet que les archives judiciaires auraient livré à l'histoire.

Ainsi, pour couvrir les secrets d'État, il y eut toujours, même chez les plus grands rois, des taches et des linceuls.

D. de Sí.-E.

LIVRE VI

PERSPECTIVE

LIVRE VI

PERSPECTIVE

I

Il y a des mirages pour l'intelligence comme pour les yeux : la pensée, en franchissant l'espace, voit tout à coup surgir un peuple antique au milieu d'une société nouvelle : si cette apparition n'est saisie que par le regard, elle s'évapore comme l'ombre, mais si elle passe devant une imagination artistique, le pinceau brille, le tableau naît.

CARACTÈRE DES ATHÉNIENS ET DES FRANÇAIS.

Quels peuples furent jamais plus aimables dans le monde ancien et moderne, que les nations brillantes de l'Attique et de la France? L'étranger, charmé à Paris et à Athènes, ne rencontre que des cœurs compatissants et des bouches toujours prêtes à lui sourire. Les légers habitants de ces deux capitales du goût et des beaux-arts, semblent formés pour couler leurs jours au sein des plaisirs. C'est là, qu'assis à des banquets, vous les entendrez se lancer de fines railleries, rire avec grâce de leurs maîtres ; parler à la fois de politique et d'amour, de l'existence de Dieu et du succès de la comédie nouvelle, et répandre profusément les bons mots et le sel attique au bruit des chansons d'Anacréon et de Voltaire, au milieu des vins, des femmes et des fleurs.

Mais où court tout ce peuple furieux? d'où viennent ces cris de rage dans les uns et de désespoir dans les autres? Quelles sont ces victimes égorgées sur l'autel des Euménides? Quel cœur ces monstres à la bouche teinte de sang ont-ils dévoré?... Ce n'est rien : ce sont ces épicuriens que vous avez vu danser à la fête, et qui, ce soir, assisteront tranquillement aux farces de Thespis, ou aux ballets de l'Opéra.

A la fois orateurs, peintres, architectes, sculpteurs, amateurs de l'existence, pleins de douceur et d'humanité, du commerce le plus enchanteur dans la vie, la nature a créé ces peuples pour sommeiller dans les délices de la société et de la paix. Tout à coup la trompette guerrière se fait entendre ; soudain toute cette nation de femmes lève la tête. Se précipitant du milieu de leurs jeux, échappés aux voluptés et aux bras des courtisanes, voyez ces jeunes gens, sans tentes, sans lits, sans nourriture, s'avancer en riant contre ces innombrables armées de vieux soldats, et les chasser devant eux comme des troupeaux de brebis obéissantes.

Les cours qui gouvernent sont pleines de gaieté et de pompe. Qu'importent leurs vices? Qu'ils dissipent leurs jours au milieu des orages, ceux-là qui aspirent à de plus hautes destinées; pour nous, chantons, rions aujourd'hui. Passagers inconnus, embarqués sur le fleuve du temps, glissons sans bruit dans la vie. La meilleure constitution n'est pas la plus libre, mais celle qui nous laisse de plus doux loisirs.... O ciel ! pourquoi tous ces citoyens condamnés à la ciguë ou à la guillotine? ces trônes déserts et ensanglantés? ces troupes de bannis, fuyant sur tous les chemins de la patrie? — Comment? ne savez-vous pas que ce sont des tyrans qui voulaient retenir un peuple fier et indépendant dans la servitude?

Inquiets et volages dans le bonheur, constants et invincibles dans l'adversité ; nés pour tous les arts, civilisés jusqu'à l'excès durant le calme de l'État; grossiers et sauvages dans leurs troubles politiques; flottants comme un vaisseau sans lest au gré de leurs passions impétueuses ; à présent dans les cieux, le moment d'après dans l'abîme; enthousiastes et du bien et du mal, faisant le premier sans en exiger de reconnaissance, le second sans en sentir de remords ; ne se rappelant ni leurs crimes, ni leurs vertus ; amants pusillanimes de la vie durant la paix, prodigues de leurs jours dans les batailles ; vains, railleurs, ambitieux, novateurs, méprisant tout ce qui n'est pas eux ; individuellement les plus aimables des hommes, en corps, les plus détestables de tous ; charmants dans leur propre pays, insupportables chez l'étranger ; tour à tour plus doux, plus innocents que la brebis qu'on égorge, et plus féroces que le tigre qui déchire les entrailles de sa victime : tels furent les Athéniens d'autrefois, et tels sont les Français d'aujourd'hui.

Au reste, loin de moi la pensée de chercher à diffamer le caractère des Français. Chaque peuple a son vice national, et si mes compatriotes sont cruels, ils rachètent ce grand défaut par mille qualités estimables. Ils sont généreux, braves, pères indulgents, amis fidèles ; je leur donne d'autant plus volontiers ces éloges, qu'ils m'ont plus persécuté.

(Révol. anc.)

II

Les grandes nations se ressemblent à la superficie ; ce n'est qu'en les sondant au cœur qu'on apprécie la différence de leur nature ; l'Angleterre et la France qui ont souvent mêlé leurs écussons n'ont pu sympathiser ni dans leur esprit ni dans leurs mœurs. La France crée, l'Angleterre imite, elle prend les formes, nous gardons le type et le vernis.

L'ANGLETERRE ET LES ANGLAIS.

Si un instinct sublime n'attachait pas l'homme à sa patrie, sa condition la plus naturelle sur la terre serait celle de voyageur. Une certaine inquiétude le pousse sans cesse hors de lui ; il veut tout voir, et puis il se plaint quand il a tout vu. J'ai parcouru quelques régions du globe ; mais j'avoue que j'ai mieux observé le désert que les hommes, parmi lesquels, après tout, on trouve souvent la solitude.

J'ai peu séjourné chez les Allemands, les Portugais et les Espagnols ; mais j'ai vécu assez longtemps avec les Anglais. Comme c'est aujourd'hui le seul peuple qui dispute l'empire aux Français, les moindres détails sur lui deviennent intéressants.

Érasme est le plus ancien des voyageurs que je connaisse qui nous ait parlé des Anglais. Il n'a vu à Londres, sous Henri III, que des Barbares et des huttes enfumées. Longtemps après, Voltaire, qui avait besoin d'un parfait philosophe, le plaça parmi les quakers, sur les bords de la Tamise. Les tavernes de la Grande-Bretagne devinrent le séjour des esprits forts, de la vraie liberté, etc., etc., quoi qu'il soit bien connu que le pays du monde où l'on parle le moins de religion, où on la respecte le plus, où l'on agite le moins de ces questions oiseuses qui troublent les empires, soit l'Angleterre.

Il me semble qu'on doit chercher le secret des mœurs des Anglais dans l'origine de ce peuple. Mélange du sang français et allemand, il forme la nuance entre ces deux nations. Leur politique, leur religion, leur militaire, leur littérature, leurs arts, leur caractère national, me paraissent placés dans ce milieu ; ils me semblent réunir, en partie, à la simplicité, au calme, au bon sens, au mauvais goût germanique, l'éclat, la grandeur, l'audace et la vivacité de l'esprit français.

Inférieurs à nous sous plusieurs rapports, ils nous sont supérieurs en quelques autres, particulièrement en tout ce qui tient au commerce et aux richesses. Ils nous surpassent encore en propreté ; et c'est une chose remarquable que ce peuple qui paraît si pesant a, dans ses meubles, ses vêtements, ses manufactures, une élégance qui nous manque. On dirait que l'Anglais met dans le travail des mains la délicatesse que nous mettons dans celui de l'esprit.

Le principal défaut de la nation anglaise, c'est l'orgueil, et c'est le défaut de tous les hommes. Il domine à Paris comme à Londres, mais modifié par le caractère français, et transformé en amour-propre. L'orgueil pur appartient à l'homme solitaire, qui ne déguise rien, et qui n'est obligé à aucun sacrifice ; mais l'homme qui vit beaucoup avec ses semblables est forcé de dissimuler son orgueil, et de le cacher sous les formes plus douces et plus variées de l'amour-propre. En général, les passions sont plus dures et plus soudaines chez l'Anglais, plus actives et plus raffinées chez le Français. L'orgueil du premier veut tout écraser de force en un instant ; l'amour-propre du second mine tout avec lenteur. En Angleterre, on hait un homme pour un vice, pour une offense ; en France un pareil motif n'est pas nécessaire. Les avantages de la figure ou de la fortune, un succès, un bon mot, suffisent. Cette haine, qui se forme de mille détails honteux, n'est pas moins implacable que la haine qui naît d'une plus noble cause. Il n'y a point de si dangereuses passions que celles qui sont d'une basse origine ; car elles sentent cette bassesse, et cela les rend furieuses.

Elles cherchent à la couvrir sous des crimes, et à se donner, par les effets, une sorte d'épouvantable grandeur qui leur manque par le principe. C'est ce qu'a prouvé la révolution.

L'éducation commence de bonne heure en Angleterre. Les filles sont envoyées à l'école dès leur plus tendre jeunesse. Vous voyez quelquefois des groupes de ces petites Anglaises, toutes en grands mantelets blancs, un chapeau de paille noué sous le menton avec un ruban, une corbeille passée au bras, et dans laquelle sont des fruits et un livre, toutes tenant les yeux baissés, toutes rougissant lorsqu'on les regarde. Quand j'ai revu nos petites Françaises coiffées à *l'huile antique,* relevant la queue de leur robe, regardant avec effronterie, fredonnant des air d'amour et prenant des leçons de déclamation, j'ai regretté la gaucherie et la pudeur des petites Anglaises : un enfant sans innocence est une fleur sans parfum.

Les garçons passent aussi leur première jeunesse à l'école, où ils apprennent le grec et le latin. Ceux qui se destinent à l'Église, ou à la carrière politique, vont de là aux universités de Cambridge ou d'Oxford. La première est particulièrement consacrée aux mathématiques, en mémoire de Newton ; mais en général les Anglais estiment peu cette étude, qu'ils croient très-dangereuse aux bonnes mœurs quand elle est portée trop loin Ils pensent que les sciences dessèchent le cœur, désenchantent la vie, mènent les esprits faibles à l'athéisme, et de l'athéisme à tous les crimes. Les belles-lettres au contraire, disent-ils, rendent nos jours merveilleux, attendrissent nos âmes, nous font pleins de foi envers la Divinité, et conduisent ainsi, par la religion, à la pratique de toutes les vertus.

L'agriculture, le commerce, le militaire, la religion, la politique, telles sont les carrières ouvertes à l'Anglais devenu homme. Est-on ce qu'on appelle un *gentlaman farmer* (*un gentilhomme cultivateur*), on vend son blé, on fait des expériences sur l'agriculture ; on chasse le renard ou la perdrix en automne ; on mange l'oie grasse à Noël ; on chante le *roast-beef of old England ;* on se plaint du présent, on vante le passé, qui ne valait pas mieux, et tout en maudissant Pitt et la guerre, qui augmente le prix du vin de Porto ; on se couche ivre, pour recommencer le lendemain la même vie.

L'état militaire, quoique si brillant sous la reine Anne, était tombé dans un discrédit dont la guerre actuelle l'a relevé. Les Anglais ont été longtemps sans songer à tourner leurs forces vers la marine. Ils ne voulaient se distinguer que comme puissance continentale. C'était un reste des vieilles opinions, qui tenaient le commerce à déshonneur. Les Anglais ont toujours eu comme nous une physionomie historique qui les distingue dans tous les siècles. Aussi c'est la seule nation qui, avec la française, mérite proprement ce nom en Europe. Quand nous avions notre Charlemagne, ils avaient leur Alfred. Leurs archers balançaient la renommée de notre infanterie gauloise ; leur prince Noir le disputait à notre du Guesclin, et leur Marlborough, à notre Turenne. Leurs révolutions et les nôtres se suivent ; nous pouvons nous vanter de la même gloire, et déplorer les mêmes crimes et les mêmes malheurs.

Depuis que l'Angleterre est devenue puissance maritime, elle a déployé son génie particulier dans cette nouvelle carrière ; ses marins sont distingués de tous les marins du monde. La discipline de ses vaisseaux est singulière ; le matelot anglais est absolument esclave. Mis à bord de force, obligé de servir malgré lui, cet homme, si indépendant tandis qu'il est laboureur, semble perdre tous ses droits à la liberté aussitôt qu'il devient matelot. Ses supérieurs appesantissent sur lui le joug le plus dur et le plus humiliant. Comment des hommes si orgueilleux et si maltraités se soumettent-ils à une pareille tyrannie ? C'est là le miracle d'un gouvernement libre ; c'est que le nom de la loi est tout-puissant dans ce pays ; et quand elle a parlé, nul ne résiste.

Je ne crois pas que nous puissions ni même que nous devions jamais transporter la discipline anglaise sur nos vaisseaux. Le Français, spirituel, franc, généreux, veut approcher de son chef ; le regarde comme son camarade encore plus que son capitaine.

D'ailleurs, une servitude aussi absolue que celle du matelot anglais ne peut émaner que d'une autorité civile : or, il serait à craindre qu'elle ne fût méprisée de nos marins ; car malheureusement le Français obéit plutôt à l'homme qu'à la loi, et ses vertus sont plus des vertus privées que des vertus publiques.

Nos officiers de mer étaient plus instruits que les officiers anglais. Ceux-ci ne savent que leurs manœuvres ; ceux-là étaient des mathématiciens et des hommes savants dans tous les genres. En général, nous avons déployé dans notre marine notre véritable caractère : nous y paraissons comme guerriers et comme artistes. Aussitôt que nous aurons des vaisseaux, nous reprendrons notre droit d'aînesse sur l'Océan comme sur la terre ; nous pourrons faire aussi des observations astronomiques et des voyages autour du monde : mais pour devenir jamais un peuple de marchands, je crois que nous pouvons y renoncer d'avance. Nous faisons tout par génie et par inspiration, mais nous mettons peu de suite à nos projets. Un grand homme en finance, un homme hardi en entreprises commerciales, s'élèvera peut-être parmi nous ; mais son fils poursuivra-t-il la même carrière, et ne pensera-t-il pas à jouir de la fortune de son père, au lieu de songer à l'augmenter ? Avec un tel esprit, une nation ne devient point mercantile ; le commerce a toujours eu chez nous je ne sais quoi de poétique et de fabuleux, comme le reste de nos mœurs. Nos manufactures ont été créées par enchantement ; elles ont jeté un grand éclat, et puis elles se sont éteintes. Tant que Rome fut prudente, elle se contenta des Muses et de Jupiter, et laissa Neptune à Carthage. Ce dieu n'avait après tout que le second empire, et Jupiter lançait aussi la foudre sur l'Océan.

(Mél. litt.)

III

L'écrivain qui puise ses inspirations au foyer éternel peut tout oser pour exprimer ce qu'il sent : il a l'intuition des choses du ciel, et la poésie de ses tableaux s'infiltre au cœur. Il y a dans Chateaubriand des pages qui ont le parfum des prophéties.

Cymodocée conduite par Dieu, abritant de son voile sanctifié le navire sous la tempête, offre le grandiose de l'épopée chrétienne près du gracieux de l'élégie antique.

NAVIGATION DE CYMODOCÉE.

Le Fils de l'Éternel, accompagné des chœurs célestes, revenait dans ce moment des bornes les plus reculées de la création. Il était sorti des demeures incorruptibles pour rendre la vie et la jeunesse à des mondes vieillis. De globe en globe, de soleil en soleil, ses pas majestueux avaient parcouru toutes ces sphères qu'habitent des intelligences divines, et peut-être des hommes inconnus aux hommes. Rentré dans le sanctuaire impénétrable, il s'assied à la droite de Dieu; ses regards pacifiques tombent bientôt sur la terre. De tous les ouvrages du Tout-Puissant, il n'en est point à ses yeux de plus agréable que l'homme. Le Sauveur aperçoit le vaisseau de Cymodocée; il voit les périls de cette victime innocente qui doit attirer sur les gentils la bénédiction du Dieu d'Israël. Si le ciel a permis que cette nouvelle chrétienne fût éprouvée, c'est pour lui donner la force de surmonter les dernières afflictions qui la couvriront d'une gloire immortelle. Mais l'épreuve est assez longue. Cymodocée n'ira point s'égarer loin du théâtre de sa victoire. Le jour de son triomphe est venu, et les décrets éternels appellent au lieu du combat la vierge prédestinée.

Par un signe au milieu de la nue, Emmanuel fait connaître à l'ange des mers la volonté du Très-Haut. Aussitôt le vent, qui jusqu'alors avait été favorable au vaisseau de Cymodocée, expire : un calme profond règne dans les airs ; à peine des brises incertaines se lèvent tour à tour de divers côtés, rident la surface unie des flots, et viennent agiter les voiles sans avoir la force de les soulever. Le soleil pâlit au milieu de son cours, et l'azur du ciel, traversé de bandes verdâtres, semble se décomposer dans une lumière louche et troublée. Des sillons plombés s'étendent sans fin dans une mer pesante et morte ; le pilote, levant les mains, s'écrie :

« O Neptune ! que nous présagez-vous ? Si mon art n'est pas trompeur, jamais plus horrible tempête n'aura bouleversé les flots. »

A l'instant il ordonne d'abattre les voiles, et chacun se prépare au danger.

Les nuages s'amoncellent entre le midi et l'orient ; leurs bataillons funèbres paraissent à l'horizon comme une noire armée, ou comme de lointains écueils. Le soleil descendant derrière ces nuages, les perce d'un rayon livide, et découvre dans ces vapeurs entassées des profondeurs menaçantes. La nuit vient : d'épaisses ténèbres enveloppent le vaisseau ; le matelot ne peut distinguer le matelot tremblant auprès de lui.

Tout à coup un mouvement parti des régions de l'aurore annonce que Dieu vient d'ouvrir le trésor des orages. La barrière qui retenait le tourbillon est brisée, et les quatre vents du ciel paraissent devant le dominateur des mers. Le vaisseau fuit et présente sa poupe bruyante au souffle impétueux de l'orient ; toute la nuit il sillonne les vagues étincelantes. Le jour renaît et ne verse de clarté que pour laisser voir la tempête : les flots se déroulaient avec uniformité. Sans les mâts et le corps de la galère, que le vent rencontrait dans sa course, on n'aurait entendu aucun bruit sur les eaux. Rien n'était plus menaçant que ce silence dans le tumulte, cet ordre dans le désordre.

Comment se sauver d'une tempête qui semble avoir un but et des fureurs préméditées?

Neuf jours entiers le navire est emporté vers l'occident avec une force irrésistible. La dixième nuit achevait son tour lorsqu'on entrevit, à la lueur des éclairs, des côtes sombres qui semblaient d'une hauteur démesurée. Le naufrage parut inévitable. Le patron du vaisseau place chaque marin à son poste, et ordonne aux passagers de se retirer au fond de la galère; ils obéissent, et ils entendent la fatale planche se refermer sur eux.

C'est dans ces moments que l'on apprend bien à connaître les hommes. Un esclave chantait d'une voix forte; une femme pleurait en allaitant l'enfant qui bientôt n'aurait plus besoin du sein maternel; un disciple de Zénon se lamentait sur la perte de la vie. Pour Cymodocée, elle pleurait son père et son époux, et priait avec Dorothée celui qui sait nous retrouver jusque dans les flancs des monstres de l'abîme.

Une violente secousse entr'ouvre la galère, un torrent d'eau se précipite dans la retraite des passagers; ils roulent pêle-mêle. Un cri étouffé sort de cet horrible chaos.

Une vague avait enfoncé la poupe du navire : la fille d'Homère et Dorothée sont jetés au pied des degrés qui conduisaient sur le pont. Ils y montent à demi suffoqués. Quel spectacle! Le vaisseau s'était échoué sur un banc de sable; à deux traits d'arc de la proue, un rocher lisse et vert s'élevait à pic au-dessus des flots. Quelques matelots, emportés par la lame, nageaient dispersés sur le gouffre immense; les autres se tenaient accrochés aux cordages et aux ancres. Le pilote, une hache à la main, frappait le mât du vaisseau; et le gouvernail, abandonné, allait tournant et battant sur lui-même avec un bruit rauque.

Restait une faible espérance : le flot, en s'engouffrant dans le détroit, pouvait soulever la galère et la jeter de l'autre côté du banc de sable. Mais qui oserait tenir le gouvernail dans un tel moment? Un faux mouvement du pilote pouvait donner la mort à deux cents personnes. Les mariniers, domptés par la crainte, n'insultaient plus les deux chrétiens ; ils reconnaissaient au contraire la puissance de leur Dieu, et les suppliaient d'en obtenir leur délivrance. Cymodocée, oubliant leurs outrages et ses périls, se jette à genoux, et fait un vœu à la mère du Sauveur. Dorothée saisit le timon abandonné; les yeux tournés vers la poupe, la bouche entr'ouverte, il attend la lame qui va rouler sur le vaisseau ou la vie ou la mort. La lame se lève, elle approche, elle se brise : on entend le gouvernail tourner avec effort sur ses gonds rouillés; l'écueil voisin semble changer de place, et l'on sent, avec une joie mêlée d'un doute affreux, le vaisseau soulevé et emporté rapidement. Un moment du plus terrible silence règne parmi les matelots. Tout à coup une voix demande la sonde : la sonde se précipite ; on était dans une eau profonde ! Un cri de joie s'élève jusqu'au ciel !

Étoile des mers, patronne des navigateurs, le salut de ces infortunés fut un miracle de votre bonté divine ! On ne vit point un dieu imaginaire lever la tête au-dessus des vagues et leur commander le silence ; mais une lumière surnaturelle entr'ouvrit les nuées : au milieu d'une gloire, on aperçut une femme céleste portant un enfant dans ses bras, et calmant les flots par un sourire. Les mariniers se jettent aux genoux de Cymodocée, et confessent Jésus-Christ : première récompense que l'Éternel accorde aux vertus d'une vierge persécutée !

Le vaisseau s'approche doucement de la rive, où s'élevait une chapelle chrétienne abandonnée. On précipite au fond de la mer des sacs remplis de pierres attachées à un câble de Tyr, et l'ancre sacrée, dernière ressource dans les naufrages. Parvenus à fixer la galère, on se hâte de l'abandonner. Comme une reine environnée d'une troupe de captifs qu'elle vient de délivrer de l'esclavage, Cymodocée descend à terre, portée sur les épaules des matelots. A l'instant même elle accomplit son vœu. Elle marche à la chapelle en ruine. Les matelots la suivent deux à deux, demi-nus et couverts de l'écume des flots. Soit hasard, soit dessein du ciel, il restait dans cet asile désert une image de Marie à moitié brisée.

L'épouse d'Eudore y suspendit son voile tout trempé des eaux de la mer. Cymodocée prenait possession d'une terre réservée à sa gloire : elle entrait triomphante en Italie.

(Mart., liv. xix.)

IV

Ce n'est pas toujours dans le silence des peuples éteints que les grands souvenirs sont évoqués ; les nations qui ont surgi sur les débris antiques ont grandi en changeant d'aspect ; le passé austère sous le cri des guerres saintes, bruit sous le choc des lances de la chevalerie.

La courtoisie donne des liens aux couronnes ; elle est analysée par l'historien qui la mit en pratique.

VIE ET MŒURS DES CHEVALIERS.

Les sujets qui parlent le plus à l'imagination ne sont pas les plus faciles à peindre, soit qu'ils aient dans leur ensemble un certain vague plus charmant que les descriptions qu'on en peut faire, soit que l'esprit du lecteur aille toujours au delà de vos tableaux. Le seul mot de *chevalerie*, le seul nom d'un illustre *chevalier*, est proprement une merveille, que les détails les plus intéressants ne peuvent surpasser ; tout est là dedans, depuis les fables de l'Arioste jusqu'aux exploits des véritables paladins, depuis le palais d'Alcine et d'Armide jusqu'aux tourelles de Cœuvres et d'Anet.

Il n'est guère possible de parler, même historiquement de la chevalerie, sans avoir recours aux troubadours qui l'ont chantée, comme on s'appuie de l'autorité d'Homère en ce qui concerne les anciens héros : c'est ce que les critiques les plus sévères ont reconnu. Mais alors on a l'air de ne s'occuper que de fictions. Nous sommes accoutumés à une vérité si stérile, que tout ce qui n'a pas la même sécheresse nous paraît mensonge : comme ces peuples nés dans les glaces du pôle, nous préférons nos tristes déserts à ces champs où

> Le terra molle e lieta e dilettosa
> Simili a se gli abitator produce.

L'éducation du chevalier commençait à l'âge de sept ans. Du Guesclin, encore enfant, s'amusait, dans les avenues du château de son père, à représenter des siéges et des combats avec des petits paysans de son âge. On le voyait courir dans les bois, lutter contre les vents, sauter de larges fossés, escalader les ormes et les chênes, et déjà montrer dans les landes de la Bretagne le héros qui devait sauver la France.

Bientôt on passait à l'office de page ou de *damoiseau* dans le château de quelque baron. C'était là qu'on prenait les premières leçons sur la foi gardée à Dieu et aux dames. Souvent le jeune page y commençait, pour la fille du seigneur, une de ces durables tendresses que des miracles de vaillance devaient immortaliser. De vastes architectures gothiques, de vieilles forêts, de grands étangs solitaires, nourrissaient, par leur aspect romanesque, ces passions que rien ne pouvait détruire, et qui devenaient des espèces de sort et d'enchantement.

Excité par l'amour au courage, le page poursuivait les mâles exercices qui lui ouvraient la route de l'honneur. Sur un coursier indompté il lançait, dans l'épaisseur des bois, les bêtes sauvages, ou, rappelant le faucon du haut des cieux, il forçait le tyran des airs à venir, timide et soumis, se poser sur sa main assurée. Tantôt, comme Achille enfant, il faisait voler des chevaux sur la plaine, s'élançant de l'un à l'autre, d'un saut franchissant leur croupe, ou s'asseyant sur leur dos ; tantôt il montait tout armé jusqu'au haut d'une tremblante échelle, et se croyait déjà sur la brèche, criant : *Montjoie et Saint-Denis !* Dans la cour de son baron, il recevait les instructions et les exemples propres à former sa vie. Là se rendaient sans cesse des chevaliers connus ou inconnus, qui s'étaient voués à des aventures périlleuses, qui revenaient seuls des royaumes du Cattay, des confins de l'Asie, et de tous ces lieux incroyables où ils redressaient les torts, et combattaient les infidèles.

« On veoit, dit Froissard parlant de la maison du duc de Foix, on veoit en la salle, en la chambre, en la cour, chevaliers et escuyers d'honneur aller et marcher, et les oyoit-on parler d'armes et d'amour : tout honneur était là dedans trouvé, toute nouvelle, de quelque pays, de quelque royaume que ce fust, là dedans on y apprenait ; car de tout pays, pour la vaillance du seigneur, elles y venoient. »

Au sortir de page on devenait écuyer, et la religion présidait toujours à ces changements. De puissants parrains ou de belles marraines promettaient à l'autel, pour le héros futur, religion, fidélité et amour. Le service de l'écuyer consistait, en paix, à trancher à table, à servir lui-même les viandes, comme les guerriers d'Homère ; à donner à laver aux convives. Les plus grands seigneurs ne rougissaient point de remplir ces offices. « A une table devant le roi, dit le sire de Joinville, mangeait le roi de Navarre, qui moult étoit paré et aourné de drap d'or, en cote et mantel, la ceinture, le fermail et chapel d'or fin, devant lequel je tranchoys. »

L'écuyer suivait le chevalier à la guerre, portait sa lance, et son heaume élevé sur le pommeau de la selle, et conduisait ses chevaux en les tenant par la droite. « Quand il entra dans la forest, il rencontra quatre escuyers qui menoient quatre blancs destriers en dextre. » Son devoir, dans les duels et batailles, était de fournir des armes à son chevalier, de le relever quand il était abattu, de lui donner un cheval frais, de parer les coups qu'on lui portait, mais sans pouvoir combattre lui-même.

Enfin lorsqu'il ne manquait plus rien aux qualités du *poursuivant d'armes*, il était admis aux honneurs de la chevalerie. Les lices d'un tournoi, un champ de bataille, le fossé d'un château, la brèche d'une tour, étaient souvent le théâtre honorable où se conférait l'ordre des vaillants et des preux. Dans le tumulte d'une mêlée, de braves écuyers tombaient aux genoux du roi ou du général, qui les créait chevaliers en leur frappant sur l'épaule trois coups du plat de son épée. Lorsque Bayard eut conféré la chevalerie à François Ier : « Tu es bien heureuse, dit-il en s'adressant à son épée, d'avoir aujourd'hui, à un si beau et si puissant roi, donné l'ordre de la chevalerie; certes, ma bonne épée, vous serez comme relique gardée, et sur toute autre honorée. » Et puis, ajoute l'historien, « fit deux saults; et après remit au fourreau son espée. »

A peine le nouveau chevalier jouissait-il de toutes ses armes, qu'il brûlait de se distinguer par quelques faits éclatants. Il allait par *monts* et par *vaux*, cherchant périls et aventures; il traversait d'antiques forêts, de vastes bruyères, de profondes solitudes. Vers le soir il s'approchait d'un château dont il apercevait les tours solitaires; il espérait achever dans ce lieu quelque terrible fait d'armes. Déjà il baissait sa visière, et se recommandait à la dame de ses pensées, lorsque le son d'un cor se faisait entendre. Sur les faîtes du château s'élevait un *heaume*, enseigne éclatante de la demeure d'un chevalier hospitalier. Les ponts-levis s'abaissaient, et l'aventureux voyageur entrait dans ce manoir écarté. S'il voulait rester inconnu, il couvrait son écu d'une *housse*, ou d'un *voile vert*, ou d'une *guimpe plus fine que fleur de lys*. Les dames et les damoiselles s'empressaient de le désarmer, de lui donner de riches habits, de lui servir des vins précieux dans des vases de cristal. Quelquefois il trouvait son hôte dans la joie : « Le seigneur Amanieu des Escas, au sortir de table, étant l'hiver auprès d'un bon feu, dans la salle bien jonchée ou tapissée de nattes, ayant autour de lui ses escuyers, s'entretenaient avec eux d'armes et d'amour; car tout dans sa maison, jusqu'aux derniers *varlets*, se meslait d'aimer. »

Ces fêtes des châteaux avaient toujours quelque chose d'énigmatique ; c'était le festin de *la licorne*, le *vœu du paon*, ou *du faisan*. On y voyait des convives non moins mystérieux, les chevaliers du Cygne, de l'Écu-Blanc, de la Lance-d'Or, du Silence ; guerriers qui n'étaient connus que par les devises de leurs boucliers, et par les pénitences auxquels ils s'étaient soumis.

Des troubadours, ornés de plumes de paon, entraient dans la salle vers la fin de la fête, et chantaient des *lays* d'amour :

> Armes, amours, déduit, joie et plaisance,
> Espoir, désir, souvenir, hardement,
> Jeunesse, aussi manière et contenance,
> Humble regard, traict amoureusement,
> Gents corps, jolis, parez très-richement ;
> Avisez bien ceste saison nouvelle ;
> Le jour de may, ceste grand'feste et belle,
> Qui par le roy se faict à Saint-Denis ;
> A bien jouter gardez vostre querelle,
> Et vous serez honorez et chéris.

Le principe du métier des armes chevaleresques était

> Grand bruit au champ, et grand'joie au logis.
> *Bruits es chants, et joie à l'ostel.* »

Mais le chevalier arrivé au château n'y trouvait pas toujours des fêtes; c'était quelquefois l'habitation d'une piteuse dame qui gémissait dans les fers d'un jaloux : *Le biau sire, noble, courtois et preux*, à qui l'on avait refusé l'entrée du manoir, passait la nuit au pied d'une tour d'où il entendait les soupirs de quelque Gabrielle qui appelait en vain le valeureux Couci. Le chevalier aussi tendre que brave, jurait, par sa *durandals* et son *aquilain*, sa fidèle épée et son coursier rapide, de défier en combat singulier le félon qui tourmentait la beauté contre toute loi d'honneur et de chevalerie.

S'il était reçu dans ces sombres forteresses, c'était alors qu'il avait besoin de tout son grand cœur. Des varlets silencieux, aux regards farouches, l'introduisaient, par de longues galeries à peine éclairées, dans la chambre solitaire qu'on lui destinait. C'était quelque donjon qui gardait le souvenir d'une fameuse histoire ; on l'appelait la chambre du roi *Richard*, ou de la *dame des Sept Tours*. Le plafond en était marqueté de vieilles armoiries peintes, et les murs couverts de tapisseries à grands personnages, qui semblaient suivre des yeux le chevalier, et qui servaient à cacher des portes secrètes. Vers minuit, on entendait un bruit léger, les tapisseries s'agitaient, la lampe du paladin s'éteignait, un cercueil s'élevait auprès de sa couche.

La lance et la masse d'armes étant inutiles contre les morts, le chevalier avait recours à des vœux de pèlerinage. Délivré par la faveur divine, il ne manquait point d'aller consulter l'ermite du rocher qui lui disait : « Si tu avais autant de possessions comme en avait le roi Alexandre, et de sens comme le sage Salomon, et de chevalerie comme le preux Hector de Troie ; seul orgueil, s'il régnait en toi, détruirait tout. »

Le bon chevalier comprenait par ces paroles que les visions qu'il avait eues n'étaient que la punition de ses fautes, et il travaillait à se rendre *sans peur et sans reproche*.

Ainsi chevauchant, il mettait à fin par cent coups de lance toutes ces aventures chantées par nos poëtes, et recordées dans nos chroniques. Il délivrait des princesses retenues dans des grottes, punissait des mécréants, secourait les orphelins et les veuves, et se défendait à la fois de la perfidie des nains et de la force des géants. Conservateur des mœurs comme protecteur des faibles, quand il passait devant le château d'une dame de mauvaise renommée, il faisait aux portes une note d'infamie. Si, au contraire, la dame de céans avait bonne grâce et vertu, il lui criait : « Ma bonne amie, ou ma bonne dame ou damoiselle, je prie à Dieu que en ce bien et en cet honneur, il vous veuille maintenir au nombre des bonnes, car bien devez estre louée et honorée. »

L'honneur de ces chevaliers allait quelquefois jusqu'à cet excès de vertu qu'on admire et qu'on déteste dans les premiers Romains. Quand la reine Marguerite, femme de saint Louis, apprit à Damiette, où elle était près d'accoucher, la défaite de l'armée chrétienne et la prise du roi son époux, « elle fit vuidier hors toute sa chambre, dit Joinville, fors le chevalier (un chevalier âgé de quatre-vingts ans), et s'agenouilla devant li, et li requist un don : et le chevalier ly otrya par son serment : elle li dit : *Je vous demande, fist-elle, par la foy que vous m'avez baillée, que se les Sarrazins prennent ceste ville, que vous me copez la tête avant qu'ils me preignent.* Et le chevalier respondit : *Soiés certeinne que je le ferai volontiers, car je l'avoie jà bien enpensé que vous occiroie avant qu'ils nous eussent prins.* »

Les entreprises solitaires servaient au chevalier comme d'échelons pour arriver au plus haut degré de gloire. Averti par les ménestriers des tournois qui se préparaient au gentil pays de France, il se rendait aussitôt au rendez-vous des braves. Déjà les lices sont préparées ; déjà les dames, placées sur des échafauds élevés en forme de tours, cherchent des yeux les guerriers parés de leurs couleurs. Des troubadours vont chantant :

> Servants d'amour, regardez doulcement
> Aux eschafaux anges de paradis ;
> Lors jousterez fort et joyeusement,
> Et vous serez honorez et chéris.

Tout à coup un cri s'élève : « *Honneur aux fils des preux !* » Les fanfares sonnent, les barrières s'abaissent. Cent chevaliers s'élancent des deux extrémités de la lice, et se rencontrent au milieu. Les lances volent en éclats ; front contre front, les chevaux se heurtent et tombent. Heureux le héros qui, ménageant ses coups, et ne frappant, en loyal chevalier, que de la ceinture à l'épaule, a renversé sans le blesser son adversaire ! Tous les cœurs sont à lui, toutes les dames veulent lui envoyer de nouvelles faveurs pour orner ses armes. Cependant des hérauts crient au chevalier : *Souviens-toi de qui tu es fils, et ne forligne pas!* Joutes, castilles, pas d'armes, combats à la foule, font tour à tour briller la vaillance, la force et l'adresse des combattants. Mille cris mêlés au fracas des armes montent jusqu'aux cieux. Chaque dame encourage son chevalier et lui jette un bracelet, une boucle de cheveux, une écharpe. Un Sargine, jusqu'alors éloigné du champ de la gloire, mais transformé en héros par l'amour, un brave inconnu, qui a combattu sans armes et sans vêtements, et qu'on distingue à *sa camise sanglante*, sont proclamés vainqueurs de la joute ; ils reçoivent un baiser de leur dame, et l'on crie : « L'amour des dames, la mort des héraux, louenge et priz aux chevaliers. »

C'était dans ces fêtes qu'on voyait briller la vaillance ou la courtoisie de la Trémouille, de Boucicault, de Bayard, de qui les hauts faits ont rendu probables les exploits des Perceforest, des Lancelot et des Gandifer. Il en coûtait cher aux chevaliers étrangers pour oser s'attaquer aux chevaliers de France. Pendant les guerres du règne de Charles VI, Sampi et Boucicault soutinrent seuls les défis que les vainqueurs leur portaient de toutes parts ; et, joignant la générosité à la valeur, ils rendaient les chevaux et les armes aux téméraires qui les avaient appelés en champ clos.

Le roi voulait empêcher ses chevaliers de *relever le gant*, et de ressentir ces insultes particulières. Mais ils lui dirent : « Sire, l'honneur de la France est si naturellement cher à ses enfants que, si le diable lui-même sortait de l'enfer pour un défi de valeur, il se trouverait des gens pour le combattre. ».

« Et en ce temps aussi, dit un historien, estoient chevaliers d'Espagne et de Portugal, dont trois de Portugal, bien renommés de chevalerie, prindrent, par je ne sais quelle folle entreprise, champ de bataille encontre trois chevaliers de France ; mais en bonne vérité de Dieu, ils ne mirent pas tant de temps à aller de la porte Saint-Martin à la porte Saint-Antoine à cheval, que les Portugallois ne fussent déconfits par les trois François. »

Les seuls champions qui pussent tenir devant les chevaliers de

France étaient les chevaliers d'Angleterre. Et ils avaient de plus pour eux la fortune, car nous nous déchirions alors de nos propres mains. La bataille de Poitiers, si funeste à la France, fut encore honorable à la chevalerie. Le prince Noir, qui ne voulut jamais, par respect, s'asseoir à la table du roi Jean, son prisonnier, lui dit : « Il m'est advis que vous avez grand raison de vous éliesser, combien que la journée ne soit tournée à vostre gré ; car vous avez aujourd'huy conquis le haut nom de prouësse, et avez passé aujourd'huy tous les mieux faisants de votre costé : je ne le die mie, chier sire, pour vous louer ; car tous ceux de nostre patrie qui ont veu les uns et les autres se sont par pleine conscience à ce accordez, et vous en donnent le prix et chapelet. »

Le chevalier de Ribaumont, dans une action qui se passait aux portes de Calais, abattit deux fois à ses genoux Édouard III, roi d'Angleterre ; mais le monarque, se relevant toujours, força enfin Ribaumont à lui rendre son épée. Les Anglais, étant demeurés vainqueurs, rentrèrent dans la ville avec leurs prisonniers. Édouard, accompagné du prince de Galles, donna un grand repas aux chevaliers français ; et, s'approchant de Ribaumont, il lui dit : « Vous estes le chevalier au monde que je visse oncques plus vaillamment assaillir ses ennemis. Adonc print le roi son chapelet qu'il portoit sur son chef (qui estoit bon et riche), et le mit sur le chef de monseigneur Eustache, et dit : Monseigneur Eustache, je vous donne ce chapelet pour le mieux combattant de la journée. Je sais que vous estes gay et amoureux, et que volontiers vous trouvez entre dames et damoiselles ; si, dites partout où vous irez que je le vous ai donné. Si, vous quitte vostre prison, et vous en pouvez partir demain s'il vous plaist. »

Jeanne d'Arc ranima l'esprit de la chevalerie en France ; on prétend que son bras était armé de la fameuse *joyeuse* de Charlemagne, qu'elle avait retrouvée dans l'Église de Sainte-Catherine de Fierbois, en Touraine.

Si donc nous fûmes quelquefois abandonnés de la fortune, le courage ne nous manqua jamais. Henri IV à la bataille d'Ivry criait à ses gens qui pliaient : « Tournez la tête, si ce n'est pour combattre, du moins pour me voir mourir. » Nos guerriers ont toujours pu dire dans leur défaite ce mot qui fut inspiré par le génie de la nation au dernier chevalier français à Pavie : « Tout est perdu *fors* l'honneur. »

(Génie, liv. 5, chap. IV.)

V

Le pèlerin marque les stations de sa route selon les émotions de son cœur ou la nature de ses pensées : Chateaubriand, nourri de la lecture des écritures, se plaît à tracer un feuillet au pied de la ville sainte, au lieu où la tradition place le berceau du prophète Jérémie. Les lamentations de l'inspiré de Dieu ont trouvé un écho français.

PASSAGE A SAINT-JÉRÉMIE.

Après avoir chevauché une heure sur un terrain inégal, nous arrivâmes à quelques masures placées au haut d'une éminence rocailleuse. Nous franchîmes un des ressauts de la plaine, et, au bout d'une autre heure de marche, nous parvînmes à la première ondulation des montagnes de Judée. Nous tournâmes par un ravin raboteux autour d'un monticule isolé et aride. Au sommet de ce tertre on entrevoyait un village en ruines et les pierres éparses d'un cimetière abandonné : ce village porte le nom du *Latroun* ou du *Larron* ; c'est la patrie du criminel qui se repentit sur la croix, et qui fit faire au Christ son dernier acte de miséricorde. Trois milles plus loin nous entrâmes dans les montagnes. Nous suivions le lit desséché d'un torrent : la lune, diminuée d'une moitié, éclairait à peine nos pas dans ces profondeurs ; les sangliers faisaient entendre autour de nous un cri singulièrement sauvage. Je compris à la désolation de ces bords, comment la fille de Jephté voulait pleurer sur la montagne de Judée, et pourquoi les prophètes allaient gémir sur les hauts lieux. Quand le jour fut venu, nous nous trouvâmes au milieu d'un labyrinthe de montagnes de forme conique, à peu près semblables entre elles et enchaînées l'une à l'autre par la base. La roche qui formait le fond de ces montagnes perçait la terre. Ses bandes ou ses corniches parallèles étaient disposées comme les gradins d'un amphithéâtre romain, ou comme ces murs en échelons avec lesquels on soutient les vignes dans les vallées de la Savoie. A chaque redan du rocher croissaient des touffes de chênes nains, des buis et des lauriers-roses. Dans le fond des ravins s'élevaient des oliviers ; et quelquefois ces arbres formaient des bois entiers sur le flanc des montagnes. Nous entendîmes crier divers oiseaux, entre autres des geais. Parvenus au plus haut point de cette chaîne, nous découvrîmes derrière nous (au midi et à l'occident) la plaine de Saron jusqu'à Jaffa, et l'horizon de la mer jusqu'à Gaza ; devant nous (au nord et au levant) s'ouvrait le vallon de Saint-Jérémie ; et, dans la même direction, sur le haut d'un rocher, on apercevait au loin une vieille forteresse appelée le *Château des Machabées.* On croit que l'auteur des *Lamentations* vint au monde dans le village qui a retenu son nom au milieu de ces montagnes : il est certain que la tristesse de ces lieux semble respirer dans les cantiques du prophète des douleurs.

Cependant en approchant de Saint-Jérémie, je fus un peu consolé par un spectacle inattendu. Des troupeaux de chèvres à oreilles tombantes, des moutons à large queue, des ânes qui rappelaient par leur beauté l'onagre des Écritures, sortaient du village au lever de l'aurore. Des femmes arabes faisaient sécher des raisins dans les vignes ; quelques-unes avaient le visage couvert d'un voile, et portaient sur leur tête un vase plein d'eau, comme les filles de Madian. La fumée du hameau montait en vapeur blanche aux premiers rayons du jour ; on entendait des voix confuses, des chants, des cris de joie : cette scène formait un contraste agréable avec la désolation du lieu et les souvenirs de la nuit. Notre chef arabe avait reçu d'avance le droit que la tribu exige des voyageurs, et nous passâmes sans obstacle. Tout à coup je fus frappé de ces mots prononcés distinctement en français : « En avant : Marche ! » Je tournai la tête, et j'aperçus une troupe de petits Arabes tout nus qui faisaient l'exercice avec des bâtons de palmier. Je ne sais quel vieux souvenir de ma première vie me tourmente ; et quand on me parle d'un soldat français, le cœur me bat : mais voir de petits Bédouins dans les montagnes de la Judée imiter nos exercices militaires et garder le souvenir de notre valeur ; les entendre prononcer ces mots qui sont, pour ainsi dire, les mots d'ordre de nos armées, et les seuls que sachent nos grenadiers, il y aurait eu de quoi toucher un homme moins amoureux que moi de la gloire de sa patrie. Je ne fus pas si effrayé que Robinson quand il entendit parler son perroquet, mais je ne fus pas moins charmé que ce fameux voyageur. Je donnai quelques médins au petit bataillon, en lui disant : « En avant : Marche ! » Et afin de ne rien oublier, je lui criai : « Dieu le veut ! Dieu le veut ! » comme les compagnons de Godefroy et de saint Louis.

De la vallée de Jérémie nous descendîmes dans celle de Térébinthe. Elle est plus profonde et plus étroite que la première. On y voit des vignes, et quelques roseaux de doura. Nous arrivâmes au torrent où David enfant prit les cinq pierres dont il frappa Goliath. Nous passâmes ce torrent sur un pont de pierre, le seul qu'on rencontre dans ces lieux déserts : le torrent conservait encore un peu d'eau stagnante. Tout près de là, à main gauche, sous un village appelé *Kaloni*, je remarquai parmi des ruines plus modernes les débris d'une fabrique antique. L'abbé Mariti attribue ce monument à je ne sais quels moines. Pour un voyageur italien, l'erreur est grossière. Si l'architecture de ce monument n'est pas hébraïque, elle est certainement romaine : l'aplomb, la taille et le volume des pierres ne laissent aucun doute à ce sujet.

Après avoir passé le torrent, on découvre le village de Keriet-Lefta au bord d'un autre torrent desséché qui ressemble à un grand chemin poudreux. El-Biré se montre au loin au sommet d'une haute montagne, sur la route de Nablous, Nabolos, ou Nabolosa, la Sichem du royaume d'Israël, et la Néapolis des Hérodes. Nous continuâmes à nous enfoncer dans un désert, où des figuiers sauvages clair-semés étalaient au vent du midi leurs feuilles noircies. La terre, qui jusqu'alors avait conservé quelque verdure, se dépouilla, les flancs des montagnes s'élargirent, et prirent à la fois un air plus grand et plus stérile. Bientôt toute végétation cessa : les mousses même disparurent. L'amphithéâtre des montagnes se teignit d'une couleur rouge et ardente. Nous gravîmes pendant une heure ces régions attristées pour atteindre un col élevé que nous voyions devant nous. Parvenus à ce passage, nous cheminâmes pendant une autre heure sur un plateau nu semé de pierres roulantes. Tout à coup, à l'extrémité de ce plateau, j'aperçus une ligne de murs gothiques flanqués de tours carrées, et derrière lesquels s'élevaient quelques pointes d'édifices. Au pied de ces murs paraissait un camp de cavalerie turque dans toute la pompe orientale. Le guide s'écria : « El-Cods ! » La Sainte (Jérusalem) ! et il s'enfuit au grand galop.

Je conçois maintenant ce que les historiens et les voyageurs rapportent de la surprise des croisés et des pèlerins, à la première vue de Jérusalem.

Je puis assurer que quiconque a eu comme moi la patience de lire à peu près deux cents relations modernes de la Terre-Sainte, les compilations rabbiniques, et les passages des anciens sur la Judée, ne connaît rien du tout encore. Je restai les yeux fixés sur Jérusalem, mesurant la hauteur de ses murs, recevant à la fois tous les souvenirs de l'histoire, depuis Abraham jusqu'à Godefroy de Bouillon, pensant au monde entier changé par la mission du Fils de l'Homme, et cherchant vainement ce temple dont *il ne reste pas pierre sur pierre*. Quand je vivrais mille ans, jamais je n'oublierai ce désert qui semble respirer encore la grandeur de Jéhovah, et les épouvantements de la mort.

(Itin.)

VI

Le cœur humain est un prisme dont les couleurs scintillent ou s'absorbent selon qu'il se tourne vers le rayon ou vers l'ombre. Tour à tour il s'élance ou s'arrête pour obéir à l'entraînement d'un jour ou à la crainte du lendemain. Les replis de cet agent de vie ou de mort sont le livre de tous les temps.

INCONSTANCE DE L'HOMME.

L'homme est surtout malheureux par son inconstance et par l'usage de ce libre arbitre qui fait à la fois sa gloire et ses maux, et qui fera sa condamnation. Il flotte de sentiment en sentiment, de pensée en pensée; ses amours ont la mobilité de ses opinions, et ses opinions lui échappent comme ses amours. Cette inquiétude le plonge dans une misère dont il ne peut sortir que quand une force supérieure l'attache à un seul objet. On le voit alors porter avec joie sa chaîne; car l'homme infidèle hait pourtant l'infidélité. Ainsi, par exemple, l'artisan est plus heureux que le riche désoccupé, parce qu'il est soumis à un travail impérieux qui ferme autour de lui toutes les voies du désir ou de l'inconstance. La même soumission à la puissance fait le bien-être des enfants, et la loi qui défend le divorce a moins d'inconvénients pour la paix des familles que la loi qui le permet.

Les anciens législateurs avaient reconnu cette nécessité d'imposer un joug à l'homme. Les républiques de Lycurgue et de Minos n'étaient en effet que des espèces de communautés où l'on était engagé en naissant par des vœux perpétuels. Le citoyen y était condamné à une existence uniforme et monotone. Il était assujetti à des règles fatigantes, qui s'étendaient jusque sur ses repas et ses loisirs ; il ne pouvait disposer ni des heures de sa journée, ni des âges de sa vie : on lui demandait un sacrifice rigoureux de ses goûts ; il fallait qu'il aimât, qu'il pensât, qu'il agît d'après la loi : en un mot, on lui avait retiré sa volonté pour le rendre heureux.

(Génie, liv. 3, chap. IV.)

VII

Il est une ligne de laquelle la vérité ne dévie point ; son tracé est droit et son but posé à ciel ouvert. Quand on veut lancer une voix humaine au-dessus de la parole de Dieu, on erre et on tombe.

Le passé nous présente la Saint-Barthélemy comme un point rouge, immobile à l'horizon ; les dagues qui marquèrent ce feuillet de l'histoire, restèrent isolées du chemin du Calvaire, le massacre fut populaire et princier ; le catholicisme se détourna du tribut que la haine avait engendré, et dans ce jour néfaste, tandis que les princes jouaient au poignard leur avenir, le clergé priait pour la paix du royaume : en suivant dès l'aube cette traînée de sang jusqu'à l'heure du soir, sur les pas du cortége révélateur d'une nuit du Louvre, on ne voit aucune étole.

Toutes les fois que l'Église a cru devoir faire de grands exemples, elle les a proclamés : elle s'est tu... c'est qu'elle n'y était pas.

CHARLES IX.

Ce roi qui tirait par les fenêtres de son palais sur ses sujets huguenots ; ce monarque catholique, se reprochant ses meurtres, rendant l'âme au milieu des remords en vomissant son sang, en poussant des sanglots, en versant des torrents de larmes, abandonné de tout le monde, seulement secouru et consolé par une nourrice huguenote ! N'y aura-t-il pas quelque pitié pour ce monarque de vingt-trois ans, né avec des talents heureux, le goût des lettres et des arts, un caractère naturellement généreux, qu'une exécrable mère s'était plu à dépraver par tous les abus de la débauche et de la puissance ? Charles IX avait dit à Ronsard, dans des vers dont Ronsard aurait dû imiter le naturel et l'élégance :

> Tous deux également nous portons des couronnes,
> Mais, roi, je la reçois ; poëte tu la donnes.

Heureux si ce prince n'avait jamais reçu une couronne doublement souillée de son propre sang et de celui des Français, ornement de tête incommode, pour s'endormir sur l'oreiller de la mort !

Le corps de Charles IX fut porté sans pompe à St-Denis, accompagné par quelques archers de la garde, par quatre gentilshommes de la chambre et par Brantôme, raconteur cynique, qui moulait les vices des grands comme on prend l'empreinte du visage des morts.

(Hist. de Fr.)

VIII

L'antiquité eut sa renaissance comme le moyen âge ; aux folles joies des saturnales, succéda le besoin du repos ; Solon apparut à la Grèce, il régularisa la course des arts et les élans du génie en les rassemblant dans le sanctuaire des lois.

L'écrivain législateur et poëte qui moralise sa patrie après l'orage, Chateaubriand, devait comprendre et expliquer le sage d'Athènes.

SIÈCLE DE SOLON.

C'est ici l'époque d'une des plus grandes révolutions de l'esprit humain, de même qu'elle le fut d'un des plus grands changements en politique. Toutes les semences des sciences fermentées depuis longtemps dans la Grèce, y éclatèrent à la fois. Les lumières ne parvinrent pas, comme de nos jours, au zénith de leur gloire ; mais elles atteignirent cette hauteur médiocre, d'où elles éclairent les hommes sans les éblouir. Ils y voient alors assez pour tenir le chemin de la liberté, et non pas trop pour s'égarer dans les routes inconnues des systèmes. Ils ont cette juste quantité de connaissances qui nous montrent les principes, sans avoir cet excès de savoir qui nous porte à douter de leur vérité. La tragédie prit naissance sous Thespis, la comédie sous Susarion, la fable sous Ésope, l'histoire sous Cadmus, l'astronomie sous Thalès, la grammaire sous Simonide. L'architecture fut perfectionnée par Memnon, Antimachide; la sculpture par une multitude de statuaires : mais surtout la philosphie et la politique prirent un essor inconnu. Une foule de publicistes et de législateurs parurent tout à coup dans la Grèce et donnèrent le signal d'une révolution générale. Ainsi les Locke, les Montesquieu, en se levant en Europe, appelèrent les peuples modernes à la liberté.

Jetons d'abord un coup d'œil sur les beaux-arts.

Pisistrate, en usurpant l'autorité souveraine, avait senti que, pour la conserver chez un peuple volage, il fallait l'amuser par des fêtes : on retient plus facilement les hommes avec des fleurs qu'avec des chaînes. Il remplit sa patrie des monuments du génie et des arts. Ses fils, imitant son exemple, firent de leur cour le rendez-vous des beaux esprits de la Grèce.

Simonide eut une destinée à peu près semblable à celle des poëtes français de nos jours. Il vit les deux régimes à Athènes : la monarchie sous les Pisistratides, et la république après leur expulsion. Témoin des victoires des Grecs sur les Perses, il les célébra dans des hymnes triomphales. Comblé des faveurs d'Hipparque, il l'avait chanté; et il loua sans mesure les assassins de ce prince. Les monarques tombés doivent s'attendre à plus d'ingratitude que les autres hommes, parce qu'ils ont conféré plus de bienfaits.

(Révol. anc.)

SYMPATHIES

APPENDICE

APPENDICE

La fleur recèle une essence qui en conserve le parfum, lorsque ses corolles ne sont plus que des feuilles mortes : le bienfait, comme la tige, a en lui un arôme précieux qui porte au loin la trace de sa naissance, quand la main qui le répandit n'est plus que poussière.

Un roi et une fleur, c'est la simple histoire du bien-être populaire ; et l'ouvrier en parcourant les champs dans son jour de repos ne peut cueillir cette touffe épanouie, sans se dire : « Si nous l'avions connu !

UNE FLEUR A LA BOUTONNIÈRE.

Fouillez dans la vie du juste, vous ne recueillerez que de belles œuvres.

Louis XVI, ce roi dont les prévisions furent des bienfaits, apparaît au souvenir avec une fleur à sa boutonnière; elle est le symbole du vieux drapeau, sa blancheur est pure, et pourtant ce n'est pas le lis. Le monarque philanthrope fut fier de s'en décorer; elle reposa sur son cœur, là elle était bien placée. C'est la fleur dont le fruit dans la disette devait nourrir le menu peuple.

Cette plante que le roi honorait, fut bientôt du goût de tous. Il y eut harmonie d'enthousiasme. Elle plut à Louis, elle eut accès dans les palais; elle était dédiée aux chaumières. Marie-Antoinette en fit sa couronne d'un jour; cette couronne para son front bien mieux que le diamant des grandes solennités. Tous les courtisans arborèrent cette fleur; ils la placèrent momentanément au-dessus de la croix de Saint-Louis, et madame de Polignac s'écria : « Ce n'est plus l'ordre de Louis le Grand qui prévaut à la « cour, c'est l'ordre de la pomme de terre. » Oui, c'était la fleur de la pomme de terre qui causait tout cet engouement. Louis XVI était heureux d'introduire en France ce tubercule terreux qui devait être le blé du pauvre. Le roi se montra au spectacle, paré de cette décoration du bien public. A côté de lui on vit un courtisan aux rudes manières, mais dont le front était plissé comme celui de l'homme de génie; il courbait sa tête comme la grappe trop chargée de grains : c'était Parmentier, c'était le savant modeste qui a répandu dans les montagnes, sous les huttes des vallons, un bienfait de chaque jour. C'est lui qui, aidé de l'inspiration de son roi, a fertilisé les champs et a placé à la table du laboureur, comme à celle du monarque, le mets d'abondance, le mets du riche, le mets du nécessiteux. Il mérite d'être honoré, il mérite de faire relief au milieu de l'égoïsme des âges. Un bon roi et un philanthrope modeste s'entendent vite. Mais il faut l'avenir pour faire juger la grandeur de leur œuvre.

Louis XVI et Parmentier ! ces deux noms ont fait surgir la gratitude nationale ; et pourtant combien d'individus récoltent dans leurs landes la pomme de terre des familles, et ne savent pas encore à quelle main ils en doivent la propagation. Ce tubercule donna, dès son introduction en France, à des sables stériles la prospérité des métairies.

L'histoire de la pomme de terre est une leçon de morale ; on aime à la redire :

Dans la petite ville de Montdidier, il y avait, en 1749, un homme dont la richesse était en renom, mais les pauvres appelaient son opulence : « la fortune maudite ! » car ils n'avaient jamais reçu de lui la dîme de charité, et lorsque quelque épidémie s'était abattue sur les chaumières, la sueur de l'indigent convertie en deniers, avait été engloutie dans le trésor de son laboratoire. Cet homme était pharmacien ; son avarice comptait les pulsations des malades, comme les fractions de son avoir.

L'apothicaire était savant en chimie, et de nombreuses expériences avaient donné du relief à sa profession.

Un soir, un jeune garçon d'environ douze ans se présente au comptoir de la pharmacie. Son front était candide, son teint pâle annonçait la fatigue, ses yeux gonflés disaient qu'il avait déjà beaucoup pleuré. Il tira de son sein un petit papier plié, et le présenta d'une main tremblante au chimiste en disant : « C'est une ordonnance pour sauver ma mère qui se « meurt, c'est bien pressé. » Ce jeune garçon était Antoine Parmentier.

« Le remède est efficace, lui dit l'apothicaire ; mais, mon pauvre enfant, « ce remède est un peu cher... n'importe, et si tu as un louis d'or ?...

— Un louis !... hélas ! depuis la mort de mon père, nous n'avons pas vu « d'or ; ma pauvre mère veille et travaille pour ses besoins de chaque jour, « et moi... je n'ai que les sous de ma journée...

— Les médecins sont fous !... ordonner de tels remèdes aux pauvres !...

— Oh ! monsieur, il a dit que la potion guérirait ma mère... et il n'a rien pris pour sa visite...

— C'est bien différent ! Quant à moi, je ne donne rien pour rien.

— Eh bien ! s'écria l'enfant, en joignant les mains, prenez mon temps,

« je vaux quelque chose... Nous étions riches aussi, quand mon père vivait ;
« je sais écrire, tenir des comptes, j'ai étudié dans des livres ; je lirai dans
« ceux de la chimie, je vous servirai le jour et la nuit dans votre labora-
« toire ; oh ! prenez autant de mes journées que vous en voudrez, mais
« donnez-moi vite de quoi soulager ma mère... elle était résignée à mourir,
« et moi je suis accouru chez vous, plein d'espoir de la sauver... prenez-
« moi, je ne mangerai que du pain. »

L'appât d'un tel élève sourit à la science de l'avare ; le troc fut fait. Le jeune Antoine rapporta en triomphe le breuvage désiré... la mère fut rendue à la vie..., et lui, alla enchaîner la sienne au service de l'apothicaire de Montdidier...

Mal nourri, accablé de travail pendant le jour, Antoine veillait la nuit près des alambics, pendant que le patron reposait.

Il souffrit sans se plaindre, jusqu'au moment où l'apothicaire se trouva assez riche pour se reposer... Alors Antoine embrassa sa pauvre mère, et partit pour aller chercher un avenir dans l'immense mouvement de la capitale.

Le jeune Parmentier n'avait pas perdu ses veilles ; l'apprenti de Montdidier fut en état de solliciter un emploi. Il s'arrêta peu à Paris ; sa naïve histoire lui valut des patrons, et bientôt il partit pour l'armée de Hanovre en qualité d'aide-pharmacien ; dès lors le repos des vieux ans de sa mère fut assuré.

Le jeune garçon qui avait offert un si touchant exemple d'amour filial, fut sous la tente la providence des blessés. Antoine Parmentier n'attendait pas que le champ de bataille fût refroidi pour porter secours à ceux qui tombaient ; c'était sous le feu de la mitraille qu'il pansait les mutilés : aussi le soldat l'honorait.

Un lendemain de combat, l'aide-pharmacien manqua à l'appel : alors le murmure de mille voix s'éleva : « Cherchons-le où les boulets tombaient,
« s'écria un vieux chevronné, c'était toujours là sa place. — Il y était,
« reprit un fantassin dont les blessures étaient bandées ; j'y étais aussi,
« moi..., et j'ai eu beau lui dire : M. Antoine, méfiez-vous ! il s'est obstiné
« à relever tous les éclopés, si bien que l'ennemi voyant qu'il nous remet-
« tait sur pied, l'a trouvé de bonne prise et l'a emmené, quoique, pour ma
« part, je l'aie défendu de la main qui me restait. »

Peu après il y eut fête au camp, Antoine fut ramené par un échange de prisonniers ; quatre fois il paya de sa liberté l'élan d'une noble abnégation, puis reparut dans nos rangs. Mais la cinquième fois il ne voulut pas revenir, il était retenu sur la terre étrangère par le lien de la science.

Le jeune prisonnier avait été recueilli par Meyer, l'un des plus habiles chimistes de l'Allemagne; ce savant ouvrit à l'Europe une des voies du progrès.

Les trésors du laboratoire du maître furent explorés avec ardeur par Antoine; en un an d'étude pratique, il fit un pas immense dans les combinaisons de la chimie. Un jour, l'élève vit avec étonnement, près de l'appareil du célèbre Meyer, une touffe de tubercules dont il ne pouvait comprendre l'emploi; il interrogea le professeur : « Ce sont des pommes de terre,
« répondit le docte chimiste ; hier en en mangeant j'ai pensé que ce tuber-
« cule devait contenir un principe spiritueux, et je veux faire un essai.
« — Manger cela ! s'écria Antoine avec dégoût, mais c'est la nourriture
« des porcs!
« — C'est déjà dans beaucoup de parties de notre Allemagne celle des
« hommes...
« — Comment, maître Meyer, vous, si savant, ignorez-vous que ce tuber-
« cule donne la lèpre?
« — Erreur, mon ami ; la pomme de terre, originaire du Chili, fut impor-
« tée en Orient, où elle reçut du soleil une âcreté pernicieuse; de là est
« venue la fausse idée qu'elle donnait la lèpre ; mais cultivez-la dans quel-
« que sol que ce soit, en cachant bien le fruit, et vous aurez un aliment
« sain et abondant, car un arpent de terrain qui, bien fumé, donne douze
« quintaux de froment, produira deux cents quintaux de pommes de terre :
« rappelez-vous qu'un jour viendra où sa propagation sera un des bienfaits
« de l'agriculture!... »

Antoine réfléchit profondément, et bientôt il prit congé de Meyer pour retourner dans sa patrie. Il importait en France le tubercule bienfaisant.

Parmentier avait la conviction scientifique qu'il allait doter la rive natale d'un soutien national; mais riche d'idées, il était resté pauvre de biens ; il ne possédait pas un coin de terre pour y déposer un germe d'abondance.

Animé de son élan philanthropique, il frappa aux portes de l'Académie; le savoir stationnaire sourit de dédain, et l'introduction d'un *convolvulus vénéneux* fut repoussée.

Le jeune savant s'efforça de rédiger ses convictions, appuyées sur des expériences; elles furent taxées de rêve creux, d'hallucinations chimiques; il persista, il présenta un mémoire au ministre de l'intérieur. Son travail mettait en relief toute la nomenclature des tubercules terreux : l'*apichu* des Péruviens, la *papas* du Chili, et la *patate* des tropiques servaient de confort à ses démonstrations. L'apichu, la papas et la patate furent jetés dans l'oubli ministériel, tout aussi bien que la *pomme de terre*.

Parmentier, tourmenté du désir incessant de doter la classe indigente, disait toujours : « L'abondance est là ! » Mais le pauvre souffrait, et Parmentier n'était pas écouté; alors il changea de route pour atteindre à son but d'économie politique... Sa carrière se dessina; il obtint l'emploi de pharmacien de l'Hôtel des Invalides. Il prit avec bonheur possession du petit jardin attenant à son logement; il arracha les arbustes, remua le sol, et bientôt son champ porta le germe en fleur de la pomme de terre. Ce fut le moment où Parmentier tourna ses regards vers le monarque dont le cœur était la terre promise du bien-être populaire. Louis XVI et Parmentier se comprirent.

Le roi, après un instant de réflexion, dit au modeste savant : « Je vous « concède la plaine des Sablons. » Ce terrain, dont les sables n'avaient jamais rien pu produire, fut vivifié par les germes de la pomme de terre. Les habitants de Neuilly virent avec étonnement cette lande délaissée, porter à la saison nouvelle des fleurs inconnues; ils s'enquirent de ce qu'elles devaient produire, et pensèrent qu'un spéculateur allait faire quelques expériences d'engrais. Antoine leur répétait chaque jour que ce produit serait la providence des années stériles, le peuple riait; pourtant on regardait avec curiosité les pommes de terre qu'on retirait du sol.

Quand Parmentier fut assuré de l'abondance de sa récolte, il en porta les prémices au roi : « Il faut, dit Louis XVI, persuader les hommes en flattant « leurs faiblesses; l'amour-propre ne cède jamais au grand jour. Offrez « des pommes de terre, on les rejettera; pour les propager, il faut les entourer d'une barrière... » Des sentinelles furent posées autour de la plaine des Sablons, et y firent bonne garde pendant le jour; mais à la nuit tombante on levait à dessein la consigne... Les prévisions du roi étaient vraies, c'était le fruit défendu... tout le monde en voulut : chaque nuit, l'indigent ou l'agriculteur faisait larcin des tubercules bannis... Cette amélioration sociale germa dans le cœur de Louis XVI comme un fruit en serre chaude... et bientôt elle agrandit sa sollicitude.

La pénurie des finances, et le malaise général qui tourmentait la France, amenèrent la crainte de la disette; de toutes parts les esprits sérieux s'occupèrent des moyens de la conjurer. L'académie de Besançon prit une initiative philanthropique : elle proposa un prix pour celui qui trouverait une substance farineuse, propre à remplacer le froment.

Parmentier monta un appareil chimique et fit le premier essai de la fécule de pommes de terre. Ce fut alors que Louis XVI se para de la fleur.

Le roi inaugura sur sa table le mets de l'indigent. Bientôt les seigneurs dans leurs châteaux suivirent l'exemple du monarque; peu à peu le peuple cessa de gémir de faim, lorsque la stérilité ou les orages vinrent frapper sur la campagne.

Les populations avaient cessé de souffrir, mais elles oublient vite, et lorsque la tête de Louis XVI fut menacée, la foule des indigents resta froide..., elle ne se leva pas pour briser l'échafaud et porter en triomphe le prince dont la main avait pétri le pain de la misère!... Une fleur de pomme de terre aurait dû suffire pour soulever un drapeau...

O vous que les bons rois n'ont jamais redouté! vous, qui avez été civilisés par la morale du travail! ouvriers de l'atelier et des champs, qui avez été sacrifiés aux faux calculs de l'ambition! vous qu'on a trompés lorsqu'on a voulu vous rendre malheureux!... C'est dans vos chantiers, c'est dans vos chaumières qu'on est venu troubler votre paix sans satisfaire à vos besoins.

Venez, venez en foule aujourd'hui, vous incliner devant le souvenir de Louis XVI ayant à ses côtés l'enfant du peuple Parmentier... Allez à Versailles; là, dans la galerie des grands modèles, réclamez le portrait de ce roi qui vous a aimé... Il a été oublié dans ses inspirations de bienfaits! réparez l'omission par un vœu du cœur... Vos réclamations feront faire place à Louis XVI, représenté portant : « *une fleur à sa boutonnière.* »

D. de St-E.

LIVRE VII

OPTIQUE

LIVRE VII

OPTIQUE

I

L'électricité du cœur n'a pas besoin d'agent visible pour sympathiser avec le lointain : un son fait lever tout un passé, le temps secoue sa chevelure, l'arbre reprend son feuillage, un parfum du jeune âge embaume le souvenir, il s'épanche dans une larme.

LA CLOCHE DU BERCEAU.

Le matin de la vie est comme le matin du jour, plein de pureté, d'images et d'harmonies.

Les dimanches et les jours de fête, j'ai souvent entendu, dans le grand bois, à travers les arbres, les sons de la cloche lointaine, qui appelait au temple l'homme des champs. Appuyé contre le tronc d'un ormeau, j'écoutais en silence le pieux murmure. Chaque frémissement de l'airain portait à mon âme naïve l'innocence des mœurs champêtres, le calme de la solitude, le charme de la religion, et la délectable mélancolie des souvenirs de ma première enfance ! Oh ! quel cœur si mal fait n'a tressailli au bruit des cloches de son lieu natal, de ces cloches qui frémirent de joie sur son berceau, qui annoncèrent son avénement à la vie, qui marquèrent le premier battement de son cœur, qui publièrent dans tous les lieux d'alentour, la sainte allégresse de son père, les douleurs et les joies encore plus ineffables de sa mère. Tout se trouve dans les rêveries enchantées où nous plonge le bruit de la cloche natale : religion, famille, patrie, et le berceau, et la tombe, et le passé, et l'avenir.

(Nouv.)

II

Quand un tableau d'un effet nouveau frappe les regards, on s'arrête et on se recueille. Pour la première fois les pompes resplendissantes du paganisme viennent se placer au milieu de la pompe austère de l'Arcadie chrétienne : le grand prêtre d'Homère et la desservante du temple des Muses roulant leur char d'or dans le champ de la moisson patriarchale mettent en présence les merveilles de la fiction et la force de la vérité qui se retrouvent dans des récits d'un grand guerrier et d'un grand martyr.

DÉMODOCHUS CHEZ LASTHÉNÈS.

L'aube avait à peine blanchi l'orient, qu'on entendit retentir la voix de Démodochus : il appelait ses intelligents esclaves. Aussitôt Évémon, fils de Boëtoüs, ouvre le lieu qui renfermait l'appareil des chars. Il emboîte l'essieu dans des roues bruyantes à huit rayons fortifiés par des bandes d'airain ; il suspend un char orné d'ivoire sur des courroies flexibles ; il joint le timon au char, et attache à son extrémité le joug éclatant. Hestionée d'Épire, habile à élever les coursiers, amène deux fortes mules d'une blancheur éblouissante ; il les conduit bondissantes sous le joug, et achève de les couvrir de leurs harnais étincelants d'or. Euryméduse, pleine de jours et d'expérience, apporte le pain et le vin, la force de l'homme ; elle place aussi sur le char le présent destiné au fils de Lasthénès : c'était une coupe de bronze à double fond, merveilleux ouvrage où Vulcain avait gravé le nom d'Hercule délivrant Alceste pour prix de l'hospitalité qu'il avait reçue de son époux. Ajax avait donné cette coupe à Tychius d'Hylé, armurier célèbre, en échange du bouclier recouvert de sept peaux de taureaux, que le fils de Télamon portait au siége de Troie. Un descendant de Tychius recueillit chez lui le chantre d'Ilion, et lui fit présent de la superbe coupe. Homère, étant allé dans l'île de Samos, fut admis aux foyers de Créophyle, et il lui laissa en mourant sa coupe et ses poëmes. Dans la suite, le roi Lycurgue de Sparte, cherchant partout la sagesse, visita les fils de Créophyle : ceux-ci lui offrirent, avec la coupe d'Homère, les vers qu'Apollon avait dictés à ce poëte immortel. A la mort de Lycurgue, le monde hérita des chants d'Homère, mais la coupe fut rendue aux Homérides : elle parvint ainsi à Démodocus, dernier descendant de cette race sacrée, qui la destine aujourd'hui au fils de Lasthénès.

Cependant Cymodocée, dans un chaste asile, laisse couler à ses pieds son vêtement de nuit, mystérieux ouvrage de la pudeur. Elle revêt une robe semblable à la fleur du lis, que les Grâces décentes attachent elles-mêmes autour de son sein. Elle croise sur ses pieds nus des bandelettes légères, et rassemble sur sa tête, avec une aiguille d'or, les tresses parfumées de ses cheveux. Sa nourrice lui apporte le voile blanc des Muses, qui brillait comme le soleil, et qui était placé sous tous les autres dans une cassette odorante. Cymodocée couvre sa tête de ce tissu virginal, et sort pour aller trouver son père. Dans ce moment même le vieillard s'avançait, vêtu d'une longue robe que rattachait une ceinture ornée de franges de pourpre, de la valeur d'une hécatombe. Il portait sur sa tête une couronne de papyrus, et tenait à la main le rameau sacré d'Apollon. Il monte sur le char, et Cymodocée s'assied à ses côtés. Évémon saisit les rênes, et presse du fouet retentissant le flanc des mules sans tache. Les mules s'élancent, et les roues rapides marquent à peine sur la poussière la trace qu'un léger vaisseau laisse en fuyant sur les mers.

« O ma fille, dit le pieux Démodocus, tandis que le char vole, nous préserve le ciel de manquer de reconnaissance ! Les portes des enfers sont moins odieuses à Jupiter que les ingrats : ils vivent peu, et sont toujours livrés à une furie : mais une divinité favorable se tient toujours auprès de ceux qui ne perdent point la mémoire des bienfaits : les dieux voulurent naître parmi les Égyptiens, parce qu'ils sont les plus reconnaissants des hommes. »

(Mart., liv. 1.)

III

La religion révélée n'appartient pas seulement à la terre par ses bienfaits, elle appartient à un dogme d'inspiration divine qui se lit et dans le cœur et dans la foi.

Sur toutes les rives on aperçoit ses insignes ; l'homme le plus croyant est celui qui les propage et par les sacrifices et par la persévérance : sa vie ferme la chaîne des actes de l'humanité ; un de ses anneaux reste aux cieux ; à l'heure où il expire il le ressaisit : ce dernier anneau devient la couronne de ses œuvres.

LES BIENFAITS DU CHRISTIANISME.

Ce ne serait rien connaître que de connaître vaguement les bienfaits du christianisme : c'est le détail de ses bienfaits, c'est l'art avec lequel la religion a varié ses dons, répandu ses secours, distribué ses trésors, ses remèdes, ses lumières ; c'est ce détail, c'est cet art qu'il faut pénétrer. Jusqu'aux délicatesses des sentiments, jusqu'aux faiblesses, la religion a tout ménagé en soulageant tout. Pour nous, qui depuis quelques années nous occupons de ces recherches, tant de traits de charité, tant de fondations admirables, tant d'inconcevables sacrifices, sont passés sous nos yeux, que nous croyons qu'il y a dans ce seul mérite du christianisme de quoi expier tous les crimes des hommes : culte céleste, qui nous force d'aimer cette triste humanité qui le calomnie.

Ce que nous allons citer est bien peu de chose, et nous pourrions remplir plusieurs volumes de ce que nous rejetons ; nous ne sommes pas même sûr d'avoir choisi ce qu'il y a de plus frappant : mais, dans l'impossibilité de tout décrire, et de juger qui l'emporte en vertu par un si grand nombre d'œuvres charitables, nous recueillons presque au hasard ce que nous donnons ici.

Pour se faire d'abord une idée de l'immensité des bienfaits de la religion, il faut se représenter la chrétienté comme une vaste république, où tout ce que nous rapportons d'une partie se passe en même temps dans une autre. Ainsi, quand nous parlerons des hôpitaux, des missions, des colléges de la France, il faut aussi se figurer les hôpitaux, les missions, les colléges de l'Italie, de l'Espagne, de l'Allemagne, de la Russie, de l'Angleterre, de l'Amérique, de l'Afrique et de l'Asie ; il faut voir deux cents millions d'hommes, au moins, chez qui se pratiquent les mêmes vertus et se font les mêmes sacrifices ; il faut se souvenir qu'il y a dix-huit cents ans que ces vertus existent et que les mêmes actes de charité se répètent : calculez maintenant, si votre esprit ne s'y perd, le nombre d'individus soulagés et éclairés par le christianisme, chez tant de nations, et pendant une aussi longue suite de siècles !

(Génie, liv. 6, chap. i.)

IV

Sur la plage du Meschacebé, le *Mico*, ce chef des tribus guerrières, vient sous l'œil des sachems présider aux solennités du désert : là on trouve toute la virilité du courage et la tourmente des passions, pour combattre avec l'arc, ou pour arrêter l'ardeur de la lutte en étendant la bannière du saule ou le *calumet de paix*.

Là les jongleurs invoquent l'esprit des ondes, et on brave et la terre soulevée et les flots en courroux. Puis rentrant sous la tente on célèbre la *fête des âmes*; le dogme de l'immortalité est donc révélé à l'homme de la nature, comme à l'homme de la civilisation : partout il sent battre son cœur sous le regard du ciel.

LE FESTIN DES AMES.

Comme on voit les flots de la mer se briser pendant un orage, comme en automne les feuilles séchées sont enlevées par un tourbillon, comme les roseaux du Meschacebé plient et se relèvent dans une inondation subite, comme un grand troupeau de cerfs brame au fond d'une forêt, ainsi s'agitait et murmurait le conseil. Des sachems, des guerriers, des matrones, parlent tour à tour ou tous ensemble. Les intérêts se choquent, les opinions se divisent; le conseil va se dissoudre ; mais enfin l'usage antique l'emporte, et je suis condamné au bûcher.

Une circonstance vint retarder mon supplice ; la *Fête des morts* ou le *Festin des âmes* approchait. Il est d'usage de ne faire mourir aucun captif pendant les jours consacrés à cette cérémonie. On me confia à une garde sévère ; et sans doute les sachems éloignèrent la fille de Simaghan, car je ne la revis plus.

« Cependant les nations de plus de trois cents lieues à la ronde arrivaient en foule pour célébrer le *Festin des âmes*. On avait bâti une longue hutte sur un site écarté. Au jour marqué, chaque cabane exhuma les restes de ses pères de leurs tombeaux particuliers, et l'on suspendit les squelettes, par ordre et par famille, aux murs de la *Salle commune des aïeux*. Les vents (une tempête s'était élevée), les forêts, les cataractes mugissaient au dehors, tandis que les vieillards des diverses nations concluaient entre eux des traités de paix et d'alliance sur les os de leurs pères.

On célèbre les jeux funèbres, la course, la balle, les osselets. Deux vierges cherchent à s'arracher une baguette de saule. Elles se penchent et mêlent leurs chevelures; elles regardent leurs mères, rougissent : on applaudit. Le jongleur invoque Michabou, génie des eaux. Il raconte les guerres du grand Lièvre contre Machimanitou, dieu du mal. Il dit le premier homme et Athaënsic la première femme précipités du ciel pour avoir perdu l'innocence, la terre rougie du sang fraternel, Jouskeka l'impie immolant le juste Tahouistsaron, le déluge descendant à la voix du grand Esprit, Massou sauvé seul dans son canot d'écorce, et le corbeau envoyé à la découverte de la terre : il dit encore la belle Endaé, retirée de la contrée des âmes par les douces chansons de son époux.

Après ces jeux et ces cantiques, on se prépare à donner aux aïeux une éternelle sépulture.

Sur les bords de la rivière de Chata-Uche se voyait un figuier sauvage, que le culte des peuples avait consacré. Les vierges avaient accoutumé de laver leurs robes d'écorce dans ce lieu, et de les exposer au souffle du désert, sur les rameaux de l'arbre antique. C'était là qu'on avait creusé un immense tombeau. On part de la salle funèbre en chantant l'hymne à la mort; chaque famille porte quelques débris sacrés. On arrive à la tombe; on y descend les reliques; on les y étend par couches; on les sépare avec des peaux d'ours et de castor; le mont du tombeau s'élève, et l'on y plante l'*Arbre des pleurs et du sommeil*.

(Nouv.)

V

L'âme en se reposant sur les merveilles de la création se trouve purifiée ; le sentiment de l'infini est inné dans la contemplation des mondes ; la révélation de Dieu se fait sentir en passant par le cœur.

L'imagination n'impose rien, c'est une auréole du génie qui se forme en parcourant les siècles, elle s'empreint de l'attrait ou de l'effroi des souvenirs. Parfois la dignité commande, ou l'entraînement trouve un arrêt sous la sainteté des doctrines et les magnificences de la grâce et de la nature.

SPECTACLE DE L'UNIVERS [1].

Il est un Dieu ; les herbes de la vallée et les cèdres de la montagne le bénissent, l'insecte bourdonne ses louanges, l'éléphant le salue au lever du jour, l'oiseau le chante dans le feuillage, la foudre fait éclater sa puissance, et l'Océan déclare son immensité. L'homme seul a dit : Il n'y a point de Dieu.

Il n'a donc jamais, celui-là, dans ses infortunes, levé les yeux vers le ciel, ou, dans son bonheur, abaissé ses regards vers la terre? La nature est-elle si loin de lui qu'il ne l'ait pu contempler, ou la croit-il le simple résultat du hasard? Mais quel hasard a pu contraindre une matière désordonnée et rebelle à s'arranger dans un ordre si parfait?

On pourrait dire que l'homme est *la penseé manifestée de Dieu*, et que l'univers est *son imagination rendue sensible*. Ceux qui ont admis la beauté de la nature comme preuve d'une intelligence supérieure auraient dû faire remarquer une chose qui agrandit prodigieusement la sphère des merveilles : c'est que le mouvement

---

[1] Les deux premiers paragraphes ont été reproduits par l'auteur. (*Révol. anc.*)

et le repos, les ténèbres et la lumière, les saisons, la marche des astres, qui varient les décorations du monde, ne sont pourtant successifs qu'en apparence, et sont permanents en réalité. La scène qui s'efface pour nous se colore pour un autre peuple, ce n'est pas le spectacle, c'est le spectateur qui change. Ainsi Dieu a su réunir dans son ouvrage la durée *absolue* et la durée *progressive* : la première est placée dans le *temps*, la seconde dans l'*étendue* : par celle-là, les grâces de l'univers sont unes, infinies, toujours les mêmes; par celle-ci, elles sont multiples, finies et renouvelées : sans l'une, il n'y eût point eu de grandeur dans la création; sans l'autre, il y eût eu monotonie.

Ici le temps se montre à nous sous un rapport nouveau; la moindre de ses fractions devient un *tout complet*, qui comprend tout, et dans lequel toutes choses se modifient, depuis la mort d'un insecte jusqu'à la naissance d'un monde : chaque minute est en soi une petite éternité. Réunissez donc en un même moment, par la pensée, les plus beaux accidents de la nature, supposez que vous voyez à la fois toutes les heures du jour et toutes les saisons, un matin de printemps et un matin d'automne, une nuit semée d'étoiles et une nuit couverte de nuages, des prairies émaillées de fleurs, des forêts dépouillées par les frimas, des champs dorés par les moissons : vous avez alors une idée juste du spectacle de l'univers. Tandis que vous admirez ce soleil qui se plonge sous les voûtes de l'occident, un autre observateur le regarde sortir des régions de l'aurore. Par quelle inconcevable magie ce vieil astre qui s'endort fatigué et brûlant dans la poudre du soir, est-il en ce moment même ce jeune astre qui s'éveille humide de rosée dans les voiles blanchissants de l'aube ? A chaque moment de la journée le soleil se lève, brille à son zénith, et se couche sur le monde; ou plutôt nos sens nous abusent, et il n'y a ni orient, ni midi, ni occident vrai. Tout se réduit à un point fixe d'où le flambeau du jour fait éclater à la fois trois lumières en une seule substance. Cette triple splendeur est peut-être ce que la nature a de plus beau ; car, en nous donnant l'idée de la perpétuelle magnificence et de la toute-puissance de Dieu, elle nous montre aussi une image éclatante de sa glorieuse Trinité.

Conçoit-on bien ce que serait une scène de la nature, si elle était abandonnée au seul mouvement de la matière? Les nuages, obéissant aux lois de la pesanteur, tomberaient perpendiculairement sur la terre, ou monteraient en pyramides dans les airs ; l'instant d'après, l'atmosphère serait trop épaisse ou trop raréfiée pour les organes de la respiration. La lune, trop près ou trop loin de nous, tour à tour serait invisible, tour à tour se montrerait sanglante, couvertes de taches énormes, ou remplissant seule de son orbe démesuré le dôme céleste. Saisie comme d'une étrange folie, elle marcherait d'éclipses en éclipses, ou, se roulant d'un flanc sur l'autre, elle découvrirait enfin cette autre face que la terre ne connaît pas. Les étoiles sembleraient frappées du même vertige; ce ne serait plus qu'une suite de conjonctions effrayantes : tout à coup un signe d'été serait atteint par un signe d'hiver; le Bouvier conduirait les Pléiades, et le Lion rugirait dans le Verseau; là des astres passeraient avec la rapidité de l'éclair; ici ils pendraient immobiles; quelquefois, se pressant en groupes, ils formeraient une nouvelle voie lactée; puis, disparaissant tous ensemble et déchirant le rideau des mondes, selon l'expression de Tertullien, ils laisseraient apercevoir les abîmes de l'éternité.

Mais de pareils spectacles n'épouvanteront point les hommes avant le jour où Dieu lâchant les rênes de l'univers, n'aura besoin pour le détruire que de l'abandonner.

(Génie, liv. 5, chap. II.)

VII

Les sentences, cette logique du cœur et de la morale, dictées par Chateaubriand, sont les étincelles des sublimités de l'entendement et de l'esprit, elles ne sont jamais isolées du raisonnement, c'est l'essence de la pensée.

PENSÉES, RÉFLEXIONS ET MAXIMES.

La misère de l'homme ne consiste pas seulement dans la faiblesse de sa raison, l'inquiétude de son esprit, le trouble de son cœur ; elle se voit encore dans un certain fond ridicule des affaires humaines. Les révolutions surtout découvrent cette insuffisance de notre nature : si vous les considérez dans l'ensemble, elles sont imposantes ; si vous pénétrez dans le détail, vous apercevez tant d'ineptie et de bassesse, tant d'hommes renommés qui n'étaient rien, tant de choses dites l'œuvre du génie qui furent l'œuvre du hasard, que vous êtes également étonné et de la grandeur des conséquences, et de la petitesse des causes.

Lorsqu'on est placé à distance des faits, qu'on n'a pas vécu au milieu des factions et des factieux, on n'est guère frappé que du côté grave et douloureux des événements ; il n'en est pas ainsi quand on a été soi-même acteur, ou spectateur compromis, dans des scènes sanglantes. Tacite, que la nature avait formé poëte, eût peut-être crayonné la satire de Pétrone, s'il eût siégé au sénat de Néron : il peignit la tyrannie de ce prince, parce qu'il vécut après lui : Butler, doué d'un génie observateur, eût peut-être écrit l'histoire de Charles Ier, s'il fût né sous la reine Anne ; il se contenta de rimer *Hudibras*, parce qu'il avait vu les personnages de la révolution de Cromwell : il les avait vus, toujours parlant de vertu, de sainteté, d'indépendance, présenter leurs mains à toutes les chaînes, et, après avoir immolé le père, se courber sous le joug méprisable du fils.

Il y a des iniquités politiques qui ne peuvent plus être impunément commises, à cause de la civilisation avancée des peuples. Que l'on ne croie pas que ces peuples puissent dire, sans résultat, à leurs gouvernements : « Tel crime, tel malheur est arrivé par « votre faute. » Les bases du pouvoir même sont ébranlées par ces reproches ; le respect des nations venant à manquer au pouvoir, ce pouvoir est en péril.

Chez une nation qui conserve encore l'innocence primitive, le vice apporté par des étrangers fait des progrès plus rapides que dans une société déjà corrompue, comme un homme sain meurt de l'air pestiféré où vit un homme habitué à cet air.

On peut arriver à la liberté par deux chemins : par les mœurs et par les lumières. Mais quand les mœurs et les lumières manquent à la fois, quand on ne peut être ni un républicain à la manière de Sparte, ni un républicain à la manière des États-Unis, on peut encore conquérir la liberté, on ne la peut garder.

La postérité se souvient des hommes qui ont changé les empires, très-peu de ceux qui les ont rétablis, à moins que ce rétablissement n'ait été durable. On admire ce qui crée, on estime à peine ce qui conserve : une grande gloire couvre de ténèbres tout ce qui la suit.

Tourmentez-vous pour rétablir la vertu chez un peuple qui l'a perdue, vous n'y réussirez pas. Il y a un principe de destruction en tout. A quelle fin Dieu l'a-t-il établi ? C'est son secret.

On s'étonne du succès de la médiocrité ; on a tort. La médiocrité n'est pas forte par ce qu'elle est en elle-même, mais par les médiocrités qu'elle représente ; et dans ce sens sa puissance est formidable. Plus l'homme en pouvoir est petit, plus il convient à toutes les petitesses. Chacun en se comparant à lui se dit : « Pour-« quoi n'arriverai-je pas à mon tour ? » Il n'excite aucune jalousie : les courtisans le préfèrent, parce qu'ils peuvent le mépriser ; les rois le gardent comme une manifestation de leur toute-puissance. Non-seulement la médiocrité a tous ces avantages pour rester en place, mais elle a encore un bien plus grand mérite : elle exclut du pouvoir la capacité. Le député des sots et des imbéciles au ministère caresse deux passions du cœur humain : l'ambition et l'envie.

La médiocrité est assez souvent secondée par des circonstances qui donnent à ses desseins un air de profondeur. Ces hommes impuissants qui, pour la foule, paraissent diriger la fortune, sont tout simplement conduits par elle : comme ils lui donnent la main, on croit qu'ils la mènent.

Les hommes de génie sont ordinairement enfants de leur siècle ; ils en sont comme l'abrégé ; ils en représentent les lumières, les opinions et l'esprit ; mais quelquefois aussi ils naissent ou trop tôt ou trop tard. S'ils naissent trop tôt, *avant leur siècle naturel*, ils passent ignorés ; leur gloire ne commence qu'après eux, lorsque le siècle auquel ils doivent appartenir est éclos ; s'ils naissent trop tard, *après leur siècle naturel*, ils ne peuvent rien, et ils n'arrivent point à une renommée durable. On les regarde un moment par curiosité, comme on regarderait les vieillards se promenant sur les places publiques avec les habits de leur temps. Ces hommes de génie qui arrivent *trop tard* sont donc méconnus comme les hommes de génie qui arrivent *trop tôt;* mais ils n'ont pas comme ces derniers un avenir, une postérité, des descendants pour établir leur gloire : ils ne pourraient être admirés que du passé, que de leurs devanciers, que des morts, public silencieux.

Après des temps de malheur et de gloire, un peuple est enclin au repos; et pour peu qu'il soit régi par des institutions tolérables, il se laisse facilement conduire par les plus petits ministres du monde ; cela le délasse et l'amuse : il compare ces pygmées aux géants qu'il a vus, et il rit. Il y a des exemples de lions attachés à un char et menés par des enfants ; mais ils ont toujours fini par dévorer leurs conducteurs.

Les mendiants vivent de leurs plaies : il y a des hommes qui profitent de tout, même du mépris.

Si l'on vous donne un soufflet, rendez-en quatre, n'importe la joue.

Il est bon de se prosterner dans la poussière quand on a commis une faute, mais il n'est pas bon d'y rester.

Quelquefois on oublie un moment ses douleurs, puis on les reprend comme un fardeau qu'on aurait déposé un moment pour se délasser.

Votre ami vient de partir; vous vous croyez fort contre l'absence : allez visiter la demeure de votre ami, elle vous apprendra ce que vous avez perdu et ce qui vous manque.

Celui qui commet le crime, dans le danger qu'il y court et dans le tumulte de ses passions, n'a pas le temps d'écouter le remords ; mais celui qui n'est que le complice et le confident du crime, sans y avoir une part active, celui-là entend la voix vengeresse de la conscience. Il compte dans sa retraite les minutes qui s'écoulent. « A présent il se passe telle chose ; à présent on frappe! » Oui, malheureux, on frappe! et c'est la main de Dieu qui s'appesantit sur toi.

Le ver de la tombe commence à ronger la conscience du méchant avant de lui dévorer le cœur.

Si l'on a le droit de tuer un tyran, ce tyran peut être votre père ; le parricide est donc autorisé dans certains cas? Qui pourrait soutenir une pareille proposition ?

Les grandes afflictions semblent raccourcir les heures, comme les grandes joies : tout ce qui préoccupe fortement l'âme empêche de compter les instants.

Il faut avoir le cœur placé haut pour verser certaines larmes : là source des grands fleuves se trouve sur le sommet des monts qui avoisinent le ciel.

L'âme de l'homme est transparente comme l'eau de fontaine, tant que les chagrins qui sont au fond n'ont point été remués.

La simplicité vient du cœur, la naïveté, de l'esprit. Un homme simple est presque toujours un bon homme ; un homme naïf peut être un fripon ; et pourtant la naïveté est toujours naturelle, tandis que la simplicité peut être l'effet de l'art.

Il y a des hommes qui ne sont point éloquents, parce que leur cœur parle trop haut, et les empêche d'entendre ce qu'ils disent.

Redemande au repentir la robe de l'innocence : c'est lui qui l'a trouvée, et qui la rend à ceux qui l'ont perdue.

Aussitôt qu'une pensée vraie est entrée dans notre esprit, elle jette une lumière qui nous fait voir une foule d'autres objets que nous n'apercevions pas auparavant.

La vertu est quelquefois oubliée dans son passage ici-bas, mais elle revit tôt ou tard ; on la retire des tombeaux comme on retire du sein de la terre une statue antique qui fait l'admiration des hommes.

Les caractères exaltés dans les gens vulgaires sont insupportables ; unis à une grande âme ou à un beau génie, ils entraînent tout. Ces caractères ne veulent pas séduire, et ils séduisent ; ils ignorent eux-mêmes leur force, et sont tout étonnés d'avoir fait tant d'heureux ou tant de victimes.

Le malheur agit sur nous selon notre caractère. Un homme pourrait se sauver en s'expliquant, et il ne veut pas ; un autre croit réparer tout en parlant, et il se perd.

Il serait étrange que l'homme prétendît à une constance inaltérable, lorsque toute la nature change autour de lui : l'arbre perd ses feuilles ; l'oiseau, ses plumes ; le cerf, ses rameaux. L'homme seul dirait : « Mon âme est inébranlable ; telle elle est aujourd'hui, « telle elle sera demain ; » l'homme, dont les sentiments sont plus inconstants que les nuages ! l'homme, qui veut et ne veut plus ! l'homme, qui se dégoûte même de ses plaisirs, comme l'enfant de ses jouets !

Quand on parle des vices d'un homme, si on on vous dit : «Tout « le monde le dit, » ne le croyez pas ; si l'on parle de ses vertus en vous disant encore : « Tout le monde le dit, » croyez-le.

Avez-vous des chagrins, attachez vos yeux sur un enfant qui dort, qu'aucun souci ne trouble, qu'aucun songe n'alarme : vous emprunterez quelque chose de cette innocence ; vous vous sentirez tout apaisé.

Deux amis qui souffrent sont quelquefois des heures entières sans se parler. Quelle conversation vaudrait ce commerce de la pensée dans la langue muette du malheur ?

Les autres nous semblent toujours plus heureux que nous ; et pourtant ce qu'il y a d'étrange, c'est que l'homme qui changerait volontiers sa position ne consentirait presque jamais à changer sa personne. Il voudrait bien peut-être se rajeunir un peu, pas trop encore, et marcher droit s'il était boiteux ; mais il se conserverait tout l'ensemble de sa personne, dans laquelle il trouve mille agréments et un je ne sais quoi qui le charme. Quant à son esprit, il n'en altérerait pas la moindre parcelle : nous nous habituons à nous-mêmes, et nous tenons à notre vieille société.

Revoyez au jour de l'infortune le lieu que vous habitiez au temps du bonheur : il s'en exhale quelque chose de triste, formé du souvenir des joies passées et du sentiment des maux présents. N'est-ce pas là qu'à telle époque vous aviez été si heureux? et maintenant! Ces lieux sont pourtant les mêmes : qu'y a-t-il donc de changé? l'homme.

Ceux qui ont jamais eu quelque chose d'important à communiquer à un ami savent la peine qu'on éprouve lorsqu'en arrivant le cœur ému, on ne trouve point cet ami; que personne ne peut vous dire où il est. Si c'est la mort qui l'a emmené?

Chaque homme a un lieu particulier dans le monde, où il peut dire qu'il a joui de la plus grande somme de bonheur : le calcul est bientôt fait.

La conversation des esprits supérieurs est inintelligible aux esprits médiocres, parce qu'il y a une grande partie du sujet sous-entendue et devinée.

Les plaisirs de notre jeunesse, reproduits par notre mémoire, ressemblent à des ruines vues au flambeau.

Il est un âge où quelques mois ajoutés à la vie suffisent pour développer des facultés jusqu'alors ensevelies dans un cœur à demi fermé : on se couche enfant, on se réveille homme.

Si quelques heures font une grande différence dans le cœur de l'homme, faut-il s'en étonner? il n'y a qu'une minute de la vie à la mort.

Les peines sont dans l'ordre des destinées : ceux qui, cherchant à les oublier, s'occupent de l'avenir, ne songent pas qu'ils ne verront point cet avenir. Chacun, en mourant, remet le poids de la vie à un autre; à chaque sépulture, il y a un homme qui reçoit le fardeau de la main de l'homme qui se va reposer : le nouveau messager porte à son tour ce fardeau jusqu'à la tombe prochaine.

L'arbre tombe feuille à feuille : si les hommes contemplaient chaque matin ce qu'ils ont perdu la veille, ils s'apercevraient bien de leur pauvreté.

La voix de l'homme ne se ranime pas comme celle de l'écho : l'écho peut dormir dix siècles au fond d'un désert, et répondre ensuite au voyageur qui l'interroge ; la tombe ne répond jamais.

(Mél. lit.)

VI

La poésie en laissant descendre dans le cœur de Chateaubriand son langage pur et élevé est allé chercher le sentiment attracteur à sa source vitale. Là, rien ne lui était étranger. Ses modulations sont des sympathies que le ciel couronne ; elles font sourire les fleurs que la nature met en réserve pour parer les fronts purs. Les saisons, cette guirlande de l'année, ont été fêtées par une lyre d'élite : le génie par son contact maintient sur la corolle embeaumée des couleurs qui ne passent pas.

LE PRINTEMPS, L'ÉTÉ ET L'HIVER.

Vallée au nord, onduleuse prairie,
Déserts charmants, mon cœur formé pour vous,
Toujours vous cherche en sa mélancolie.
A ton aspect, solitude chérie,
Je ne sais quoi de profond et de doux
Vient s'emparer de mon âme attendrie.
Si l'on savait le calme qu'un ruisseau
En tous mes sens porte avec son murmure,
Ce calme heureux que j'ai, sur la verdure,
Goûté cent fois seul au pied d'un coteau,
Les froids amants du froid séjour des villes
Rechercheraient ces voluptés faciles.

Si le printemps les champs vient émailler,
Dans un coin frais de ce vallon paisible
Je lis assis sous le rameux noyer,
Au rude tronc, au feuillage flexible.
Du rossignol le suave soupir
Enchaîne alors mon oreille captive;

Et, dans un songe au-dessus du plaisir,
Laisse flotter mon âme fugitive.
Au fond d'un bois quand l'été va durant,
Est-il une onde aimable et sinueuse
Qui, dans son cours, lente et voluptueuse,
A chaque fleur s'arrête en soupirant?
Cent fois au bord de cette onde infidèle
J'irai dormir sous le coudre odorant,
Et disputer de paresse avec elle.

Sous le saule nourri de ta fraîcheur amie,
  Fleuve témoin de mes soupirs,
Dans ces prés émaillés, au doux bruit des zéphyrs,
Ton passage offre ici l'image de la vie.
En des vallons déserts, au sortir de ces fleurs,
  Tu conduis tes ondes errantes :
  Ainsi nos heures inconstantes
  Passent des plaisirs aux douleurs.

Mais si voluptueux, du moins dans notre course,
  Du printemps nous savons jouir,
Nos jours plus doucement s'éloignent de leur source,
Emportant avec eux un tendre souvenir :
Ainsi tu vas moins triste au rocher solitaire
  Vers ces bois où tu fuis toujours,
  Si de ces prés ton heureux cours
  Entraîne quelque fleur légère.

  De mon esprit ainsi l'enchantement
  Naît et s'accroît pendant tout un feuillage,
L'aquilon vient, et l'on voit tristement
L'arbre isolé, sur le coteau sauvage,
Se balancer au milieu de l'orage.
De blancs oiseaux en troupes partagés

Quittent les bords de l'Océan antique :
Tous, en silence à la file rangés,
Fendent l'azur d'un ciel mélancolique.
J'erre aux forêts où pendent les frimas :
Interrompu par le bruit de la feuille
Que lentement je traîne sous mes pas,
Dans ses pensers mon esprit se recueille.

Qui le croirait ? plaisirs solacieux,
Je vous retrouve en ce grand deuil des cieux :
L'habit de veuve embellit la nature.
Il est un charme à des bois sans parure :
Ces prés riants entourés d'aulnes verts,
Où l'onde molle énerve la pensée,
Où sur les fleurs l'âme rêve, bercée
Aux doux accords du feuillage et des airs ;
Ces prés riants que l'aquilon moissonne
Plaisent aux cœurs. Vers la terre courbés,
Nous imitons, ou flétris ou tombés,
L'herbe en hiver et la feuille en automne.

VII

Sur le front mort du chrétien on lit la vie du ciel. Parfois les traits du juste revêtent sous le froid du sépulcre un stigmate de gloire.

Chateaubriand en soulevant un suaire a placé l'homme en face de l'immuabilité divine.

LES ACCENTS DU LINCEUL.

J'appris à connaître la mort sur les livres de celui qui m'avait donné la vie. Cette impression fut grande ; elle dure encore. C'est la première fois que l'immortalité de l'âme s'est présentée clairement à mes yeux. Je ne pus croire que ce corps inanimé était en moi l'auteur de la pensée ; je sentis qu'elle me devait venir d'une autre source ; et dans une sainte douleur qui approchait de la joie, j'espérai me rejoindre un jour à l'esprit de mon père.

Un autre phénomène me confirma dans cette haute idée. Les traits paternels avaient pris au cercueil quelque chose de sublime. Pourquoi cet étonnant mystère ne serait-il pas l'indice de notre immortalité ? Pourquoi la mort, qui sait tout, n'aurait-elle pas gravé sur le front de sa victime les secrets d'un autre univers ? Pourquoi n'y aurait-il pas dans la tombe quelque grande vision de l'éternité ?

(Nouv.)

SYMPATHIES

APPENDICE

APPENDICE

L'immortalité de l'âme, ce dogme de la nature et des cieux, a rendu les facultés de l'homme tributaires de la réalisation; la vérité ne fait qu'une avec la foi, et la foi s'identifie à l'humanité pour croire et se prosterner devant les merveilles du globe dans l'élan des espérances divines.

UNE FEUILLE DE BAUME

ou

Les Grâces du Ciel

L'espérance est l'agrès qui conduit la pensée; les sympathies du cœur y sont attachées, c'est une feuille de baume que l'homme place dans l'avenir. Il est doux de croire qu'on reverra ceux qu'on pleure... le refuge de l'âme c'est Dieu. Le ciel est le rendez-vous de la fraternité du spiritualisme... Retrouver ses proches, ses amis, dans un monde meilleur, cette certitude grandit la foi. Le bonheur de l'immortalité est une haute leçon; le sommeil du tombeau présage un réveil sans lendemain.

L'onction chrétienne, c'est le cachet de la franchise et de la tendresse. La conscience s'épure par la puissance de ses propres impressions, elle cultive la vertu et se détourne des passions; avec elle on est ému par le bien, il n'y a plus de temps d'arrêt pour la charité.

Les grâces du ciel abondent, elles renferment la bénédiction de la vie, elles sont les attributs de la sagesse suprême. Elles provoquent le remords, elles apportent la clémence d'en haut, et elles sont invoquées comme maximes de l'ascension du christianisme.

Elles deviennent l'égide des bonnes œuvres, elles produisent les nobles actions, et font éclore les plus belles inspirations. Avec elles l'âme est grande et reste grande; elle est compâtissante, c'est la mansuétude dans toute son extase! Il faut bien aimer pour ressentir sa douceur.

Quand on dédaigne les grâces du ciel elles fuient, mais elles ne trahissent jamais. Les faveurs spirituelles sont la visite de l'ange; il a des ailes, il peut revenir...

« Les émotions célestes ont toujours été l'action d'une philosophie
« sublime qui démontre l'ordre, l'unité de la nature, et explique l'énigme
« du cœur [1]. »

Ces émotions sont une préparation à la paix; c'est la feuille de baume, elle est réparatrice. Ainsi, les grâces du ciel calment les souffrances et apaisent l'aigreur. Quand elles s'épandent, on se sent réconcilié et avec soi et avec son prochain, leur candeur influe sur l'existence; leur pouvoir attracteur se communique et se partage; elles élèvent, protègent, et sont prodigues de bienfaits. Elles trouvent fort, celui qui a donné et qui se courbe... Ce n'est point une faiblesse que d'être bon.

UN GRAIN D'ÉMAIL

ou

Les Sourires de la Nature

La nature a ses mirages, le cœur a son prisme; les phénomènes que la contemplation dévoile ont toujours un intérêt profond! Quel est ce grain d'émail qu'on rencontre sur la rive, dans les vergers et sur le seuil des humbles tabernacles de la reine des champs? Ce grain d'émail est la perle de la vallée, il réflète sur sa nacre étoilée l'iris du firmament, c'est le petit œuf d'un papillon; voyez sa forme... Oh! que de mystères sont renfermés dans cette coque fugitive!... et que de métamorphoses vont surgir!... Le papillon naît et passe à diverses transfigurations, c'est le symbole de la vie éphémère des passions qui altèrent le cours du printemps de la vie, c'est le marbre de la tombe : dans l'hiver des ans il jette un dernier éclat à la carrière que Dieu a fait sombrer et qu'il rappelle à lui dans les délices de la régénération

Il n'y a pas un tableau qui ne prenne sa source dans les grâces du ciel, et qui n'offre une leçon aux âmes pures. Les vives couleurs d'un faible insecte captivent, et devant ce joli petit œuf engendré d'une chenille, lisse ou velue, l'imagination s'arrête : cette chenille parcourt le feuillage, elle se nourrit de plantes, elle aime l'ombrage, elle se promène sur une légère couche de verdure; puis elle prend un voile filamenteux, et cette chrysalide,

[1] Maury.

après un long sommeil, brise son enveloppe ; alors au lieu d'une jeune chenille on voit apparaître un papillon... Ses ailes diaprées se déroulent, s'affermissent et se jouent dans les rayons du soleil. N'est-ce pas là le sujet de profondes méditations ? La retraite, ce sommeil de l'âme, nourrit les pensées d'avenir, et les ailes de l'espérance s'élèvent sans être froissées en gagnant les cieux.

Les habitudes, le vol et les jeux du papillon démontrent un instinct supérieur, cet insecte combine avec adresse toutes les évolutions qui le mettent à l'abri de l'orage. Le vent ne porte point atteinte à son impulsion, il voltige au milieu de la pluie. La tempête ne le fait pas tressaillir, l'ouragan ne détourne point sa direction, et son riche corselet apparaît au milieu des éclairs.

Rien ne fait pâlir sa résolution ; dans les détours qu'il fait on reconnaît toute la puissance de ses calculs pour vaincre les obstacles et accomplir ses desseins.

Dans les vastes avenues, il s'élance au-dessus des grands arbres, puis il plane ; s'il s'abat dans les taillis sur une tige odoriférante, il butine, il part, il revient, il se pose un instant sur une flèche bénite, il aspire le parfum du tabernacle, et sur la corbeille de Marie il se plaît, puis il visite les clairières, et s'échappe en suivant la lueur du crépuscule.

Le papillon ramené aux sourires de la nature, semble une fleur mobile qui vient s'épanouir sur le rocher, et s'arracher de la mousse qui lui sert de lit pour changer de destinée ; il se trouve heureux en tourbillonnant près des pas de l'homme. Cette banderole de l'air décrit des contours, et semble dire : « La frivolité a des appas, mais son vol est oblique, ce n'est pas
« celui-là qu'il faut suivre. Trop de charmes peuvent blesser et ne laisser
« qu'une aile éraillée dans la main qui veut la fixer. »

La Providence a des ailes qui seules ne s'éraillent pas.

Il est un Dieu ! Les preuves morales ont parlé par les grâces du ciel ; les preuves physiques vont se faire entendre par les sourires de la nature... Ce grain d'émail, ce simple animalcule confirme sur la terre la certitude de la résurrection... Sur le corselet d'un papillon l'éternité s'est inscrite... L'existence de la chrysalide est constituée pour opérer sa transformation incessante, c'est le plus grand prodige de la nature... Là se reproduit un triple miracle : la *naissance*, la *mort* et la *résurrection*...

A cette trinité de preuves, la pénétration remplit l'âme... Dieu en fera-t-il moins pour l'homme ?. . . . .
. . . .

L'IMMORTALITÉ.

Voici un tombeau ; où donc était la vie ! Ce sépulcre, cette borne des temps, que confine-t'il ? En deçà le monde, au delà l'éternité !... Le monde s'écrie : la vie est à moi !... Oui, la vie d'un jour !... L'éternité écoute et attend ; la vie est à elle, la vie de l'infini... « La mort est la couronne de la vie. »

Sénèque, en adorant l'ombre de Scipion, commençait à rejeter l'adoration des dieux de pierre, et à placer ses croyances dans l'immortalité de l'âme, il disait : Je suis au pied de l'autel élevé sur la terre où est enterré le corps de ce grand homme, quant à son âme, je suis persuadé qu'elle est remontée au ciel, d'où elle était venue. »

Puis, quand l'arène des martyrs s'ouvrit, ce philosophe païen ne craignit pas de dire : « qu'en les voyant mourir ils excitaient l'homme à la vertu. » L'immortalité est le sceptre de l'âme.

La nourriture céleste, ce froment des élus, ce mystère qui n'a plus de voile pour le juste, produit l'harmonie spirituelle et l'harmonie terrestre, c'est un acte de foi qui a formé le lien, c'est une inspiration divine qui l'a scellé ; c'est un don de la grâce qui a rapproché Jésus-Christ du cœur de l'homme : ce froment consacré rend le sentiment ineffable et en fait le plus doux et le plus incompréhensible des sacrements.

Il maintient l'adoration, dans cette pensée : la mort est la couronne de la vie.

Il n'y a qu'une seule victime, qu'un seul sacrificateur, Jésus-Christ.

« Invoquez-le avec confiance dans vos besoins, souvenez-vous que son
« sang coule dans vos veines et que l'esprit saint qui l'a glorifié doit être la
« vie de votre cœur. »

Le fidèle qui possède le pain de vie, prend rang à la table de la rémunération, c'est l'élu d'adoption ; l'Église nous l'enseigne, et l'Église ne peut jamais tromper nos espérances ; elles sont unies à son dogme qui est celui de Dieu, ce dogme immortel nous dit : la mort est la couronne de la vie.

S'anéantir, se produire, semer des miracles à son passage, voilà le rédempteur dans sa gloire et dans sa puissance. Son abnégation prépare la miséricorde au repentir comme la richesse des vertus. Goûtons dans ce fruit toute l'abondance des grâces, et saluons la vierge qui fut bénie comme la rosée des âmes ; que la présence de la suprême grandeur sanctifie nos

vœux en dépassant la borne des temps. « La mort est la couronne de
la vie. »

La foi explique le pouvoir de Dieu, il est inscrit dans la nature même;
et la foi et la nature doublent nos forces.

L'immortalité est à nous! Que serait la vie sans cette pensée? Il n'y
aurait que découragement dans le cœur, que trouble dans la conscience.
Le ciel est ouvert, c'est le rendez-vous des vertus ; l'enfer est pour le vice, la
justice de Dieu fait la part de tous et le monde est l'heure de l'épreuve.

« Les générations s'écoulent comme les ondes d'un fleuve rapide, rien
« ne peut arrêter le temps, il entraîne après lui tout ce qui paraît le plus
« immobile. »

Les fins divines sont reconnues chez tous les peuples, sous toutes les
zones; partout l'existence future est révélée, l'idolâtre, l'impie, façonnent
des dieux, en levant le front devant les astres ou en plongeant leurs regards
dans les abîmes. Ils les créent pour remplacer le dieu véritable. C'est toujours un hommage rendu à l'éternité, car la vérité se sent et l'erreur cherche vainement à voiler son flambeau; ce flambeau luit au firmament, il y
brille, et projette sur l'ombre de la borne des temps. La mort est la couronne de la vie.

La toute puissance a communiqué une étincelle génératrice, le Seigneur
s'est levé, il apparaît dans son unité, dans sa force, dans sa gloire, devant
ceux qui l'ont oublié; tous sont jugés par leurs œuvres, par l'autorité qu'ils
ont méconnu, par la gratitude qu'ils n'ont point éprouvé. L'univers sur
lequel leur regard s'est arrêté ne leur a rien dit, et la chute de l'intelligence
devant un tel tableau entraîne la chute de l'homme.

Qu'il est beau! qu'il est secourable d'avoir à réparer, par la contemplation, par la vue des grands prodiges, les méfaits de l'insoumission et l'aveu-
glement de l'indifférence! L'avenir parle, il fait un appel à notre esprit, à
nos affections, il se développe à notre entendement pour nous rendre heureux : avançons dans la voie chrétienne, avançons...

La logique qui veut étouffer les saines doctrines, n'est point une logique;
le néant est un fantôme de l'imagination! La croyance à une autre vie est
innée chez l'homme; les tribus les plus barbares enterrent avec leurs proches tous les objets qui leur ont appartenu pour leur servir dans l'existence
d'outre-tombe.

Que les grands maîtres en philosophie interrogent la poussière qui ne
vibre plus : Où allons-nous? nous faisons partie d'une masse inhérente,
retournerons-nous à cette masse? La poussière ne répond pas, mais la por-
tion immortelle de notre être répond... Touchez à la borne des temps et
lisez : la mort est la couronne de la vie!...

Qu'elle est commode pour l'existence terrestre la doctrine d'une ère sans avenir! « L'homme est une machine organisée; il est retenu dans la morale « par les conventions sociales. On peut les rompre en secret avec impu- « nité, le vice a tant d'attrait! pourquoi ne nous y livrerions-nous pas? » Et, selon l'athéisme, le bien et le mal ne périssent-ils pas avec nous? « La corruption a le droit d'étouffer le remords qui ne doit jamais vibrer et « voilà son langage : Je prends, je ne rends point ; je ne dois rien à per- « sonne comme personne ne me doit rien. Il n'y a point d'éternité, que re- « douterais-je ? Je puis tromper et m'enrichir sans qu'on puisse mal juger « de mes actions et le mépris ne peut m'atteindre... Puis, quand il m'attein- « drait, il n'y a pas d'autre vie, et le suicide m'affranchit de toutes les « peines... C'est un moment de douleur qui ne dure plus lorsque le pouls a « cessé de battre ! » Voilà donc l'homme si fier de lui-même qui consent à n'être qu'un tertre animalisé, c'est devant la main de Dieu qui féconde nos champs et nous donne notre pain quotidien que nous méconnaissons ses dons. L'incrédulité nous crie « tout meurt avec le corps ; » ainsi pour un père, pour des enfants, pour des amis, qui ne se reverront plus, qui ont rassemblé leurs affections, qui les ont cru durables, quelle triste dénégation. Nous avons été un assemblage fortuit et nous rentrons dans une destruction commune !...

Hommes du matérialisme, fuyez, c'est assez d'épouvante, c'est assez de crimes que vous appelez sur nos têtes ! Rome donnait asile à tous les dieux; vous ! vous n'en reconnaissez aucun...

Ainsi le désenchantement de nos facultés intellectuelles est de faire tout mourir. Non vous n'avez point soulevé la borne des temps... La mort est la couronne de la vie !...

Toutes les perspectives sont décolorées, les mœurs n'ont plus de frein, le droit n'a plus de puissance, la propriété plus de sécurité.

La confusion est partout et le bonheur nulle part. Mais en regard du blasphème mettez la prière, la félicité sera partout et le désordre nulle part.

L'immortalité réchauffe notre cœur ; c'est le bouclier de l'Evangile; nous vivrons avec elle sous l'empire des lois paternelles, nous passons avec accord près de notre ennemi.

Donnons pour trouver la récompense de nos actes ; saluons toutes les infortunes pour être honorés ; faisons le bien en secret pour recueillir un bien plus doux. N'oublions pas que les fins divines sont là pour offrir une compensation à nos maux et pour rémunérer les mauvais jours.

C'est avec les lumières que nous voyons que tout ce que Dieu nous a promis s'accomplit, attachons-nous à cette pensée, c'est la boussole de la chrétienté, c'est l'aviron de la barque des Apôtres ; cette barque, jetée sur la mer, a traversé tous les orages, elle est arrivée au port, ce port foulait l'abime et touchait aux cieux. « La mort est la couronne de la vie. »

D. de St.-E.

LIVRE VIII

GERBE

LIVRE VIII

GERBE

I

L'attrait de l'inconnu est une intuition naturelle à l'homme : souvent il se détourne d'une réalité acquise pour courir après le vague du hasard ! L'imagination pose un but, et si l'idée fait naufrage, on la pleure sans se rappeler que c'était une ombre.

LES FEUILLES DE SAULE.

Un jour je m'étais amusé à effeuiller une branche de saule sur un ruisseau, et à attacher une idée à chaque feuille que le courant entraînait. Un roi qui craint de perdre sa couronne par une révolution subite ne ressent point des angoisses plus vives que les miennes à chaque accident qui menaçait les débris de mon rameau. O faiblesse des mortels ! O enfance du cœur humain qui ne vieillit jamais ! Voilà donc à quel degré de puérilité notre superbe raison peut descendre ! et encore est-il vrai que bien des hommes attachent leur destinée à des choses d'aussi peu de valeur que mes feuilles de saule.

(Nouv.)

II

Rome et son passé féerique, Rome et son avenir céleste, voilà sa mort, voilà sa vie, elle ne reverra plus ses dieux, elle renaîtra avec ses héros chrétiens.

Les révolutions, les hérésies, le chaos des siècles, n'animeront point sa poussière, mais la gloire du tabernacle sera immuable, Dieu l'a dit, avec des paroles qui ne passent point.

ROME ANTIQUE.

J'errais sans cesse du Forum au Capitole, du quartier des Carènes au Champ de Mars ; je courais au théâtre de Germanicus, au môle d'Adrien, au cirque de Néron, au Panthéon d'Agrippa ; et pendant ces courses d'une curiosité dangereuse, l'humble église des chrétiens était oubliée.

Je ne pouvais me lasser de voir le mouvement d'un peuple composé de tous les peuples de la terre, et la marche de ces troupes romaines, gauloises, germaniques, grecques, africaines, chacune différemment armée et vêtue. Un vieux Sabin passait, avec ses sandales d'écorce de bouleau, auprès d'un sénateur couvert de pourpre ; la litière d'un consulaire était arrêtée par le char d'une courtisane ; les grands bœufs du Clytume traînaient au Forum l'antique chariot du Volsque ; l'équipage de chasse d'un chevalier romain embarrassait la voie Sacrée ; des prêtres couraient encenser leurs dieux, et des rhéteurs ouvrir leurs écoles.

Que de fois j'ai visité ces thermes ornés de bibliothèques, ces palais, les uns déjà croulants, les autres à moitié démolis pour servir à construire d'autres édifices ! La grandeur de l'horizon romain se mariant aux grandes lignes de l'architecture romaine ; ces aqueducs qui, comme des rayons aboutissants à un même centre, amènent les eaux au peuple-roi sur des arcs de triomphe ; le bruit sans fin des fontaines ; ces innombrables statues qui ressemblent à un peuple immobile au milieu d'un peuple agité ; ces monuments de tous les âges et de tous les pays ; ces travaux des rois, des consuls, des Césars, ces obélisques ravis à l'Égypte, ces tombeaux enlevés à la Grèce ; je ne sais quelle beauté dans la lumière, les vapeurs et le dessin des montagnes ; la rudesse même du cours du Tibre ; les troupeaux de cavales demi-sauvages qui viennent s'abreuver dans ses eaux ; cette campagne que le citoyen de Rome dédaigne maintenant de cultiver, se réservant à déclarer chaque année aux nations esclaves quelle partie de la terre aura l'honneur de le nourrir : que vous dirai-je enfin ? Tout porte à Rome l'empreinte de la domination et de la durée : j'ai vu la carte de la ville éternelle tracée sur des rochers de marbre au Capitole, afin que son image même ne pût s'effacer.

(Mart., liv. 4.)

III

La littérature du sentiment, celle que le goût forme, que la délicatesse du cœur inspire, a fait avancer l'éclat des lettres en les épurant. La civilisation y gagne, les mœurs n'ont point à rougir ; c'est un bienfait qui se produit et captive par le charme du style et l'esprit humain se rehausse sous la palme du progrès.

LITTÉRATURE FUGITIVE.

Les peuples commencent par la poésie, et finissent par les romans : la fiction marque l'enfance et la vieillesse de la société.

De tous les habitants de l'Europe, les Français, par leur esprit et leur caractère, se prêtent le moins aux peintures fantastiques. Nos mœurs, qui conviennent aux scènes de la comédie, sont peu propres aux intrigues du roman, tandis que les mœurs anglaises, qui se plient à l'art du roman, sont rebelles au génie de la comédie : la France a produit Molière, l'Angleterre, Richardson. Faut-il nous plaindre ou nous féliciter de ne pouvoir offrir des personnages au romancier, et des modèles à l'artiste? Trop naturels pour les premiers, nous le sommes trop peu pour les seconds. Il n'y a guère que la mauvaise société dont on ait pu supporter le tableau dans les romans français : *Manon Lescot* en est la preuve. Madame de la Fayette, Le Sage, J.-J. Rousseau, Bernardin de Saint-Pierre, ont été obligés, pour réussir, d'établir leurs théâtres, et de prendre leurs personnages hors de leurs temps ou de leur pays.

Il est possible que l'influence de la révolution change quelque chose à ces vérités générales. Nous remarquons, en effet, que la société nouvelle, à mesure qu'elle présente moins de sujets à la comédie, fournit plus de matériaux au roman : ainsi la Grèce passa des jeux de Ménandre aux fictions d'Héliodore.

Ces changements s'expliquent : lorsque la société bien organisée atteint le dernier degré du goût, et le plus haut point de la civilisation, les vices, obligés de se cacher, forment avec les convenances du monde un contraste dont la comédie saisit le rôle risible ; mais lorsque la société se déprave, que de grands malheurs la font rétrograder vers la barbarie, les vices qui se montrent à découvert cessent d'être ridicules en devenant affreux : la comédie, qui ne peut plus les couvrir de son masque, les abandonne au roman pour les exposer dans leur nudité ; car, chose singulière ! les romans se plaisent aux peintures tragiques : tant l'homme est sérieux, même dans ses fictions !

Les romans du jour sont donc, en général, d'un intérêt supérieur à celui de nos anciens romans. Des aventures qui ont cessé d'être renfermées dans les boudoirs, des personnages que ne défigurent point les modes du siècle de Louis XV, captivent l'esprit par l'illusion de la vraisemblance. Les passions aussi sont devenues plus vraies à mesure que les mœurs, quoique moins bonnes, sont devenues plus naturelles : c'est ce que l'on sentira à la lecture du *Jean Sbogar* de Ch. Nodier, ou de l'épisode du beau *Voyage* du savant de Forbin, ou des *Mémoires d'un Espagnol*, ou du *Pétrarque* de madame de Genlis.

Nous avons eu occasion d'examiner autrefois quelle a été l'influence du christianisme dans les lettres, et comment il a modifié nos pensées et nos sentiments. Presque toutes les fictions des auteurs modernes ont pour base une passion née des combats de la religion contre un penchant irrésistible. Dans *Lionel*, par exemple, cette espèce d'amour, inconnu à l'antiquité païenne, vient remplir la solitude où l'honneur a placé un Français fidèle à son roi. Cet ouvrage, qui se fait remarquer par les qualités et les défauts d'un jeune homme, promet un écrivain de talent. Nous louerions davantage le modeste anonyme, si des critiques n'avaient cru devoir avancer qu'il s'est formé à ce qu'ils veulent bien appeler notre école. Nous ne pensons pas que la chose soit vraie ; mais, en tous cas, nous inviterions l'auteur de *Lionel* à choisir un meilleur modèle : nous sommes en tout un mauvais guide ; et quand on veut parvenir, il faut éviter la route que nous avons suivie.

(Mél. lit.)

IV

L'obscurité a des affinités avec le cœur ; il bat plus vite dans le silence, c'est une des énigmes de la nature. Tous les sons qui traversent l'heure du sommeil, qu'ils soient doux ou terribles, impressionnent profondément.

La plus suave poésie du style s'empreint du vague de l'ombre; Chateaubriand aime à exhaler la nuit, au milieu des savanes, un chant mélancolique.

LE CHANT DE LA NUIT.

La nuit était délicieuse. Le génie des airs secouait sa chevelure bleue, embaumée de la senteur des pins, et l'on respirait la faible odeur d'ambre qu'exhalaient les crocodiles couchés sous les tamarins des fleuves. La lune brillait au milieu d'un azur sans tache, et sa lumière gris de perle descendait sur la cime indéterminée des forêts. Aucun bruit ne se faisait entendre, hors je ne sais quelle harmonie lointaine qui régnait dans la profondeur des bois : on eût dit que l'âme de la solitude soupirait dans l'étendue du désert.

Nous aperçûmes à travers les arbres un jeune homme, qui, tenant à la main un flambeau, ressemblait au génie du printemps parcourant les forêts pour ranimer la nature.

Le guerrier, en se glissant dans les ombres, chantait à demi-voix ces paroles :

« Je devancerai les pas du jour sur le sommet des montagnes
« pour chercher ma colombe solitaire parmi les chênes de la forêt.

« J'ai attaché à son cou un collier de porcelaines ; on y voit
« trois grains rouges pour mon amour, trois violets pour mes
« craintes, trois bleus pour mes espérances.

« Mila a les yeux d'une hermine et la chevelure légère d'un

« champ de riz ; sa bouche est un coquillage rose garni de perles.

« Ah ! laissez-moi devancer les pas du jour sur le sommet des « montagnes pour chercher ma colombe solitaire parmi les chênes « de la forêt ! »

Ainsi chantait ce jeune homme, dont les accents portèrent le trouble jusqu'au fond de mon âme, et firent changer le visage à Atala. Nos mains unies frémirent l'une dans l'autre. Mais nous fûmes distraits de cette scène par une scène non moins dangereuse pour nous.

Nous passâmes auprès du tombeau d'un enfant, qui servait de limites à deux nations. On l'avait placé au bord du chemin selon l'usage, afin que les jeunes femmes, en allant à la fontaine, pussent attirer dans leur sein l'âme de l'innocente créature, et la rendre à la patrie. On y voyait dans ce moment des épouses nouvelles qui, désirant les douceurs de la maternité, cherchaient, en entr'ouvrant leurs lèvres, à recueillir l'âme du petit enfant, qu'elles croyaient voir errer sur les fleurs. La véritable mère vint ensuite déposer une gerbe de maïs et des fleurs de lis blanc sur le tombeau. Elle arrosa la terre de son lait, s'assit sur le gazon humide, et parla à son enfant d'une voie attendrie :

« Pourquoi te pleuré-je dans ton berceau de terre, ô mon « nouveau-né ! Quand le petit oiseau devient grand, il faut qu'il « cherche sa nourriture, et il trouve dans le désert bien des « graines amères. Du moins tu as ignoré les pleurs ; du moins ton « cœur n'a point été exposé au souffle dévorant des hommes. Le « bouton qui sèche dans son enveloppe passe avec tous ses par-« fums, comme toi, ô mon fils ! avec toute ton innocence. « Heureux ceux qui meurent au berceau ; ils n'ont connu que les « baisers et les souris d'une mère ! »

(Nouv.)

V

L'existence végétale semble un anneau de la chaîne électrique qui relie au cœur de l'homme tout le mouvement de la création. Chaque fleur, chaque plante, par sa forme ou son arome, est un emblème des âges ou des conditions de la vie; elle s'attache au front de la jeunesse, ou est l'offrande du regret sur les tombeaux.

Les fleurs apparaissent dans les joies du foyer, dans les solennités de la vie: on les conserve, comme le souvenir.

VIE DES PLANTES.

Le christianisme, en bannissant les fables de la nature, a non-seulement rendu la grandeur aux déserts, mais il a même introduit pour le poëte une autre espèce de mythologie pleine de charmes, nous voulons dire la *personnification* des plantes. Lorsque l'héliotrope était toujours Clytie, le mûrier toujours Thisbé, etc., l'imagination du poëte était nécessairement bornée ; il n'aurait pu animer la nature par des fictions autres que les fictions consacrées sans commettre une impiété. Mais la muse moderne transforme à son gré toutes les plantes en nymphes, sans préjudice des anges et des esprits célestes qu'elle peut répandre sur les montagnes, le long des fleuves et dans les forêts.

Voyez dans un profond calme, au lever de l'aurore, toutes les fleurs de cette vallée : immobiles sur leurs tiges, elle se penchent en mille attitudes diverses, et semblent regarder tous les points de l'horizon. Dans ce moment même, où vous croyez que tout est tranquille, un grand mystère s'accomplit ; la nature conçoit, et ces plantes sont autant de jeunes mères tournées vers la région mystérieuse d'où leur doit venir la fécondité. Les sylphes ont des sympathies moins aériennes, des communications moins invisibles. Le narcisse livre aux ruisseaux sa race virginale ; la violette confie aux zéphyrs sa modeste postérité ; une abeille cueille du miel de fleurs en fleurs, et, sans le savoir, féconde toute une prairie ; un papillon porte un peuple entier sur son aile ; un monde descend dans une goutte de rosée. Cependant toutes les amours des plantes ne sont pas également tranquilles : il y en a d'orageuses, comme celles des hommes. Il faut des tempêtes pour marier, sur des hauteurs inaccessibles, le cèdre du Liban au cèdre du Sinaï, tandis qu'au bas de la montagne le plus doux vent suffit pour établir entre les fleurs un commerce de volupté. N'est-ce pas ainsi que le souffle des passions agite les rois de la terre sur leurs trônes, tandis que les bergers vivent heureux à leurs pieds ?

(Mél. lit.)

VI

Les sociétés ont leurs physiologistes comme les individus. Les esprits d'élite analysent leurs pulsations vitales et mesurent par leur force la durée de leur existence : souvent le front qui scintille de vie à l'œil vulgaire, porte sous un regard profond, un germe de vétusté.

LES SOCIÉTÉS.

Les sociétés sont soumises à une marche graduelle : cette vérité de fait peut irriter, mais elle n'en est pas moins incontestable.

Les peuples, par les progrès de la civilisation, ont maintenant un lien commun, et influent les uns sur les autres.

Il y a deux mouvements dans les sociétés : le mouvement particulier d'une société particulière, et le mouvement général des sociétés générales, lequel mouvement commun entraîne chaque société séparée. Ainsi le monde moral reproduit une des lois du monde physique : l'homme ne se peut plaindre de retrouver quelque chose de ses destinées dans ce bel ordre de l'univers arrangé par la main de Dieu !

Il faut beaucoup de siècles pour mûrir les choses, pour amener un changement essentiel dans les sociétés. Quatre ou cinq grandes révolutions intellectuelles composent jusqu'à présent l'histoire tout entière du genre humain.

A peine un demi-siècle a suffi pour établir dans le nouveau et dans l'ancien monde ce principe de liberté. Le passé a lutté contre l'avenir ; les intérêts divers, en se combattant, ont multiplié les ruines ; le passé a succombé. Il n'est plus au pouvoir de personne de relever ce qui gît maintenant dans la poudre. Si la liberté avait pu périr en France, elle eût été ensevelie dans l'anarchie démocratique ou dans le despotisme militaire. Mais le temps ne se laisse enchaîner ni aux échafauds des révolutionnaires, ni aux chars des triomphateurs ; il brise les uns et les autres ; il ne s'assied point aux spectacles du crime ; il ne s'arrête pas davantage pour admirer la gloire ; il s'en sert et passe outre.

Dans les révolutions dont le principe doit subsister, il naît presque toujours un individu de la capacité et du génie nécessaires à l'accomplissement de ces révolutions, un personnage qui représente les choses, et qui est l'exécuteur de l'arrêt des siècles. Il se montre d'abord invincible, comme les idées nouvelles dont il est le champion ; mais l'ambition lui est menée par la victoire. Il réussit à s'emparer du pouvoir, et tout à coup il est étonné de ne plus retrouver sa force : c'est qu'il s'est séparé de son principe. Ce géant qui ébranlait le monde succombe, au fond de son palais, dans des frayeurs pusillanimes ; ou bien, captif de ceux qu'il avait vaincus, il expire sur un rocher au bout du monde. Louis XVIII, après vingt ans d'exil, est rentré dans la demeure de ses pères : objet de la vénération publique, il est mort en paix, plein de gloire et de jours, pour avoir recueilli cette liberté à laquelle il ne devait rien, mais qu'il vous a laissée généreusement, comme la fille adoptive de sa sagesse, et la réparatrise de vos malheurs.

Le principe pour lequel depuis soixante ans les hommes ont été agités dans les deux mondes s'étant enfin fixé, il en est résulté que la société s'est coordonnée à ce principe : il a pénétré dans toutes nos institutions. Les lois, les mœurs, les usages ont graduellement changé : on n'a plus considéré les objets de la même manière, parce que le point de vue n'était plus le même. Des préjugés se sont évanouis, des besoins jusqu'alors inconnus se sont fait sentir, des idées d'une autre espèce se sont développées : il s'est établi d'autres rapports entre les membres de la famille générale. Les gouvernants et les gouvernés ont passé un autre contrat ; il a fallu créer un nouveau langage pour plusieurs parties de l'économie sociale. Nos enfants n'ont plus nos sentiments, nos goûts, nos habitudes : leurs pensées prennent ailleurs leurs racines.

Toutefois les générations contemporaines ne meurent pas exactement le même jour : au milieu de la race nouvelle, il reste des hommes du siècle écoulé qui crient que tout est perdu, parce que la société à laquelle ils appartenaient a fini autour d'eux, sans qu'ils s'en soient aperçus. Ils s'obstinent à ne pas croire à cette disparition ; toujours jugeant le présent par le passé, ils appliquent à ce présent des maximes d'un autre âge, se persuadant toujours qu'on peut faire renaître ce qui n'est plus.

A ces hommes qui surnagent sur l'abîme du temps viennent se réunir quelques individus de diverses sortes : des ambitieux qui s'imaginent découvrir dans les institutions tombées en vétusté un pouvoir nouveau près d'éclore ; des jeunes gens simples ou zélés qui croient défendre, en rétrogradant, l'antique religion et les vénérables traditions de leurs pères ; des personnes encore effrayées des souvenirs de la révolution ; enfin des ennemis secrets du pouvoir existant, qui, témoins joyeux des fautes commises, abondent dans le sens de ces fautes pour amener une catastrophe.

Quelquefois des chefs se présentent pour conduire ces demeurants d'un autre âge : ce sont des hommes de talent, mais qui aiment à sortir de la foule ; ils se mettent à prêcher le passé à la tête d'un petit troupeau de survivanciers ; le paradoxe les amuse. Ces esprits distingués qui arrivent trop tard, et après le siècle où ils auraient dû paraître, n'entraînent point les générations nouvelles ; ils ne pourraient être compris que des morts ; or, ce public est silencieux, et l'on n'applaudit point dans la tombe.

(Mél. pol.)

VII

L'abnégation pare le cœur des mères comme le courage brille au front des guerriers, le soldat ne compte pas les rangs ennemis ; la femme donne en détail sa vie, ou la jette au danger pour son enfant.

L'ANXIÉTÉ MATERNELLE.

La fille de Tabimaca traversa, sur un pont de liane, la rivière qui lui fermait le chemin. Elle avait à peine marché une heure, qu'elle se trouva engagée au milieu d'un terrain coupé de flaques d'eau remplies de crocodiles. Tandis qu'elle hésite sur le parti qu'elle doit prendre, elle entend haleter derrière elle ; elle tourne la tête et voit briller les yeux vitrés et sanglants d'un énorme reptile. Elle fuit ; mais elle heurte du pied un autre monstre, et tombe sur les écailles sonores. Le dragon rugit, Céluta se relève, et ne sent plus le poids léger que portaient ses épaules. Elle jette un cri ; prête à être dévorée, elle n'est attentive qu'à ce qu'elle a perdu. Tout à coup les deux monstres, dont elle sentait déjà la brûlante haleine sur ses pieds, se détournent ; ils se hâtent vers une autre proie. Que les regards d'une mère sont perçants ! ils découvrent parmi de hautes herbes l'objet qui attire les affreux animaux ! Céluta s'élance, saisit son enfant, et ses pas, que n'aurait point alors devancés le vol de l'hirondelle, la portent au sommet d'un promontoire d'où l'œil suit au loin les détours du Meschacebé.

(Nat.)

VIII

Dans tous les temps, lorsque l'orgueil de l'homme a atteint à son paroxisme, il a voulu se mesurer à Dieu, l'imiter dans sa puissance, le dépasser dans sa force : un jour, dans son délire, l'homme dit à l'homme : Marche !... ne te repose plus !...

LE DIMANCHE.

Nous avons déjà fait remarquer la beauté de ce septième jour, qui correspond à celui du repos du Créateur ; cette division du temps fut connue de la plus haute antiquité. Il importe peu de savoir à présent si c'est une obscure tradition de la création transmise au genre humain par les enfants de Noé, ou si les pasteurs retrouvèrent cette division par l'observation des planètes ;

mais il est du moins certain qu'elle est la plus parfaite qu'aucun législateur ait employée. Indépendamment de ses justes relations avec la force des hommes et des animaux, elle a ces harmonies géométriques que les anciens cherchaient toujours à établir entre les lois particulières et les lois générales de l'univers ; elle donne le six pour le travail ; et le six, par deux multiplications, engendre les trois cent soixante jours de l'année antique, et les trois cent soixante degrés de la circonférence. On pouvait donc trouver magnificence et philosophie dans cette loi religieuse, qui divisait le cercle de nos labeurs ainsi que le cercle décrit par les astres dans leur révolution ; comme si l'homme n'avait d'autre terme de ses fatigues que la consommation des siècles, ni de moindres espaces à remplir de ses douleurs, que tous les temps.

Le calcul décimal peut convenir à un peuple mercantile ; mais il n'est ni beau, ni commode dans les autres rapports de la vie, et dans les équations célestes. La nature l'emploie rarement : il gêne l'année et le cours du soleil ; et la loi de la pesanteur ou de la gravitation, peut-être l'unique loi de l'univers, s'accomplit par le *carré*, et non par le *quintuple* des distances. Il ne s'accorde pas davantage avec la naissance, la croissance et le développement des espèces : presque toutes les femelles portent par le trois, le neuf, le douze, qui appartient au calcul seximal.

On sait maintenant, par expérience, que le cinq est un jour trop près, et le dix un jour trop loin pour le repos. La Terreur, qui pouvait tout en France, n'a jamais pu forcer le paysan à remplir la décade, parce qu'il y a impuissance dans les forces humaines, et même, comme on l'a remarqué, dans les forces des animaux. Le bœuf ne peut labourer neuf jours de suite ; au bout du sixième, ses mugissements semblent demander les heures marquées par le Créateur pour le repos général de la créature.

Le dimanche réunit deux grands avantages : c'est à la fois un jour de plaisir et de religion. Il faut sans doute que l'homme se délasse de ses travaux ; mais comme il ne peut être atteint dans ses loisirs par la loi civile, le soustraire en ce moment à la loi religieuse, c'est le délivrer de tout frein, c'est le replonger dans l'état de nature, et lâcher une espèce de sauvage au milieu de la société. Pour prévenir ce danger, les anciens même avaient fait aussi du jour de *repos* un jour *religieux* ; et le christianisme a consacré cet exemple.

(Génie.)

IX

Les lieux où se sont accomplis des scènes augustes, inspirent au génie des tableaux chauds de ton, riches de lumière. Sur les bords du Jourdain, Chateaubriand groupe un saint docteur portant auréole, un confesseur de la foi et une vierge qui vient puiser dans l'onde où le Christ s'inclina, la force du martyre.

BAPTÊME DE CYMODOCÉE.

Les pèlerins s'avançaient vers un bois de tamarin et d'arbres de baume, qui croissaient au milieu d'une arène blanche et fine ; tout à coup Jérôme s'arrête et montre à Dorothée, presque sous ses pas, quelque chose en mouvement dans l'immobilité du désert : c'était un fleuve jaune, profondément encaissé, qui roulait avec lenteur une onde épaissie. L'anachorète salue le Jourdain, et s'écrie :

« Ne perdons pas un moment, fille trop heureuse ! Venez puiser la vie à l'endroit même où les Israélites passèrent le fleuve en sortant du désert, et où Jésus-Christ voulut recevoir le baptême de la main du précurseur. Ce fut de la cime de ce mont Abarim que

Moïse découvrit pour vous la terre promise ; ce fut au sommet de cette montagne opposée que Jésus-Christ pria pour vous pendant quarante jours. A la vue des murs en ruine de Jéricho, faisons tomber la barrière de ténèbres qui environne votre âme, afin que le Dieu vivant y puisse pénétrer. »

Aussitôt Jérôme descend dans le fleuve, Cymodocée y descend après lui. Dorothée, unique témoin de cette scène, se met à genoux sur la rive. Il sert de père spirituel à Cymodocée, et lui confirme le nom d'Esther. Les flots se divisent autour de la chaste catéchumène, comme ils se partagèrent au même lieu autour de l'arche sainte. Les plis de sa robe virginale, entraînés par le courant, s'enflent au loin derrière elle ; elle incline sa tête devant Jérôme, et, d'une voix qui charme les roseaux du Jourdain, elle renonce à Satan, à ses pompes et à ses œuvres. L'anachorète, puisant l'eau régénératrice avec une coquille du fleuve, la verse, au nom du Père, du Fils et du Sain-Esprit, sur le front de la fille d'Homère. Ses cheveux dénoués tombent des deux côtés de sa tête sous le poids de l'onde rapide qui suit et déroule leurs anneaux : ainsi la douce pluie du printemps humecte des jasmins fleuris, et glisse le long de leurs tiges parfumées. Oh ! qu'il était attendrissant ce baptême furtif dans les eaux du Jourdain ! Combien elle était touchante cette vierge qui, cachée au fond d'un désert, dérobait, pour ainsi dire, le ciel ! Seule, la souveraine beauté parut plus belle en ce lieu, lorsque, les nuées s'entr'ouvrant, l'esprit de Dieu descendit sur Jésus-Christ, en forme de colombe, et que l'on entendit une voix qui disait :

« Celui-ci est mon fils bien aimé. »

Cymodocée sort des ondes pleine de foi et de courage contre les maux de la vie : la nouvelle chrétienne, portant Jésus-Christ dans son cœur, ressemblait à une femme qui, devenue mère, trouve tout à coup pour son fils des forces qu'elle n'avait pas pour elle-même.

(Mart., liv. 9.)

X

Le portefeuille de Chateaubriand est riche d'esquisses. Comme les cartons des grands maîtres, ce premier jet du génie a le prix d'un diamant dont la valeur est dans le poids autant que dans l'étincelle.

Sur toute sa route, l'illustre auteur a frappé des types ; on les reconnaît lorsqu'on rencontre les hommes qu'il a dépeint.

LES ARABES.

Partout où j'ai vu les Arabes, en Judée, en Égypte, et même en Barbarie, ils m'ont paru d'une taille plutôt grande que petite. Leur démarche est fière. Ils sont bien faits et légers. Ils ont la tête ovale, le front haut et arqué, le nez aquilin, les yeux grands et coupés en amandes, le regard humide et singulièrement doux : rien n'annoncerait chez eux le Sauvage s'ils avaient toujours la bouche fermée ; mais aussitôt qu'ils viennent à parler, on entend une langue bruyante et fortement aspirée, on aperçoit de longues dents éblouissantes de blancheur, comme celles des chacals et des onces : différents en cela du sauvage américain, dont la férocité est dans le regard, et l'expression humaine dans la bouche.

Les femmes arabes ont la taille plus haute en proportion que celle des hommes. Leur port est noble ; et, par la régularité de leurs traits, la beauté de leurs formes et la disposition de leurs voiles, elles rappellent un peu les statues des prêtresses et des Muses. Ceci doit s'entendre avec restriction : ces belles statues sont souvent drapées avec des lambeaux ; l'air de misère, de saleté et de souffrance dégrade ces formes si pures ; un teint cuivré cache la régularité des traits ; en un mot, pour voir ces femmes telles que je viens de les dépeindre, il faut les contempler d'un peu

loin, se contenter de l'ensemble, et ne pas entrer dans les
détails.

(Itin.)

XI

La profondeur des voûtes bénites a des échos qui diffèrent de ceux de l'horizon, dans tous les bruits qui se répondent sous leurs arceaux, sont la répercussion des sons de l'âme.

LES DEUX STATUES.

L'ancienne et riante Italie m'offrit la foule de ses chefs-d'œuvre.
Avec quelle sainte et poétique horreur j'errais dans ces vastes
édifices consacrés par les arts et la religion ! Quel labyrinthe de
colonnes ! quelle succession d'arches et de voûtes ! qu'ils sont
beaux ces bruits qu'on entend autour des dômes, semblables aux
rumeurs des flots dans l'Océan, au murmure des vents dans les
forêts, ou à la voix de Dieu dans son temple ! L'architecte bâtit,
pour ainsi dire, les idées du poëte et les fait toucher aux sens.

Cependant, qu'avais-je appris jusqu'alors avec tant de fatigue ?
Rien de certain parmi les anciens, rien de beau parmi les modernes. Le passé et le présent sont deux statues incomplètes :
l'une a été retirée toute mutilée du débris des âges ; l'autre n'a pas
encore reçu sa perfection de l'avenir.

(Nouv.)

XII

Les scènes de la nature parlent au cœur ; elles révèlent des inspirations toujours touchantes, ce sont elles qui ont ému le plus profondément Chateaubriand, dans ses voyages ; elles se sont empreintes dans ses souvenirs. Toutes ses impressions, vives, grandes, animées, sont marquées d'un type créateur qui s'élève toujours, c'est son âme qui parle ;... le génie appartient au ciel.

JOURNAL SANS DATE.

Le ciel est pur sur ma tête, l'onde limpide sous mon canot, qui fuit devant une légère brise. A ma gauche sont des collines taillées à pic et flanquées de rochers d'où pendent des convolvulus à fleurs blanches et bleues, des festons de bignonias, des longs graminées, des plantes saxatiles de toutes les couleurs ; à ma droite règnent de vastes prairies. A mesure que le canot avance, s'ouvrent de nouvelles scènes et de nouveaux points de vue : tantôt ce sont des vallées solitaires et riantes, tantôt des collines nues ; ici c'est une forêt de cyprès dont on aperçoit les portiques sombres ; là c'est un bois léger d'érables, où le soleil se joue comme à travers une dentelle.

Liberté primitive, je te retrouve enfin ! Je passe comme cet oiseau qui vole devant moi, qui se dirige au hasard, et n'est embarrassé que du choix des ombrages. Me voilà tel que le Tout-Puissant m'a créé, souverain de la nature, porté triomphant sur les eaux, tandis que les habitants des fleuves accompagnent ma course, que les peuples de l'air me chantent leurs hymnes, que les bêtes de la terre me saluent, que les forêts courbent leur cime sur mon passage. Est-ce sur le front de l'homme de la société, ou sur le mien, qu'est gravé le sceau immortel de notre origine ? Courez vous enfermer dans vos cités, allez vous soumettre à vos petites lois ; gagnez votre pain à la sueur de votre front, ou dévorez le pain du pauvre ; égorgez-vous pour un mot, pour un maître ; doutez de l'existence de Dieu, ou adorez-le sous des formes superstitieuses : moi j'irai errant dans mes solitudes ; pas une seule de mes pensées ne sera enchaînée ; je serai libre comme la nature.

(Voy. en Am.)

SYMPATHIES

APPENDICE

APPENDICE

Un ruban, une boucle de cheveux, une fleur, ces trois insignes ont été parfois compromettants : la liberté, le sentiment et le souvenir, ont souvent enchaîné les heures.

Avec un rien, on peut voir incidenter sa course : la corolle d'une rose est suffisante pour donner l'éveil à une suspicion.

LA ROSE CONSIGNÉE.

Dans ces brillants parterres qui sont à tous, qui ne sont plus royaux, les fleurs sont prisonnières, elles sont gardées dans leur enclos, leur signalement fait partie du mot d'ordre des sentinelles, et celles qui sont cueillies sur un terrain libre et qui passent, sont consignées aux grilles, dans la main même de la promeneuse qui balance leur tige.

Dans une matinée de printemps, le jardin national du Luxembourg a été le théâtre d'une scène renouvelée de la loi des suspects : la victime était une rose, sa complice une jeune femme élégante et fraîche comme elle.

Cette émigrée du côté doré du faubourg Saint-Germain ou du brillant quartier de la Madeleine, était ramenée à la ville par un modeste équipage qui stationne au pied du Val-de-Grâce, sur lequel on lisait : *voiture de Chamarande*. La trace de cette jeune femme était suave du parfum de la rose qu'elle tenait entre ses doigts. Un promeneur à l'aspect militaire, portant un ruban à sa boutonnière, suivait comme elle l'esplanade de l'Observatoire; il se demandait, en voyant marcher devant lui la femme des salons, si la fleur qu'elle aspirait avec complaisance était l'hommage d'une serre de luxe, ou le tribut du nécessiteux secouru par l'ange de la charité. Une fleur, c'est l'égalité des biens, c'est le seul superflu du pauvre!...

En la voyant s'avancer, on entend une voix qui crie : « Les fleurs ne passent pas!... » On n'aurait pas pu dire, en jetant un regard sur la rose et sur celle qui s'en était parée, laquelle des deux devait être consignée. C'était la fleur que le règlement militaire allait reléguer au poste... Cette consigne peut être appliquée avec justesse au Louvre pour empêcher de passer un tableau ou un objet d'art ; au Jardin-des-Plantes, pour éviter le larcin d'un oiseau empaillé ; mais au Luxembourg, arracher, dans une prévision suspicieuse, une fleur de la main d'une femme !... retarder ses pas, assombrir ses heures, et la priver d'un fleuron de sa guirlande !... ce n'est pas français, c'est effeuiller le charme qui s'épanouit avec le bouquet qui bat sur le cœur. Peut-être le secret de cette fleur est-il dans l'offrande qu'on va déposer dans la chapelle qui scintille du feu de l'autel ?... ou bien encore sur la tombe où le vent du regret vient mugir parmi les couronnes desséchées ?... Ah ! que l'histoire d'une rose entravée dans sa course peut avoir d'attraction pour l'âme !...

Cette contrebande odorante intéressait les spectateurs ; aussitôt que la voyageuse parisienne eut rejeté la fleur, et avant qu'elle mourût aux pieds du fantassin, celui qui, à ce spectacle, avait maudit la consigne, la brave... il se précipite, relève la tige et vole sur la trace de la jeune femme pour réparer la rigidité de cette proscription... Les débats pour une fleur s'engagent ; il était difficile que l'un ou l'autre cédât... c'était la guerre des roses... Elle fut tranchée à pas de course... : « Arrêtez ! arrêtez ! » fut le mot lancé dans l'espace par la sentinelle qui courait la baïonnette en avant, sur les pas du ravisseur de la consigne et de la fleur.

Pendant ce temps, on entendait le poursuivi s'écrier : « Ma parole est « engagée, je vais me rendre au poste » ; et le poursuivant répondre : « La prison ou le bouquet ! c'est ma consigne ! »

Le ciel était serein, mais l'horizon politique était à l'orage ; cent trente mille hommes entouraient Paris. On avait arrêté la veille maints conspirateurs, sans compter le sucre-poudre, et toutes les fleurs consignées au nom de l'ordre aux portes du Luxembourg... Non ! les gardiens armés n'eurent pas la fleur... mais un prisonnier de plus... L'infracteur était arrivé en dehors de la grille de la rue de l'Ouest, où la jeune femme reçut la restitution de la rose par celui qui l'avait reconquise ; elle sourit, et s'éloigna... Elle laissait derrière elle une épine ; elle ignorait à quel prix cette fleur lui était rendue...

Le libérateur de la rose consignée se rendit loyalement au poste. Au rapport de ronde, il représenta un pétale qui s'était détaché de la fleur dans sa course... ; il l'avait placé dans son gant, il l'exhiba, et sur la feuille de papier à l'encre noire, apparut pour corps de délit une feuille de rose !... elle devint la justification d'une infraction par courtoisie... Ah ! combien elle faisait disparate au milieu des méfaits constatés dans les procès-verbaux d'une nuit de ronde !... L'officier du poste était clément, il amnistia et la fleur et l'infraction.

Peu après, le même promeneur alla visiter un souffreteux dans l'asile de Marie-Thérèse. Dans cette retraite, que Chateaubriand a fondée avec la richesse d'une plume chrétienne, il fit une station à la chapelle, qui s'élève humble au milieu des grands maux soulagés; là, tout près d'une tige de lis, déposée parmi les cierges bénits, il vit l'expression d'un vœu... c'était une rose..... un pétale manquait à sa corolle.

D. de St.-E.

TABLE

TABLE

	Pages.
PRÉLUDE	1

LIVRE I.
Contemplations.

		Pages.
I.	Dieu	2
II.	Calendrier naturel	5
III.	Pascal	7
IV.	Cataracte du Niagara	8
V.	Tombeaux aériens	9
VI.	Constantinople	10
VII.	Le saint Sépulcre	13
VIII.	Ruines de Palmyre et d'Égypte	14
IX.	Les Catacombes	17
X.	Les Cloches	19
XI.	La Fête-Dieu	22
XII.	Migration des Oiseaux	25
XIII.	Les Arbres, les Plantes et les Abeilles	30
XIV.	Réveil d'un camp	32
XV.	Promenade dans Rome au clair de lune	33
XVI.	Les nations modernes	35
XVII.	Bossuet historien	37
XVIII.	Le Remords et la conscience	38
XIX.	La Forêt (poésie)	39

SYMPATHIES.
Appendice.

	Pages.
IL EST !	43

LIVRE II.
Explorations.

		Pages.
I.	Les Dieux s'en vont	48
II.	Rome moderne	52
III.	Architecture	54
IV.	L'architecte de la nature	56
V.	Harmonies morales	62
VI.	Les vieux vestiges dans l'horizon	66
VII.	Grenade	68
VIII.	Jérusalem	72
IX.	Bethléem	77
X.	Noël	86
XI.	Le Jourdain	90
XII.	Les fiançailles	93
XIII.	Festin nuptial dans les savanes	95

SYMPATHIES.
Appendice.

	Pages.
LA CROIX SUR LE RIVAGE	99

LIVRE III.
Attractions.

		Pages.
I.	L'instinct de la patrie	107
II.	La Souvenance (poésie)	114
III.	Vertus théologales	116
IV.	Sœurs grises	121
V.	Les lettres et les gens de lettres	123

		Pages.
VI.	Les Révolutions	131
VII.	Exécution de Louis XVI	133
VIII.	Parallèle	136
IX.	Cas extraordinaire	140
X.	La foi chrétienne et les droits du clergé	142
XI.	La mort du duc de Berri	143
XII.	Je suis chrétien	148
XIII.	Prières pour les morts	150
XIV.	Bonheur des justes	154
XV.	Tombeaux chrétiens	157
XVI.	Saint-Denis	159

SYMPATHIES.

Appendice.

Les saisons de la tombe. 166

LIVRE IV.

Impressions.

I.	Constitution primitive de l'homme	178
II.	Le Serpent	182
III.	La Révolution	184
IV.	Vices et Vertus	186
V.	Cymodocée à la fête de Diane	189
VI.	Les Arènes	192
VII.	La Mort	199
VIII.	L'éloquence chrétienne	200
IX.	L'imagination	202
X.	Moïse (poésie)	203
XI.	Le siècle de Léon X	209
XII.	Le Vatican	212
XIII.	Le palais de la renommée	213
XIV.	Les églises catholiques	217
XV.	Prière du soir à bord d'un vaisseau	220

		Pages.
XVI.	Le Meschacebé	221
XVII.	Spectacle d'une belle nuit dans le désert	224

SYMPATHIES.

Appendice.

Les plages d'outre-mer et la rive natale. 225

LIVRE V.

Réflecteur.

I.	Le roi est mort, vive le roi !	241
II.	Le repas libre	248
III.	Parlement d'Angleterre	251
IV.	Le collier de l'amitié	253
V.	Le Vésuve	256
VI.	Chant des oiseaux	260
VII.	Liberté	262
VIII.	Une halte en Grèce	266
IX.	Louis XI	268
X.	Ordres ascétiques	267
XI	La religion	275
XII.	Louis XIV et l'esprit public	276

SYMPATHIES.
Appendice.

Les armes d'un secret. 281

LIVRE VI.

Perspective.

I.	Caractère des Athéniens et des Français	295
II.	L'Angleterre et les Anglais	298
III.	Navigation de Cymodocée	303

	Pages.
IV. — Vie et mœurs des chevaliers.	307
V. — Passage à Saint-Jérémie.	216
VI. — Inconstance de l'homme	320
VII. — Charles IX.	323

SYMPATHIES.
Appendice.

UNE FLEUR A LA BOUTONNIÈRE. . . . 327

LIVRE VII.

Optique.

I. — La cloche du hameau.	333
II. — Demodocus chez Lasthenès.	336
III. — Les bienfaits du christianisme.	338
IV. — Le festin des âmes.	340
V. — Spectacle de l'univers.	342
VI. — Pensées, réflexions et maximes.	345
VII. — Le printemps, l'été et l'hiver (poésie)	353
VIII. — Les accents du linceul.	356

SYMPATHIES.
Appendice.

	Pages.
UNE FEUILLE DE BAUME OU LES GRACES DU CIEL.	359
UN GRAIN D'ÉMAIL OU LES SOURIRES DE LA NATURE.	360
L'IMMORTALITÉ.	362

LIVRE VIII.

Gerbe.

I. — Les feuilles de saule.	369
II. — Rome antique.	370
III. — Littérature fugitive.	371
IV. — Le chant de la nuit.	374
V. — Vie des plantes.	376
VI. — Les Sociétés.	377
VII. — L'anxiété maternelle.	380
VIII. — Le Dimanche.	381
IX. — Baptême de Cymodocée.	383
X. — Les Arabes.	385
XI. — Les deux Statues.	386
XII. — Journal sans date.	387

SYMPATHIES.
Appendice.

LA ROSE CONSIGNÉE. 392

www.ingramcontent.com/pod-product-compliance
Lightning Source LLC
Chambersburg PA
CBHW070923230426

43666CB00011B/2285